BLACK SWAN 黑天鹅图书

为 人 生 提 供 领 跑 世 界 的 力 量

BLACK SWAN

如何获得真正的财富

HOW TO BUILD REAL WEALTH

yevon_ou 著

中国友谊出版公司

目 录 C O N

PART 01

简单易懂的经济学 & 货币通识

经济学的精髓 / 002
正本清源话通缩 / 007
经济学的基石理论 / 014
讲道理的经济学 / 019
真理只有一个——交易创造财富 / 024
有限理性 / 029
错误的"经济学家"——田园奥派 / 037
竞争与淘汰 / 040
黄金已死，有事烧纸 / 044
比特币值多少钱？ / 051
比特币的价值 / 055
ICO 就是一场骗局 / 059
只要可以证券化，就可以"炒" / 065
比特币——持续失血的庞氏骗局 / 071
比特币的分叉——数字货币的失败 / 076

E N T S

PART 02

深入浅出的商业逻辑

AI 会导致失业潮吗？ / 084

办公室里的龙虎斗 / 089

商业没有歧视 / 094

品牌价值如何最大化？ / 099

家乡的“毒药酒” / 105

量子退火效应 / 110

当商业升到满级 / 117

把商铺干掉吧 / 122

中国就是最大的 IP / 128

创业指南 ABC / 133

掀桌子的一代人 / 138

被遗弃、被抛弃的 B2C / 145

广告学入门（一） / 150

广告学入门（二） / 156

广告学入门（三） / 162

目　录　C　O　N

PART 03

操作简便的投资手段

降维攻击 / 170
匪夷所思的房租贷款 / 175
你的房产证，不是你的房子 / 180
合伙买房手册 / 184
Hard 模式 / 191
楼市的生命周期 / 196
空置税可以降低房价吗？ / 205
租售同艰难 / 211
可以做空房产吗？ / 216
楼市秘籍速成法 / 221
全款的请向里走 / 233
买卖贵，还是租赁贵？ / 238
双鱼座为什么不能投资房子？ / 243
拖延流 / 247
证券化的威力 / 252

E N T S

PART

04

一些闲话

什么是最大的不道德？ / 258
大国崛起，孩子才是未来 / 263
从包粽子机说起 / 267
有价值的教育 / 273
哪些知识付费可以活下去？ / 277
知识付费 2.0 / 282
赚多少钱，才能带给你安全感？ / 288
即将到来的中产阶级社会 / 293
中产阶级的地雷阵 / 298
没有合同不公平 / 303
不公平地揍人 / 307
牛奶为什么要倒到河里？ / 312
中年油腻大叔，可以压制逆袭草根吗？ / 316
对不起，我不会 / 320
什么才是真正的财富？ / 325
大城市的生生死死 / 340
未来的大城市 / 346
上海的明天是什么样？ / 355

目　录　CON

附录

他家之言

省会的截留作用 / 360

最强大的城市 / 366

曹操为什么会崛起？——系统的力量 / 371

01

简单易懂的经济学 & 货币通识

经济学的精髓

我曾经写过一篇《经济学的灵魂》，只在小圈子里流传。因为对那篇文章不满意，所以关于这个话题的讨论以本篇为准。

我有一个苹果，你有一个梨（假设我爱吃梨，不爱吃苹果），请问我的财富上限是什么？

一、大道

我写文章喜欢探讨大道根本，凡事直接指向T-1层，指向那些更基础、更本源的东西。天下道理，纷纷扰扰，但是**你想通了T-1层的道理后，就可以以巧破力，把那些千头万绪的知识十倍百倍简化**[①]。这就好比学霸十几个小时的学习，就能抵得上学渣题海战术几个月的训练。

看到目前市场上的经济学读物，我真心感到焦躁。那些“平庸”的作品几乎全部是洋洋洒洒大部头，几十万字，却几乎都是资料的罗列和简单的复述，硬生生把学科做成了字典。可是分析呢？思想呢？更底层的道理呢？根本没有。

这么一大瓶灌下去，养分还不如你消耗的电解质。武侠小说里常常有“五虎断门刀”这门绝学，而一些修炼此绝学几十年的长老却经常被武功高强的小伙子轻松秒杀，那是因为修炼的方式不对。

那么，经济学的实质是什么？答案是：放弃。

① 参阅 https://xueqiu.com/8102984655/85141129。

二、大圆满

我有一个苹果，你有一个梨。请问“我”的财富上限是什么？在中国古代，其实是没有“经济学”这棵科技树的。中国人接触西方经济学，始于 1840 年的鸦片战争，那时候国门被迫开放。1900 年左右，我们还在谈“中学为体，西学为用”，可是随着庚子事变、八国联军入侵，有识之士逐渐意识到“体”也出了问题，需要全方位的重生重修。

由于中国人接触“西方经济学”的时间非常晚，以致大多数中国人一开始就学错了，甚至到现在也还是错的。

中国人学“经济学”的目的是什么？很多人会毫不犹豫地回答四个大字：富国强民。更有很多人把经济学理解成了“发财学”。全球发达国家，绝大多数在欧美，欧美人民为什么有钱？因为他们懂“经济学”。所以，我们只要学好了经济学，就会比他们更有钱。

我有一个苹果，你有一个梨，你去问中国人，什么叫“Happy Ending”？什么叫打通关的完美大结局？99.99% 的中国人会和你说：“苹果是我的，梨也是我的。”统统都拥有。

三、经济学

但是，“苹果是我的，梨也是我的”，这句话是彻头彻尾错误的！研究经济学，有一个事件是无论如何绕不过去的。《国富论》出版后，亚当·斯密觐见英王乔治三世。国王问：“尊敬的先生，你号称经济学能让我们的国家变得更富裕，可是纺织女工织布，农夫耕作。你一不织布、二不耕地，请问你创造的财富从何而来？”**财富从何而来？财富来自交易。**樵夫的小提琴和音乐家的斧子互相交换，物质并没有增加，国力却增强了。

我们知道，“经济学”在现代社会的威力是非常强的，两个国家哪怕“资源禀赋”相同，但一个大规模贸易，一个禁止自由买卖，最终财富可以差几倍，甚至几十倍。经济学是研究“资源配置”“统筹规划”“物资调度”的科学，把生产要素最合理地捏合起来，提升工业效率，明确社会分工，就可以产生最大效率。

看完上边几段内容，如果你频繁点头深表赞同，那你就全错了。

中国人在 1949 年之后拿到了“经济学”的科技树，一开始并不在意。当时的国人以为经济学意味着“统筹”，意味着“效率”，既然要大规模地交易，dT>0，那么我设立大型的商场和物资调配中心，我用超级计算机来计算“效率”和“稀缺”，岂不是模拟了经济学？

著名数学家陈景润，大家都知道他主要的研究方向是数论，也就是哥德巴赫猜想“1 + 2”的问题。但事实上，陈景润的晚年被派去研究“统筹学”，因为相关部门认为，统筹学是未来“计划经济”最核心的枢纽，值得花大力气研究底层算法。

以上种种，可以说是“全错”。把经济学用于“效率”和“调度”，如果不能叫“伪科学”，至少也是“小乘”算法。境界有限，而且踏空一步，就是谬误。

那么，**“上乘”精要，经济学真正的核心哲学是什么呢？就是放弃。**

四、交易

交易是什么？你有一个苹果，我有一个梨，我拿梨换你的苹果，这叫“交易”；梨和苹果都归我，这叫“抢劫”。梨换苹果，“交易”的时候，社会总财富是增加的。梨和苹果都归我，“抢劫”的时候，社会总财富是减少的。西方国家为什么富裕？因为他们知止。他们知道到了哪一步需要停下来，知道交易越多越好。到了“帕累托最优”[①] 那一天，你的财富就不可以再增加了。

---

① Pareto Optimality，也称帕累托效率，是指资源分配的一种理想状态，意大利经济学家维弗雷多·帕累托在关于经济效率和收入分配的研究中最早使用了这个概念，于是用他的名字予以命名。

我们传统上是儒家文化，奉行的是“有稳定，无效率”“先有稳定，再讲正义”。儒家关心的是稳定，而且每种学科只能追求一个目标，效率和正义并不在考虑范围。所以，在儒家教育熏陶下的学生，第一个反应就是“拿出剑，把他的苹果抢过来”，他们以为这样才是财富最大化。

但是，“抢劫”会导致恶果。你可以抢，对方也能抢，恶性均衡下，你未必是赢家。因为抢劫，社会总财富减少了，结论是你的财富变少了。所以，我们说西方人的“均衡”是一种高层次的智慧。非洲土著连什么是“合作”都不懂，只会一棍子打蒙。中国儒家学会了“组织”“小团体”。而西方罗马希腊文明，有了“政治”“元老院”“势力均衡”。对于高层次、高智慧的博弈，他会想：**“不仅仅我有棍子，对方也有。”“我想抢他，他还想抢我呢，万一打输了怎么办？”“最好的办法就是互守和平。”**

我有一个苹果，你有一个梨，请问我的财富上限是什么？答：就是一个梨。**商业和贸易推动发展，慢慢你会有几个梨。**

五、放弃

比交易更重要的，是交易背后的“哲学思想”：放弃。不论任何交易，你首先要学会放弃。你得先拿出一项“对方喜欢”的东西，而且要蒙受“永久失去”这样东西的痛苦，才能获得微小的收益。苹果变成等重的梨。这背后其实是一种哲学思想，即“放弃”的力量。

你愿意放弃某样东西，承受某种不可逆的永久性的损失吗？

自古以来，凡是成大事者，他们所追求的目标，必然是天高深远、困难重重的。“没有谁能随随便便成功”，因为目标太遥远，代价太高昂，你想要“无损”是不可能的。我们看到目前社会上的年轻人，他们存在非常严重的“中二病”，简而言之就是完美主义。换句话说就是公主病、玻璃心、草莓心、小皇帝……他们“心比天高，命比纸薄”。没有牺牲，没有残缺，没有永不可逆的损伤，你注定毫无力量。

在电影《豪斯医生》中，女主角为了陷害男配角，切掉了自己的子宫，从而导致终生不育。俾斯麦统一德国，中欧崛起，为了获得英国对于“强权崛起”的谅解，他彻底放弃海军，把海上力量削减到近乎为零的屈辱位置。英王“金雀花王朝”为了赢得海外霸权，不惜永久性地放弃祖先的领地“诺曼底”，和法国和解。“二战”后，联邦德国为了和盟军和解，不惜签署“德法煤铁协议”，永久性地放弃战争的实力，直到下一次工业革命……以上这些行为，在当时都被骂作是“卖国行径”，但他们其实却是老练的政治家，深谋远虑做出了长久的交易。

请牢记这句话：**承受不可逆的永久性的损失。不愿牺牲，你的选择就大大减少，$dT < 0$。**世上又有几件完美无瑕的事呢？

如果你学习经济学的目的是“富国强民”，是“统筹和调度”，为了生产，把所有的资源分配到最高效率的地方，则你的经济学多半是学不好的。哪怕学好了，也是“小乘”境界。**经济学真正的精髓是“放弃”。所谓经济学，其实是“我愿意放弃什么，我想得到什么”。**

正本清源话通缩

2017 年 11 月 11 日，我在北京五道口清华科技园做讲座，人文经济学会的读者朋友们问了我 11 个经济学的问题，其中有一个问题我语焉不详，一笔带过：

“有些奥地利经济学派[①]的学者认为，是部分准备金制度下的商业银行制造了通货膨胀，您认同这种观点吗？”

在我看来，传统的米塞斯、罗斯巴德，对于“存款准备金”制度的抨击并不正确。国内“田园奥派”的演绎，更是谬误千里。因为这是一个很大的话题，要解释清楚不容易，值得我在这节里详细说一说。

一、成本

我一直在思考一个问题：“成本”究竟是什么？比如我现在打字的这部笔记本电脑，售价 1 万元，它由 11 个组件构成，CPU、主板、内存、硬盘、显示器、电源……如果一个消费者“刨根问底”，他会说“笔记本电脑的成本 = 11 个零部件之和 + 商家的利润”。商家的利润这一块，包括组装、广告、运输、展示、行政、税金、质保等等，你可以视为全部都是人力成本，没有物料成本。

好了，我们接下来再考虑这个显示屏的“成本”是什么。显示屏也由几十个原件组成，大头可能是那块液晶，再加一点附属电路。显示屏厂家外购了

---

① 参阅 https://xueqiu.com/8102984655/85141129。

“液晶”，其他是人力成本。我们接着再考虑“液晶”的成本是什么。液晶就是14纳米技术生产的一块晶圆，其他是液晶公司的管理和人力成本。“晶圆”的成本是什么？是沙子。你去野外随便掬一把，不要钱。我们层层拆解，最后得出的结论是什么？那就是所有的成本都是人力成本！

我年少读书，喜欢胡思乱想。当老师讲到“成本”这一节时，老师说成本上升，工人工资下降时，我总觉得这个逻辑哪里不对。后来为了这个“成本”，我想啊想，想了十几年，最终豁然开朗，原来所有的成本都是人力成本！

任何一件商品，你无限拆解，最终总能拆解成“基本的原材料＋人力加工”，而原材料从自然界开采，是不需要付给它费用的，所以“‘成本’＝人力成本”。全社会消费者支付的总费用“恒等于”消费者的总工资，所以课本上所谓的“购买力不足”，是永远不可能存在的。

你买一台彩电，这台彩电在中国国内制造，是100%国产，则你支付的3000元必然转化为某个中国人的工资。产业分工可能千变万化，但3000元必然是守恒的，必然有某些人获得了3000元，虽然他们的名字可以是工人、企业家……这并不重要。

这是一条非常重要的基础性定理，一切成本都是人力成本，我觉得光凭这一条，拿个重量级的经济学科奖，应该是没有问题的。

二、价格

价格是什么？比如我是一个木匠，我费尽心思做了一把椅子。你是一个菜农，你种了300斤大白菜，还养了一头猪。现在我要用我的椅子来换你的白菜，请问“价格”如何确定？

价格就是“劳动”的比值，好比椅子每把250元，白菜每斤1元，一把椅子换250斤白菜，木匠的劳动换取了菜农的劳动。

既然我们知道“一切成本都是人力成本”，则你购买椅子就是购买了木匠的劳动，你付出白菜就是付出了菜农的劳动，椅子和白菜的比值等于木匠和菜农的劳动比值。这就推出了我们的第二个结论——**一切价格调控都是邪恶的。无论哪个国家，政府都非常无辜，因为他们会被“价格调控”的民意裹挟。**

价格调控，往往是“圣母、小白领”提出的，他们的呼声是，既然白领的8000元月薪无法提高，那我就冀望房子降价、冀望汽车降价、冀望医疗降价、冀望教育降价、冀望食物降价、冀望交通降价……那我就奇怪了，冀望医疗降价，你不就是削弱医生的收入吗？凭什么大学生、“白骨精”做做PPT，你就要高人一等？凭什么你的劳动不贬值，却要求医生的劳动少收钱？

当年考医学院，医学专业的录取线比你这学渣还要高一点，经过了5年本科，3年实习，8年勤奋学习之后，给你问诊听疗，挂号费收50元你还嫌贵，你这小白领一两万的月薪拿着，你摸摸良心还在吗？

如果你要求教育降价，你其实就是剥削老师的工资；你要求食物降价，你就是剥削农民的收入；你要求交通降价，你就是剥削司机的收入。在“医疗＋教育＋食物＋能源＋交通”的背后，并不是冷冰冰的阶级敌人，他们是一个个活生生的人，是医生、教师、农民、石油工人、卡车司机……你凭什么要求小白领的工资不变，让别人的劳动贬值？

价格是什么？价格就是劳动的比值。某些人劳动多，创造的价值多，他的工资也就高。用你的“劳动”购买他人的“劳动”，这就是工资的本意。正确的三观应该是：**该是什么价就是什么价，任何人不要干预，完全留给市场，市场博弈出来的价格，就是合理价格。**

2013年，中共十八届三中全会公报中修改了一个措辞：市场的作用不再是“基础性”，而是“决定性”。改革开放的伟大革命，到现在40年整，创造了前无古人的“中国经济奇迹”，我们的经济总量把世界上除美国之外的所有国家远远地甩在了身后。如此辉煌的成就背后，其实在做的也就是这一件事情：**该是什么价就是什么价，任何人不要干预，完全留给市场，市场博弈出来的价格，就是合理价格。一切由市场说了算。**

三、通货紧缩

我年少读书，满腹疑窦，好几个问题思索了十几年，苦苦探寻答案。其中一个问题，就是老师介绍的“可怕的1929年美国大萧条”。这次大萧条被誉为“通货紧缩”的典范。经过老师的描述，我们发现资本主义简直邪恶透顶。价格不停下跌→工人没有工资→没工资没购买力→价格进一步下跌。

当年老师讲到这里的时候，我无论如何也不能理解。因为在循环排位中，怎么可能每个人都是输家呢？我们知道，价格是“我的劳动换取你的劳动”的比值，单纯的降工资并不会恶化你的生存环境，就比如你是一个木匠，你卖的椅子250元，隔壁菜农卖大白菜，每斤1元。现在“通货紧缩”了，椅子降价到每把2.5元，隔壁白菜降价到每斤0.01元，则一把椅子还是等同于250斤白菜，生活质量并没有改变。真正导致“贫困、苦难、饿死”的，应该是你的椅子每把卖2.5元，隔壁白菜还是每斤1元，你辛辛苦苦做一个月的椅子，只够换2.5斤白菜，没几顿就吃完了，那才真是饿死没生路了。

相应地，在“大萧条”阶段，必然有一个家庭的收入下降没那么快。就好比你是卖白菜的，隔壁椅子每把卖2.5元了，你的白菜每斤还是1元，你迅速过上了大富翁的生活。有贬值就一定有升值，价格的起起落落，就像是“循环排位赛”，排在第三名的很滋润，排在后三名的很悲催。但永远都有“输家”“赢家”，不可能100个选手，都是倒数第一名。

“大萧条”从全社会的层面，逻辑是讲不通的，不可能全社会100%的人口都陷入“购买力下降”的情况，一定有人在1929年“大萧条”时期，过得快乐无比，钱多到花也花不完。

从广义上讲，假如一个社会并不是“外贸赤字”严重的，比如美国这样的大国，石油自给自足（1929年不需要从中东进口石油），则一切成本都是人力成本。消费者支付的一切货款恒等于总工资，价格=我的劳动/你的劳动，全社会的价格=全社会的劳动/全社会的劳动=100%，对于整个社会，通货膨胀应该是恒为零的。100个中国人参加全运会，不管比赛多少次，他们的名次肯定是 1—100，总和肯定是 5050，不可能是 5049，不可能是 5051。不管比赛多少次，中国队的总分都不会变。

真正的经济学，应该是不包括“通货膨胀”这个词的，通货膨胀从来不是经济现象，也不是经济麻烦，人们不需要关心通胀问题，因为通胀永恒为零。我觉得这个结论又可以拿一个很大的奖。

四、狭义的通货膨胀

目前我们普遍使用的是一种狭义的“通胀”定义，即通胀 = 物价 / 纸币。我们知道，经济学并不关心纸币，经济学只关心“福祉”。前面我们说过，椅子 250 元、白菜 1 元和椅子 2.5 元、白菜 0.01 元，在经济学上是完全等价的，这也是我们说“通胀永恒为零”的原因。但是在有些人眼里，这两种状态是“不等价”的。因为他们的胡乱干预，导致了巨大的麻烦。

不等价的主要原因是“储蓄”。假设人类是一个干脆的民族，坚持“吃光、用光、花完”，完全没有任何积蓄，每天睁开眼，到集市上叫卖“1 椅子 = 250 白菜”，到 23：59 回家睡觉，大伙各自把白菜吃光，椅子砸掉，没有任何积累，第二天重新开始。我敢打赌，100% 没有人关心通货膨胀问题。

通货膨胀的真正麻烦在于，你妈妈省吃俭用，耗费了大半的青年、中年时段，不舍得花钱，最后攒了 50 万元存款。你每月挣 2 万元，每月花 2 万元，你工资随着物价上涨，你可以不在乎物价。可是把你和你妈放在一起，你们俩就是 52 万元存款，外加 2 万元消费，这个时候，你妈妈对于“物价”就高度敏感了。虽然她今天不准备花钱，明天不准备花钱，甚至明年也不准备花钱，可是她高度关注她这 50 万元的购买力，她还指望这笔钱储蓄养老活到 99 岁呢。

“有利益的地方就有犯规”，因为有存款的存在，所以有些人关心“物价”，关心通货膨胀、通货紧缩，关心价格的移动。

人类的存量财富是全球 GDP 的五倍左右，这是一笔巨大的财富，价格的轻微移动，都意味着“财富的巨大再分配”。数码相机取代胶卷相机，是财富增长的一小步，却是财富分配的一大步。因此针对价格的你死我活，不是为了效率，不是为了社会正义，而是为了小团体的利益。

某些政府，如美国政府，他们喜欢通货膨胀，最厌恶通货紧缩，利益何在？国债。目前美国的国债规模，大致在 20 万亿美元，哪怕通胀多 1%，就是 2000 亿美元。随着人为地、蓄意地滥发纸币，导致通胀，使得“国债”缩水，才是利益的大头。

再次强调一下，目前财经媒体上的“通货膨胀”和经济学意义上的通货膨胀，并不是一回事。财经媒体的通胀：椅子 /RMB；经济学的通胀：椅子 / 白菜 = 生产者 / 消费者 ≡ 100%。

五、通货紧缩的牟利

反对通货紧缩的人，还有一种主流观点：如果人类简单地持有黄金，就可以致富，那就没有人愿意花黄金消费，会导致大灾难。

唉，我能说什么呢。

首先，说这样话的人，思维极其肤浅，只受过教科书的“正统”教育，而且以填鸭式背诵为主，没有丝毫自己的思考。他们混淆了“椅子 /RMB”的账面值下降和“椅子 / 白菜”的实际财富下降。而后者，该值永恒是 100%，生产者 = 消费者 = 100%，是不会变的。

对于“椅子 /RMB”，他们的理解也是错的，哪怕在一个通货紧缩的社会，持有“通货”也不会使你致富。有人曾经问过我：一个国家到底该发行多少纸币？多少数量是合适的货币量，才能既不通胀也不通缩？跟 GDP 有关系吗？还是有其他的判断标准？如果有这个标准，那是以什么样的逻辑判定的标准？

这个问题，全中国能回答出来的也没几个人。

答案很简单：X = 任何值。

逻辑证明十分简单：（1）前提 A：市场是平等的；（2）前提 B：所有人都同样聪明；

结论 C：所有人都不吃亏。如果你想“获利”，总得找个人“吃亏”。如果市场上所有人都一样聪明，所有人都像你一样知道“通货紧缩”，那你赚谁的钱去呢？

事实的真相是，如果市场给出了清晰的、明确无误的信号“通缩”，则黄金的价格就会大涨。如果每个人都知道“物价不断下跌”，则大家都会飞快地去疯抢黄金，把黄金价格急剧拉高，拉高到无利可图，现货、期货都无利可图。

如果市场中每个自然人都是平等的，都是聪明的，则结局自然是对称的，你赚不到其他人的钱。这么简单的道理，还在反复念叨的，不是蠢就是坏。

六、结语

一切成本都是人力成本，价格就是劳动的交换，对价格的任何干预，都是抢劫，是一部分人抢劫另一部分人。就全社会整体而言，不会发生通货膨胀，也不会发生通货紧缩。当某些劳动不值钱，必然有一些劳动更值钱，真正的经济学不包含通货膨胀。

罗斯巴德关于通胀的理解全错，社会价格上涨不是坏事，dT>0，反而增加了交易。**如果市场是聪明的，无论通胀通缩，都不可能使你致富，除非市场不聪明。**当别人都说房价要跌时，你坚持要涨。

经济学的基石理论

人类的终极目标是什么？

SURVIVAL（生存）！

这一篇是“经济学原理”。我们会从最基础的 Lv 0 开始，从“体、用、术”开始，一级一级往上讲。

一、理性基础

两个人坐在一起讨论学问，一定要有一个“共识基础”，然后才可以向上讨论问题。比如说，两个粤菜师傅坐在一起，则双方对于“浓汁高汤”基本是没有什么分歧的，剩下的仅仅是料理的手法和辅料的添加，可以直接从很专业的层面聊起。但是，如果一个粤菜师傅和一个英国厨师坐在一起，双方的“共识”就很少了。英国厨师会觉得“浓汁高汤”破坏蛋白质，粤菜师傅会觉得英国主食都无法下咽，双方剩下的“共同点”，或许仅仅是“色、香、味”摆盘的考究了。

我们更进一步，如果是一个厨师和一个音乐家坐在一起，“共识”就更加少了，根本聊不到一块儿去，剩下的“基础”，也许只是“为人民服务”了。再进一步，一个正经工作的人和一个 ISIS 恐怖分子坐在一起，则连“为人民服务”都谈不上了，因为恐怖分子的专职就是杀人抢劫，“我要完成人生目标”。再再再进一步，假设一个人和一只鸭子关在一起，人和鸭子之间，连“沟通”都没有了。

我们今天要讲的道理，仅限于最后一层，那就是和一个理性人关在一起，那么我们基础的基础的基础，双方共识 Lv 0 的出发点，会是什么？

Lv 0 公理：适者生存。

二、人择定理

适者生存是我们一切讨论的基础，是我们的终极目的，是最底层的利益。 我曾说过，哲学是世界上最难的学科，因为哲学的本意即“虚空中开辟圣殿”。几何学有五大公理，就像盖房子一样，在公理的“地基”之上，一层层盖出万丈大厦。但哲学这一课是没有“初始公理”的，它是没有“地基”的，任何一块模板都可以抽掉，怀疑之怀疑之怀疑，否定之否定之否定。

我们举一个哲学史上非常著名的例子：“上帝是万能的，那么上帝能不能造出一块上帝也举不动的石头？”你说，这个问题应该怎么回答？

答案是：造得出。

问：那上帝举得动吗？

答：举不动。

问：上帝造得出他举不动的石头，那不是自相矛盾吗？

答：谁告诉你上帝必须遵守因果律？

这才是正确的回答方法，破解得干干净净。上帝既然是全知全能的，那么上帝为什么要遵循因果律？如果上帝屈服于因果律，你岂不是把“逻辑”置于上帝之前？**如果“逻辑”是宇宙中不可或缺的框架，你就不是“虚空中构建圣殿”，而是找到了第一根木桩子。**

扯得远了，我们继续来讲“人择定理”，看下面的例子。

小明：妈妈，我为什么要做作业？

妈妈：写了会得好成绩，然后才能进大学。

小明：为什么要进大学？

妈妈：大学生赚到钱才能活下去。

小明：为什么要活下去？人类为什么要活着？

妈妈：傻孩子，否则就没人来提问题了。

“人择定理”是一条非常巧妙的定理，因为它为“为什么”提供了一个 Full Stop（终结）。一个人如果老问“原因的原因的原因”，则他在“人择定理”面前就会被拦下来——“如果不是这样，就没人来提问题了”。

我们选择“人择定理”作为我们的 Lv 0，适者生存是我们一切讨论的基础，是我们的终极目的，是最底层的利益。这就是“最终利益”，**终极利益就是活下去。**

三、子集

我们必须清楚地意识到，哲学的世界是无穷无尽的，而你打下第一块地基，确立“活下去”作为最高利益，则你已经无法代表无穷无尽的哲学世界了，因为事实上你只取了真理的一个“子集”。

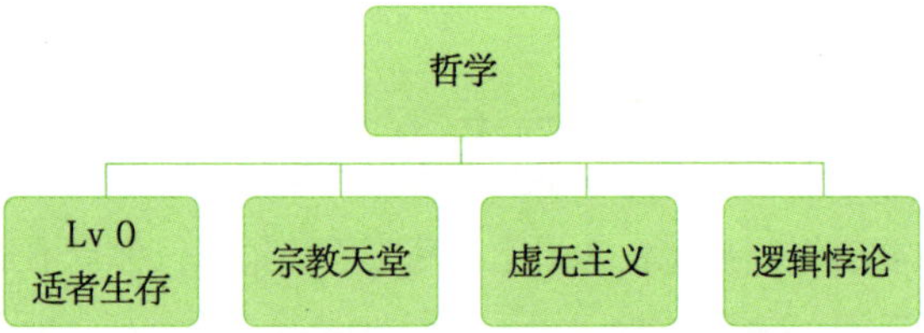

在哲学上，别人可以轻易地驳斥你。比如说，你怎么知道“生存”就是好的呢？如果有“彼岸花”，那死亡才是解脱。如果你死后立刻进入天堂，那么待在地球上的岂不才是傻瓜？对于这种“天堂论”，你完全没法反驳。又比如著名的“金鱼缸效应”，谁知道人类是不是活在一个 Matrix[①] 里，所有的一切都是虚构的呢？如果是“虚无主义”，那奋斗还有什么意义呢？再比如著名的“怀疑论者”，在“上帝举石头”的例子中，我们已经说过，在真正的哲学世界，“因果律”是可以违背的。如果因果律不成立，循环了 99 次的事情，下一次未必成立。说不定哪一天外星人跳出来说：“地球人造出了戴森球，我要把你们毁灭。”发展反而成了灭亡之道。

以上种种，都指向了一个质疑：“我们选择的基石——适者生存，可能并不正确。”哲学的世界无比广阔，Lv 0 的背后有 Lv 1、Lv 2、Lv 3，划出第一块“公理”，本身就是谬误的开始。

四、求仁得仁，无咎

对于种种“不完美”的质疑，我们是怎么回答的呢？答：**求仁得仁，无咎。**我以前曾有两个信教的熟人，她们整天恐吓我：“你不把财产都捐出来交给教会，当心死了以后下地狱。”“你再这样亵渎神灵，死了以后上判神罚。”

我淡淡一笑，说：“我要天堂中的惩罚干什么，我只要尘世的富贵就够了。要不咱们做个交易，你把尘世中的八套房子都送给我，我为你祈福天堂中更加高升。”

她们回答得很干脆：“不换！”

民族的国民性，其实是有巨大差异的，国人的本性多是世俗性的，有一部分人求神拜佛是为了更好的富贵，而不是真心爱神。欧洲人和美国“基本基因”中，却都有“献祭”的成分，欧美人信耶稣，那是真的信。

欧美人重视的是“来世”的福祉，希望在上帝面前，获得赞扬和彰荣，人类的毁灭，他们根本不在乎。**而中国人是世俗的，中国人着眼于世俗的利益，在世俗的争夺战中，中国人是必胜的。**

---

① 电影《黑客帝国》中的一套复杂的模拟系统程序。

五、结语

在墨西哥安第斯山脉中，曾隐藏着一个民族叫作“玛雅”，玛雅文明属于典型的“点错科技树”的社会。[①] 因为身处原始热带雨林，而且附近没有任何大型的铜矿铁矿，玛雅文明迟迟不能进入“青铜器”社会。胡思乱想之余，玛雅人把所有的“科技点”全部加在了“血祭文化”上，动辄杀掉几百人，建个血池。

我们对于“死亡”的彼岸一无所知，我也不知道另一侧是否另有天堂，我也不清楚我们是不是生活在 Matrix 之中，一旦你死了，就退出游戏，恢复成光荣的火星人。反正我知道“玛雅”文明的下场。在经历了五个世纪的辉煌之后，整个玛雅民族彻底消亡，成为人类少有的“自我灭亡”的民族。

密林之中，上百座城市被废弃，最后一场搏斗大约仅有 300 人参加。所有天文、历法、建筑均已失传，决斗双方的武器用的是石头。

① 参阅《历史上有哪些“点错科技树”的例子？》（https://www.zhihu.com/question/30571237/answer/51202191）。

讲道理的经济学

如何富国强民?

一、富国强民

“基石”总是最难解释的，第一节的“公理”写得辛苦，说清楚不容易，此后逻辑就轻松多了，接下来我们讲 Lv 1：富国强民。

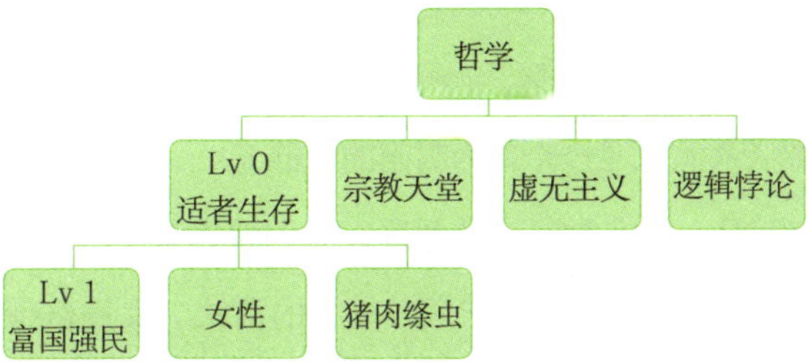

富国强民的概念也容易理解，要在这个世界上活下来，有很多种方法。全世界有 240 亿只鸡，远远超过“工业革命”之前，更远远超过史前时代、养殖业尚未兴起之前。但是“鸡”算不算一种很成功的动物呢？恐怕也不能算。同样道理，猫、狗、牛、羊恐怕都不能算。

因为“鸡”的地位是一种附庸，是被人类关在笼子里饲养，最终被炒成一盘菜的。尤其是如果暴发“鸡瘟”，又或者营养学家说什么鸡肉不利于健康的言论，鸡将被一堆一堆地集中屠杀。谁也不愿像奴隶一样活着，因此我们现阶段的“适者生存”，主要是指“富国强民”。

最强大的就是最适合的，我们要做第一流的国家，第一流的国民。

二、Lv 1 的 bug

和 Lv 0 的推导一样，从 Lv 0 到 Lv 1 这个步骤，也是有简化和 bug 的，其中最明显的一个反例，即为“女性”。女性的生存规则和男性是完全不一样的，远古时代部落征伐，失败部落里的男性全部被杀死，但女性通常被俘虏，并迅速容纳为“新部落”的一员。

我曾经讲过，在远古时期，男性的利益是在同一时间和尽量多的女性交配，女性的利益则是在不同时间和最强壮男性交配。因此，女性本身是不参加“男权社会”之生存竞争的。比如在欧美社会，目前普遍对华人华裔“中国崛起”心存警惕，在这样的环境下，亚裔是受伤害最大的。可是调查显示，欧美的男性普遍对亚洲女性没有敌意，甚至包括欧美的上层阶级，一致认同亚洲的女性娇小、柔顺、乐于照顾家庭，是非常理想的伴侣。

目前在新英格兰东北部地区，一个非常显著的趋势就是在上层社会，中国人和犹太人通婚（犹太人是一个颇为封闭的社群）。

“适者生存”是一个非常复杂的话题。我们看自然界，在自然界活得最好的，一般都不是最强大的生物，它们各有各的活法。女性自带的属性，哪怕“国家”完全失败了，该国女性依然可以活得很好，DNA 依然有一半的概率可以遗传下来。

另一种“适者生存”的方式，则是猪肉绦虫的生存方式，也就是寄生虫的生存方式。“活下去”不一定要靠本身的实力，找一个宿主寄生在宿主体内，也是一种生物诡计。有一些小型的、极度落后的民族，从根本上看根本再没有复兴的希望，可是他们可以偷渡去美国，偷渡去德国，然后再设法成为“非法移民”。在北美大陆，他们可以吃美国、喝美国，再生一大堆孩子，这不就是“鸠占鹊巢”吗？最后说不定还能改写历史。

生物竞争，本无优劣，活下来就是王道。

三、工业革命

对于一个大型的、拥有 13 亿人口、拥有世界顶级血统的中华民族来说，上面两种方式都是走不通的，所以中国人还是要靠自己站起来。因此我们把流程图再往下一格，从 Lv 1 到 Lv 2，进入到“怎样富国强民”。

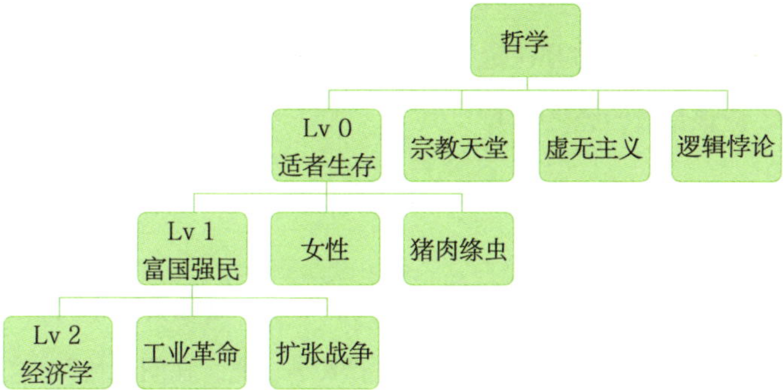

怎样富国强民？当然要靠 13 亿人的共同努力。三百六十行，工兵农学商，全体国民一起努力。比如说下边的表格，是我抄的一段“中科院院士”名单。

序号	姓名	年龄	专业	工作单位
1	向涛	50	凝聚态理论	中国科学院物理研究所
2	孙鑫	74	凝聚态物理	复旦大学
3	励建书	53	数学	香港科技大学
4	汪景琇	69	太阳物理	中国科学院国家天文台
5	陈十一	56	力学	北京大学
6	陈恕行	72	数学	复旦大学
7	欧阳颀	57	凝聚态物理	北京大学
8	周向宇	48	基础数学	中国科学院数学与系统科学研究院
9	赵政国	56	粒子物理与原子核物理	中国科学技术大学

其中每位院士都是极其宝贵的，都是中华民族的瑰宝，他们在各自的学科，都是一代宗师，每位都突破了技术的上限，使得中国可以成为一流国家。那么，我们为什么要把“经济学”单独并列，并列为主轴呢？**因为经济学是“科学中的科学”，是璀璨的明珠。**如果说物理学是所有自然科学的基础和总纲，那么**经**

济学则是所有社会科学的基础和总纲。

某位院士，某位专家，他们确实非常重要。某位炼钢大师，没有他就没有高质量钢材，没有不锈钢管。某位农业大师，没有他就没有杂交水稻，没有亩产千斤。但这些“人才”加起来，也不如一位“经济学家”重要。

和经济学比起来，其他一切的“数理化”都专注于“用”，属于边缘科技，只有经济学最重要，经济学决定了一个社会百倍、千倍、万倍的财富差异（确切的称呼，应该是政治经济学）。

四、经济学的王冠

一个人想要改变命运，当然要靠自我奋斗，但是也要考虑到历史的进程。我曾在一篇文章里提到“大学”的概念，“大学之道，在明明德”，这里的“大学”并不是后世 University 的意思，其对应的名词是“小学”。

儒家学者认为，“儒道”才是大学，才是国家运转和维持的根本大道，其他数学物理化学、纺织炼钢石化，统统都是“小道”，它们是核心与边缘的关系。因为多一个产业，少一个产业，无非是 GDP 的多少，假如真的不能造卡车，进口即可。而“大学”之道，却是国家运行的根本。比如说，如果把上面的那张院士名单里的人放在旧社会，他们能做出成绩吗？当然不能。只有等“改革开放”的春风吹遍中国大地、中美建交、加入 WTO、中国大幅度引进西方文明的技术……专家们才能应势而起，一个人的能力再强大，始终不能和“时局”对抗。

国家的制度选择，才是繁荣与衰败的分水岭。

人类近几个世纪最大的发明、发现是基于私有财产和自愿交易的市场经济制度，而不是具体的某个技术，与社会制度相比，科学技术总是细枝末节。非常幸运的是，我们在 1978 年选择了这样的制度，并在之后的 40 年内做了大规模、广泛的实践。目前我们国家是世界上市场规模最大的市场经济国家。

感谢邓小平同志，感谢改革开放。

这个话题点到为止，你只要记住，**经济学家才是捍卫我们这个国家最坚实的基础。**

五、奥地利学派经济学

经济学没有流派。重申一下，经济学没有流派！**世界上只有两种经济学：讲道理的和不讲道理的。**不讲道理的经济学，漏洞百出，自相矛盾，面对归谬和质疑，它回答不了，就只能无理取闹。在讲道理的经济学中，奥地利学派天下无敌，前提是你要坐下来，大家平心静气讲道理。

近年，奥地利学派在中国如同野火燎原一般完全无法阻挡，因为奥地利学派讲道理，公开辩论，所以才能收服人心。

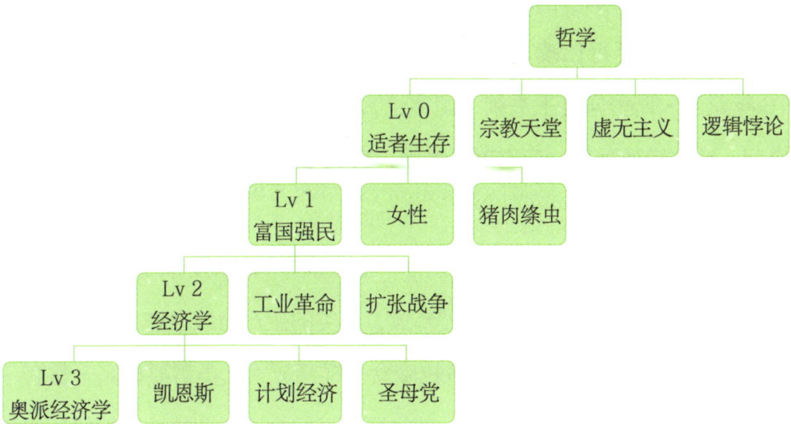

很久以前，新浪微博的 @ 吴主任写了一篇问答：“吴主任，为什么我总隐约觉得，碰到一切问题都用奥学原理来解释，也挺危险的？真能包治百病？奥地利学派就没破绽吗？”

我在评论下骂了他。这个家伙的错误在于，他对于“奥地利学派经济学”的理解是断层的，东抄一句，西抄一句，把奥派几位重要的名人大佬，百度百科一下，各自传记都抄一段，然后拼凑在一起。你以为这就是“奥地利学派的精髓”了吗？你这若是硕士论文答辩，我一定不会让你过。

真理只有一个——交易创造财富

dT>0，只要存在交易，财富就在增长。

一、奥地利学派是什么

人类在中古时期，也就是“农耕”时代，几乎没有经济学，当时的官员无非就是劝说皇帝要行仁政、勤俭节约、杜绝浪费。真正的经济学萌芽，要等1776年亚当·斯密向英王进献《国富论》，阐述在纺织和葡萄酒贸易之中的一些原理，切实增加财富。我们可以看看，1776是什么年份，那一年美国都闹独立了。

一般史学家认为，真正意义上的“工业革命”，始发于1750年的英国。“工业革命”之后，化石中的能量被释放，人类的生产力以十倍、百倍的速度向上增加。随着“工业力量”像潘多拉魔盒一样释放，人类需要研究一整套“技巧”，以便能更好地运用这股力量。就像张无忌学会了九阳神功，但他还需要学习乾坤大挪移，否则就“浑身的力气使不出来”。

给你一个公司，几千号人，公司应该怎样运行？怎样进行企业管理？这是世界上最难的问题，“企业管理”迄今都没有完善的最优解。对于一个国家来说，道理是一样的。中古时期的农耕社会，运行相对简单，最主要的产物只有一种“粮食”，最主要的原料也只有一种“土地”，而且科技树千年不变，从汉代到明代，仅从铁耙升级成铁犁。

到了工业时代，这一切都出现了极大的变化。作为一个现代化国家，光门类齐全的工业部门就几十个，包括但不限于煤炭开采和洗选业、石油和天然气开采业、化学原料及化学制品制造业、黑色金属矿采选业、食品制造业、纺织服装鞋帽制造业、造纸及纸制品业、医药制造业、有色金属冶炼及压延加工业……这长长的名单，光看着就觉得晃眼。而且它们彼此之间，还互相供需，三酸二碱既是成品，又是原料，乙烯是一切的基础。所以管理整个国家，就更难了。这里要提一句，中国是世界上少有的几个拥有齐全的工业体系的国家，这一点值得我们自豪。

正所谓“生产关系要适应生产力”，生产力发展了，组织关系自然需要调整。第一轮牺牲的，是曾经以为“高不可攀”的皇帝和贵族们。工业革命不到 150 年，基本上全世界所有的“皇帝”都完蛋了，曾统治人类地球五千年的“帝制”，在生产力面前，毫无抵抗就土崩瓦解。但是，旧秩序垮塌了，新秩序如何建立，依然没有头绪。“弯道超车”的诱惑始终存在，各国纷纷摸索出了自己的“特色之路”。

概括来说，纯以历史论，工业革命的经济制度经历了以下几种：（1）1750—1850 年英国自由贸易时代；（2）1850—1900 年德国关税同盟时代；（3）1900—1950 年苏联计划经济时代；（4）1950—2000 年西方凯恩斯时代；（5）2000 年至今圣母时代。

在每一个“英国时代”“德国时代”“苏联时代”“美国时代”，他们都提出了自己的一套理论，都搞出了自己的一套“经济学”。相对来说，则是亚当·斯密、熊彼得、马克思、凯恩斯等人轮番上场，每个人都是大师，都是伟人。但是效果呢？不予评论。

真理只有一个，出现这么多真理，其中自然不乏伪货。

文明的竞争，相当于你方唱罢我登场，一个老牌的先进国家，自然也拥有最雄厚的“理论储备”，对相关经济学研究更深。可是在文明的竞争中，老牌强国反而不能保持领先地位，鲁莽的“晚辈”们搞自己的三板斧，GDP 增速更加快，更高地赶超了。如果你秉持真经，反而跑成了第二，那一定是经书错了。

迄今为止，人类依然没有找到“最佳”组织形式，在经历了计划经济、凯恩斯主义、混合经济、福利民主等一系列折磨之后，终于有人跳出来问：“错在哪里？有没有更底层的东西？”

有没有“经济学 T-1 层的道理”？我们能否探索更本源的东西，使得我们有足够的智慧可以解析诸如凯恩斯主义的各种主义？为什么这些主义最开始的时候可以获取成功，而在后期钝化无力？施政的优劣观——哪些政策是正确的，哪些政策是错误的，哪些政策是正确中含有错误的，是什么？**这些东西统称为：讲道理。**

难道你还不明白，天底下的经济学分两种：讲道理的和不讲道理的。“讲道理”的经济学就是奥地利学派经济学。奥地利学派从一两条最基本的公理出发，像几何学大厦一般，一层一层以逻辑构建整座经济学大厦。奥地利学派力争做到完美无瑕，逻辑上的任何瑕疵完全都不可以忍受。奥地利学派立下野心，要解决一切经济学难题，并应付一切经济学疑问挑战。奥地利学派从来不号称自己是“实验科学”，也从不号称自己是“神棍”。记住，经济学是科学，不是巫术。

二、奥地利学派的基础公理

奥地利学派基于两条最基本的公理：$dT>0$ 和有限理性。第一条公理，我们称为经济学第一定律，阐述了全部经济学的奥秘，即交易增加财富。在《中产阶级如何保护自己的财富》这本书中，我用单独的章节进行过阐述。

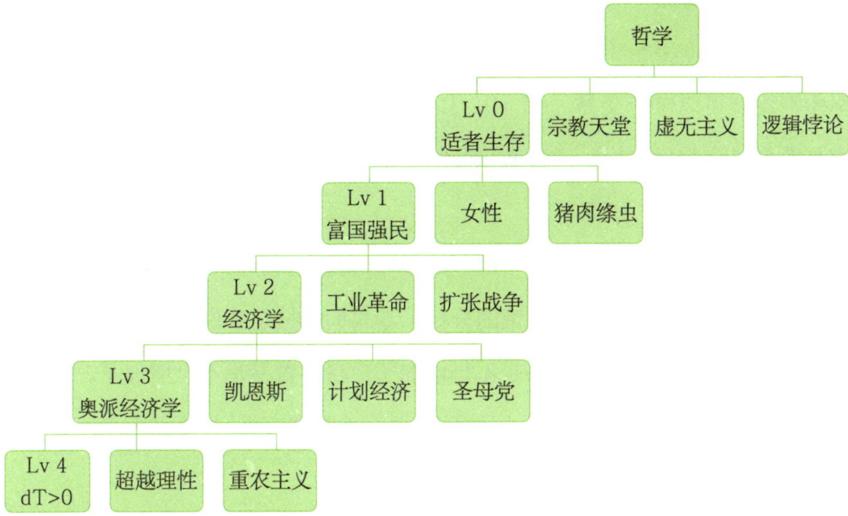

在整个图中，我们看见 Lv 1 的目标是“富国强民”。国家强大这种事，你找一个钢铁专家、火箭专家、水稻专家，他们对于国家的“帮助”都是显而易见的。但是经济学家的作用就不是第一眼能看得出的。经济学能“创造”财富，那么财富从何而来？亚当・斯密的回答是“交易创造财富”。用一件商品和另一件商品交易，物资并没有增加，财富却增加了。

如果把“交易”这个概念再外延一点，假设有“成千上万”件商品，集中在一个集市交易，则交易再配置所能创造的价值就更为惊人。有些物资对你完全是无用之物，对于别人却是求之不得，具体可参见淘宝 C2C 店铺。

目前，像法国这样的经济体，交易产生的财富也远远超过了生产，大概是交易占 75%，生产占 25%，商业创造的财富是工业的三倍。T 代表 Trade，贸易；dT 是微积分符号，代表 T 的微小改变，dT>0，就是任何一个微观的角落，Trade 轻微增加都是好事。比如说，经济学中有著名的“帕累托最优”，指的是一个经济体，在现有的科技之下，所能达到的最大生产力。传统教科书上，“帕累托最优”是三重最优：一是生产者最优，生产量最大化；二是消费者最优，消费者的口味最佳化；三是生产和消费的比例最优。但是，在 dT>0 的公式下，整个“帕累托最优”可以简化成一行字，就是 dT = 0。

如果是生产手帕和生产肥皂的商家，还可以进一步优化，手帕生产商和肥皂生产商就可以做个交易，dT>0。如果再也无法优化，则 T 达到顶峰，一切交易改良机会均已穷尽。学过微积分的人都知道，T 最大时，dT = 0；消费、生产和消费的比例，同理。

dT>0 还有一个推论，即**“任何不能增加贸易的调控，都是坏事”**。我们一直可以看到，对于每项调控政策的分析，专家们往往是各说各的理，这时你只要把 dT>0 往上套，看看交易是不是增加了，自由贸易是不是增加了，就可做出判断。创造财富，要么就是“生产”，要么就是“交易”，既然不生产，如果不“增加”交易，那么新政策就是不可行的。

中世纪的巫术文化曾经搞得很复杂，走了很多弯路，“能量守恒定律”一出来，17 世纪绝大多数的学术论稿都可以扔进垃圾堆了。dT>0 这个公式，严格地说，就是经济学界的“能量守恒定律”。我们的生活中充斥着太多的错误论文，你只要把 dT>0 往上面一套，看看交易是比以前多了，还是少了，据此便可剔除绝大多数的错误论文。

除了 dT>0 之外，奥派还有一条“有限理性”，这个是什么，我们下节再讲。

有限理性

直到今天为止，奥派依然没有取得对凯恩斯学派的绝对性胜利，市场经济依然没有取得对计划经济的绝对性胜利。

一、市场经济

我们来看市场经济。市场经济是基于这样一种假设：政府不需要管理，市场会创造一切，也就是道教所说的“清静无为”。市场经济是基于下面几条原理假设的。

（1）主观价值论。人心是难测的，无法量化的，再好的计算机也算不出女人到底想买哪件衣服，所以要把买衣服的权利留给女人自己。

（2）个人主义方法论。当人在为自己的利益干活时，人是最勤奋的，只有放手让人民自由寻找福祉，才会效率最高、路径最优。

（3）奥地利学派方法论。幸福不可以叠加，一个人的痛苦不可以用两个人的笑颜来抵消，这属于不可累加。

奥地利学派，或者市场经济，承诺一个“尽善尽美”的世界。或者说，你顺着 $dT>0$ 去推理，很快可以达到“帕累托最优”，只要能做到 100% 的市场经济，就可以发挥 100% 的国力，就可以达到产出最大化，就可以富国强民。

因此，奥地利学派无法说服凯恩斯学派，市场经济无法说服计划经济。为什么？因为奥地利学派还缺少一根关键性的支柱：任何人的眼界都是有限的。

二、登山

如图所示，假设我们玩一个登山游戏，规则是谁站得最高，谁就赢。假设你的起点在 A 点，从 A 点开始放眼四顾，你觉得最佳奋斗目标应该是 B 点，这算是一个小山坡的峰顶。到了 B 点，想继续提升的话，也是有办法的，视线之内，下一站是 C 点。到了 C 点之后，下一个巅峰是 D。但是 C 到 D 之间，并不是一帆风顺的，它有一个下坡，要先下后上，然后再慢慢爬到 D 点。

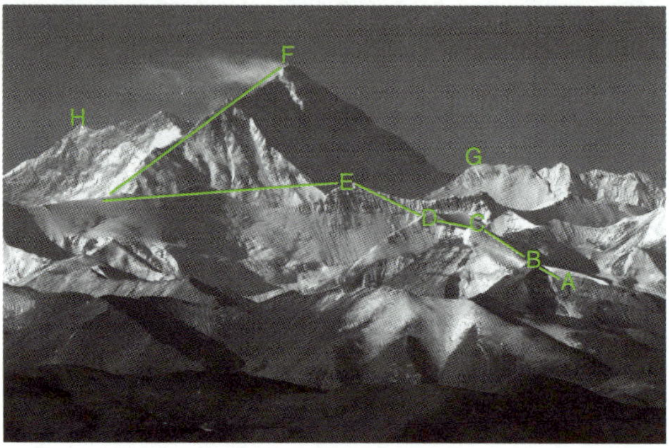

在中国历史上，西周曾经花了非常多的科技点在战车上，包括车轴的打磨，木材做成圆轮，还不能散架。当时没有润滑油，也没有橡胶，轮子能够转起来，在当时是绝对的黑科技。可是好不容易西周把战车科技升到顶级了，放眼一看，战车都快被淘汰了，骑兵才是未来。

从战车 Lv 0 到骑兵 Lv 1，就类似于 C 点到 D 点，它是先有一个“降级”重练的过程，然后再升上去，幸好 C 点与 D 点相距不远，赵武灵王还可以说服舅父，放弃大量现有的沉没投资，重新练级。

从 D 点再升级，下一个“山顶”是 E 点，可是从 E 点开始，它的升级就遇到瓶颈了，因为 E 点的上方是天空。中国从秦朝到清朝，经历了两千年的封建王朝，中国人的特色兵种是弩兵，关于弩的科技一升再升，从竹弓筋箭到复合弓、地中海式射箭，后期甚至搞出了床弩这种逆天武器。再之后呢？之后没有了。

因为弓这种武器在冷兵器时代，潜力几乎挖掘殆尽了。弓的射程和杀伤力，动能已到了尽头，一直到鸦片战争和西方世界遭遇，腐朽的八旗军队被英军狂扁，中国人才恍然大悟，原来武器的发展方向应该是火枪，靠化石硝磺的威力，而不是人力发射。人力有时而穷，但火药的力量就无穷无尽了。

诺贝尔的火药却是另一条科技树，牵涉到化学、冶炼、弹道学、数学、微积分、材料形变、列阵兵法……中国人如果想学习火药科技，就得把之前的“弓马骑射”统统扔到垃圾堆里，全套重新学起。所以，英国人相当于从 H 点来的。

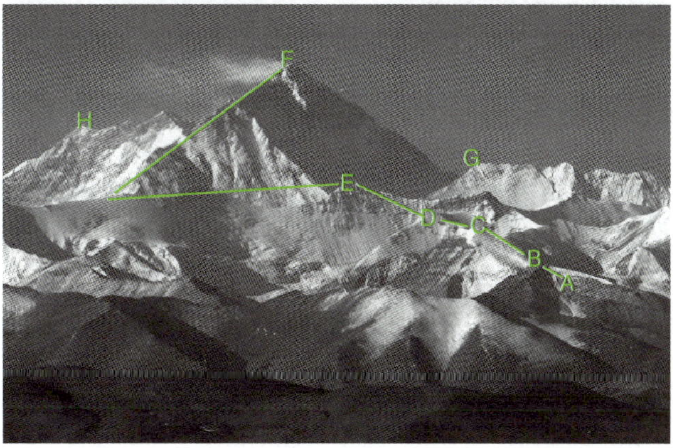

三、捷径

好了，回到我们最初的话题——“为什么有人不信奉市场经济”。奥地利学派的经济学又被称为“新古典主义经济学”，因为古典主义经济学早在亚当·斯密写《国富论》的时候就已经奠基了。**自由交易，交易产生一切财富**。问题在于有人不相信这一点！

市场经济保证的是这样一种状态，在市场经济的协调下，各项效率最优化，物资生产达到最佳，相当于你爬山的速度最快。**我一直强调，框架重于勤奋，战略高于战术**。做事情的整套手法流程，远远重要于加班几个小时，**方向比速度更重要**。可是有人不信邪，他心想：“我可不可以弯道超车呢？如果我在宏观上直接就可以看到目标 F，那我可不可以设计一条道路，直通 F 呢？”

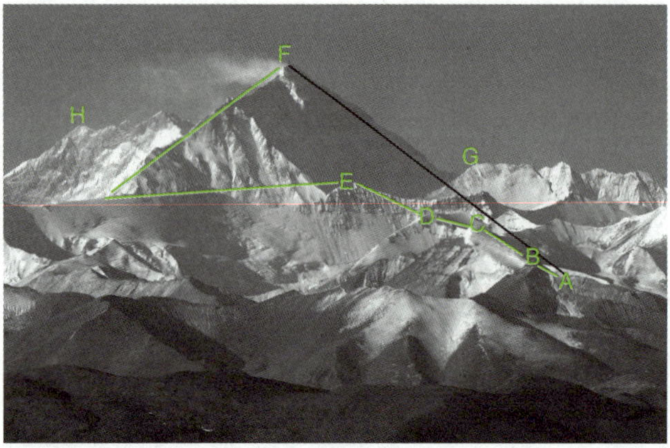

（如图，这些人设计的 AF 路线，绝大多数时候不是最优化的，充满了深坑和坎坷，却是最快到达终点的。）

计划经济的口号从来都是“微观无序，宏观有序”。

四、计划经济的升潮

20 世纪初，计划经济开始涨潮，研究计划经济，你一定要想通一个问题：“为什么会有人痴迷于计划经济？”惨不忍睹的集体农庄、乌克兰大饥荒等，都没有妨碍计划经济成为显学，尤其在 1950 年之后，计划经济反而风靡全球，成为亚非拉独立国家首选。甚至在美国衣食无忧的 WASP①、绝对不可能被收买的上层阶级中，也依然有许多人亲善计划经济，为什么？

计划经济的真正魅力还在于一句话：“弯道超车。”人们信奉的是力量，绝对的力量，计划经济承诺了更快的增长速度，预言了一条从 A 直达 F 的路。虽然计划经济效率比较低，折算为爬坡的速度慢，可是如果我“路径短”，我不还是可以超车吗？

① White Anglo-Saxon Protestant 的简称，指新教徒的盎格鲁 - 撒克逊裔美国人，现泛指信奉新教的欧裔美国人。他们是美国共和党的重要支持者，而共和党也一直将实现他们的价值观作为自己的目标之一。

如果奥地利学派不能从正面回答"框架比效率更重要"这个问题，则奥地利学派注定是不得人心的，市场经济也就无法击败计划经济。

五、有限理性

谈论经济学，有个前提是绝对不可以回避的，即"有限理性"前提。我们每个人的智慧都是有限的，都只能看清眼前的三尺之地，不要说让你估算 100 年之后的科技走势，哪怕让你估算 20 年以后的，你推算得准吗？如果能算准早去买腾讯股票了，你还不早发大财了？每个人的智慧都是有限的，站在 A 点可能最远只能看到 C 点，根本不知道远方还有一个 F 点。

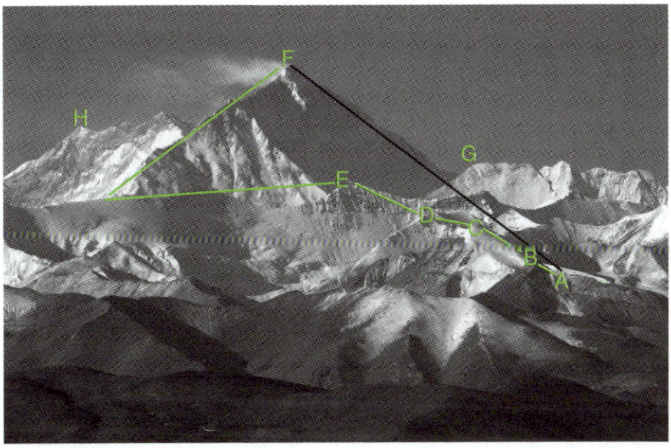

因为"有限理性"的假设，所以才有"计划经济"的萌芽，才会有人倨傲地教导你"微观有序，宏观无序"。他们心想：存在一个伟人，伟人看到 F 点，其他人都看不见 F 点。身为奥地利学派，如果你想击败这些人，你就必须正面回答这个问题。而答案十分简单：**伟人也看不到 F 点，伟人和众人拉不开距离。**

其一，在现实中，历史数十年的发展结果显示，"领袖"并不比普通人更聪明。

19 世纪 60 年代，正值英国工业革命向欧洲扩散之际，也是德国鲁尔区煤矿大显身手的年代。对于那个年代来说，最高科技就是“煤铁复合体”。燃煤来炼钢，炼钢再挖更多的煤，整个国家的钢产量就不断上涨。而在19世纪，钢产量就等同于衡量强国与否的标准。

可遗憾的是，“煤铁复合体”很快就落伍了。第二次工业革命以电能为主，化学染料工业为辅，德国因此成了第一强国。再下一轮，以石油工业为主，碳氢化合物以其低廉的成本彻底击败煤炭。1890年，美国的石油开采量占全世界90%以上（部分归功于洛克菲勒），是绝对的石油国，因为廉价的能源成本，美国GDP才飞速增长，成为世界第一大国。可是Distill（石油开采）在当年属于绝对的“非正常”行业，和今天的页岩气挖矿差不多，异议很大，破产的企业很多。一个计划经济的集权政府是否会允许石油业优先发展，我很怀疑前人的眼光。再往后，下一个轮次是汽车和高速公路，然后是电子和精确制导产品，接着是互联网和信息技术……

从历史上看，依赖某位政府首脑有“超人眼光”并不可取，绝对没有哪个领袖预言到了计算机的崛起，你问他们“二十年后先锋科技”是什么，绝没有任何一个元首能完全预判到。“领袖优先看到F点”是一个幻想。

其二，哪怕技术让“领袖”进步了，也不代表需要计划经济。

比如说，最近很多人忧虑“超级计算机”，甚至有人担心它的出现会使得中国重回计划经济社会。“超级计算机”的确使得政府获得了更高的管理能力，但问题是，它也使得“企业”获得了更高能力啊，政府和企业的实力差距依然没有拉开。

最早的时候，中国企业的力量极度薄弱，连造手机的流水线都付不起，造汽车还需要牌照，统筹资源以避免竞争。可是随着时代的进步，手机连“锤子”都能造了，汽车牌照也接近于无。民营企业进一步发展的话，千亿级别的项目也可以接单了，这类大型工程项目可以完全放开牌照。

“超级计算机”并不会使得中国社会变得计划经济化，只会使得企业的规模变得更大。最佳规模将由现在的数万人变成百万人级的超级大公司。

让我们来看看，“所有人都看得见 F 点”在经济学上意味着什么，“千亿工程”可以由民营建造意味着什么。

如图所示，从 A 点到 F 点，走最短的距离，而且用最高的效率，我们可以坐缆车上去，而只有市场才能造缆车。

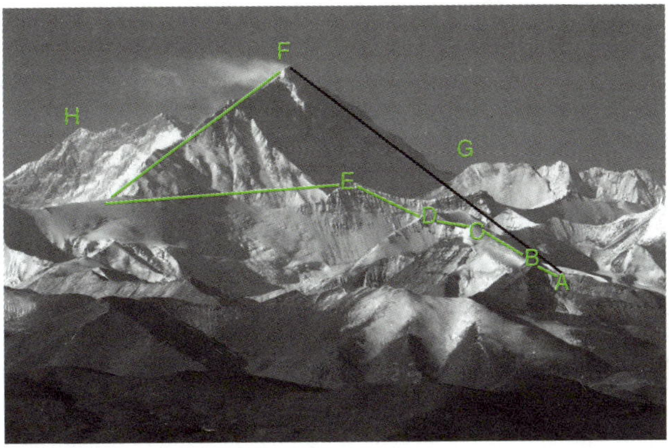

六、结语

大约两年前，我在青岛海滨看着小孩子们在沙滩边堆城堡玩沙子。当时有 5 个小孩子，平均年龄在 6 岁左右。他们的任务是搭建一道沙丘城墙，长度大约 4 米，可以连接起两块巨大的岩石，形成一道山隘。他们为此尝试了整整一个下午，5 个小孩子，来来回回地拎塑料桶，拍打沙土，可是最终失败了，因为他们搭建的沙丘城墙总是歪歪扭扭的，不仅长度达不到，而且很容易崩塌。

其实，要搭建牢固的沙丘城墙 ，首要的秘诀就是先要掺水，在泥沙中增加一定的水分，提高其黏度；其次要拍实，拍打时一定要压实，只有压制紧密，沙堆才不会轻易崩塌。我虽然明白其中的道理，但是我没有教他们。

按照我的估计，如果我动手的话，而且 5 个孩子听话乖巧，只要一个小时，就可以搭起这道沙丘城墙。可是如果我不出手的话，仅仅靠这 5 个孩子的“自由和协商”，恐怕再给他们一个周末，这道沙丘城墙也搭不起来。

由此我领悟到，“如果决策者（制订计划的人）的智慧远远超过民众，则计划经济效率高于市场经济”。计划经济与市场经济之辩在于，决策者并不比普通人更聪明。我们有幸生在这个时代，商界精英人才辈出，改革开放带给中国无穷无尽的创造力。因此，我们可以自己管理自己，自己搭出沙丘，这才是驳倒“微观有序，宏观无序”的根本理由。

错误的“经济学家”——田园奥派

自由是手段，还是目的？

—— yevon_ou

一、田园奥派

在奥地利学派之中，有一个令人不齿的流派，即“田园奥派”。

田园奥派的特点是，他们把“第一性”原理搞混淆了，他们致力于建立一个人人自由、人人幸福、自由最大化的社会。田园奥派认为：自由就是目的。

田园奥派的缺点是：完全无法说服人。比如田园奥派说：“我们最大的目的是人人获得自由。”老太一说：“最大目的是供奉菩萨。”老太二说：“最大目的是供奉耶稣。”你把这三个人关在一个房间里，就算讨论三天三夜，也还是谁也不能说服谁。

而如果你把马基雅维利主义者和这两个老太关在屋子里，马基雅维利主义者会掏出手枪，啪啪两枪，然后吹着冒烟的枪口说：“市场经济可以造手枪，菩萨和耶稣不能造手枪，所以我是对的，你们是错的。”你看，这里就分出了对错胜负了。

你要知道，真正的大道，绝对不是田园奥派，绝对不是自由主义，也绝对不是自由。真正的大道，你叫奥地利学派也好，叫马基雅维利主义也好，**“大道随行，不忘本心”，本心只有一个：活下去。**

自由绝对只能是手段，而绝对不可能是目的，这是根本原则性的差异，而原则信仰是绝不动摇的。

上次和一个中国顶级的经济学家见面，他提出一个问题：

“如果全世界的人都自愿使用迷幻剂，自愿醉生梦死，死在 Matrix 里面，你要不要拯救人类文明？”

“我愿意。”

“可你这是违反了全世界 99% 的人的意愿，违背了自由主义，你成了大魔王。”

“存菩萨心，行魔王事。”

“林则徐说了，苟利国家生死以，岂因祸福避趋之。”

马基雅维利主义者是清醒的，他们在关键时刻是会和自由主义分道扬镳的。马基雅维利主义者的利益，就是使得中华民族的血脉可以传递下去、活下去。而让每一个人活得很快乐，并不是我们的最终目标。

二、“田园奥派”的逻辑不自洽

从理论上来说，我们也可以清楚地指出田园奥派的逻辑不自洽之处。田园奥派设想的是这样一种社会——自由的边界，是另一个人的自由，所有人都有自己的领地，保持着不受打扰的权利，互相之间通过交易和贸易来分工合作。

对于田园奥派的理论模型，我只要问一句话：**竞争呢？竞争哪里去了？**我们知道，这个世界上，有的人天天研究数理化，有的人拜佛拜菩萨，随着时间的推移，领地之间的实力差距会越来越大。崇尚科学，崇尚数理化，崇尚实事求是，自然国力越来越强大。而那些圣母白莲花、内心脆弱易受伤害的坏分子，却把国家折腾得不像样。

我们知道，1945 年到 2017 年是一段很长的“和平时期”。对于和平的价值，我想有些人可能是高估了。和平是一种扭曲，如果地球上分成诸多社区，每一个社区各有其信仰和行事规范，有人信科学，有人信耶稣，时间久了，社区会分出优劣。

强制和平其实是一种扭曲，抹除了效率和优胜的正义。

你如果撞墙了，你就会感觉痛，人的身体内有大量的神经细胞，神经并不能治病，它只会告知你很疼。可是你千万别打麻醉，千万别把神经封闭了，因为知道疼，你才知道停下。如果打了麻药，直接就会撞骨折了。只有不断地打脸，才能让坏蛋们停下来。

“田园奥派”幻想的“无暴力”社会就是一种强制的扭曲。**一个生态系统，如果不包含淘汰机制，那我认为它大概率是错的。**

天行有常，宇宙的规律就是这样的，少一个元素都不行。“暴力”就是其中的一个元素，缺乏“暴力”的社会，一定是不健全的，至于怎样把“暴力”融入经济学，我们下节再讲。

竞争与淘汰

物竞“天”择，适者生存。

一、鞭子

有一天，“知识星球”的一个读者问我：“欧大，你会打小孩吗？打孩子算暴力吗？语言暴力算暴力吗？该怎么做才合适？”

我的回答很简单：“一两次总是要打的，如果不打，孩子就要上天。”

但在这个帖子中，所有围观的人都曲解了我的本意。我的本意是“暴力”是必需的。有社会常识的人都知道，在古代，君王运行秩序，有“恩罚”两种手段。恩惠笼络人心，还常常被人赞颂为“仁政”，但如果你整天被人高歌“吾皇圣明”，可不可以治理好国家呢？肯定不可以。

在经济学中，有一条非常可怕的定律叫“边际效应递减”。我家小孩一岁的时候哭闹，最初一粒毛豆就能哄好，因为她这辈子没吃过盐水毛豆。可是渐渐地，毛豆就不行了，开始要巧克力，要奶油蛋糕，要玩具。如果我继续这么纵容下去，总有一天她的“阈值”会非常高，发展到要买百万元级的跑车，搞上流社会的宴会和派对，才能使得她心情稍微好受一会儿。**对子女的无限娇纵，终会使得父母不堪重负。**

换作“政治伦理学”，如果你想要“收买”对手，那么注定是会失败的，因为对手的胃口会越来越大，越填越大。而“赏罚”的另一面就是鞭子，狠狠地一鞭子甩上去，他就老实了。

在对子女的教育中，如果你对子女无限娇纵，他们的欲望就会越来越大，终有一天你要 stop（停止）的。无论是你多么疼爱的子女，你的第一顿打可能总是免不了的。**打孩子的目的，不是发泄，而是让他在这个世界上第一次认识地球规则：有阻止你的力量。**

我们谈论西方政治，认为欧美国家穷途末路，因为在现有的环境制度下，政治是一条腿走路。欧美民主的基本原理是“互相竞争为选民提供更好的管理”。可见，民主是“有赏”却“无罚”的。在欧美民主的制度下，必然导致选民的胃口越来越大，政客们竭尽所能满足娇纵，却缺乏制止贪婪人民的那一鞭子。这样的社会，怎么搞得好！

结果则是欧美国家的“福利社会”越来越严重，选民躺着吃选票，整个国家罔顾长远利益，罔顾透支未来，只能坐吃山空。欧美国家想要复兴，就需要“一鞭子”，需要狠狠地把人民抽醒，但这在目前的民主制内是不现实的。

说了这么多，但这事和奥地利学派、和“经济学”有什么关系？

其实，我想问的是：自由的背面是什么？

几乎所有的奥地利学派学者都没有深入思考过这个问题。“任何一股力量”都不可以无限增长，无限增长的结果就是大灾难。我们可以想象一下，一群“自由散漫”“无所事事”的人组成的社会会是一幅什么景象。**那么，“自由”的反对面，遏制“自由”的力量，到底是什么？答案就是竞争！**

二、淘汰

上一节收尾时，我说过，**一个生态系统，如果不包含淘汰机制，那我认为它大概率是错的。**那么，请问在“自由主义”的体系下，淘汰机制是什么？要回答这个问题，首先要回答两个问题：什么是淘汰？淘汰的定义是什么？

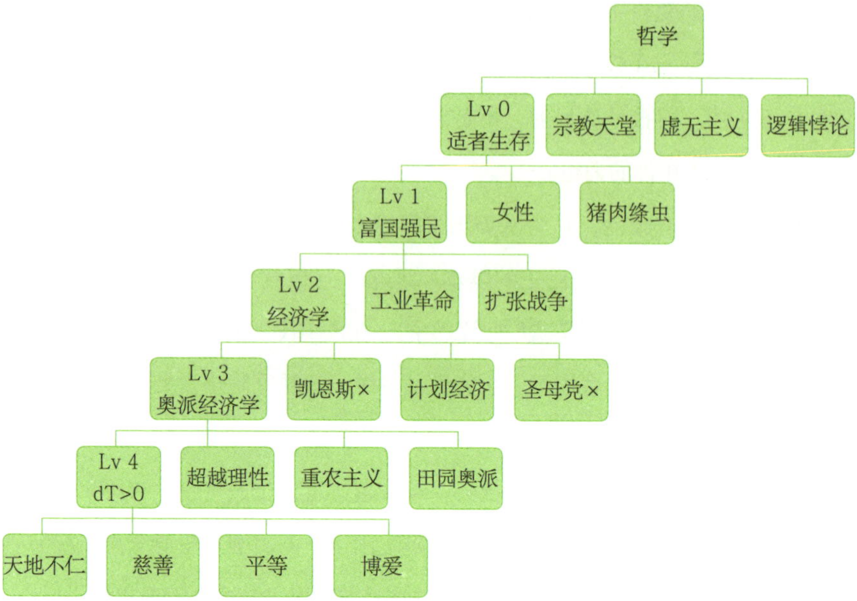

幸运的是，我们这个系列是从 Lv 0 开始的，**因而关于“淘汰”是什么，我们轻易地就可以回答：物竞天择，适者生存，不能适应者就被淘汰。**

如果再套用到 Lv 1 的道理，则是：**不符合生产力，不能最大化生产力发展者，被大国淘汰。**你看到中国人移民去非洲、南美、太平洋岛国。当地人生性闲散，白天剥几个香蕉，然后一躺就是十几小时。中国人日夜操劳，每天忙忙碌碌，所以，中国人应该生存得更好，不会被淘汰。

顺带着，我们也可以衍生出“道德”的概念。什么是道德？勤劳、朴素、求知、科学，这就是道德。懒惰、奢侈、虚荣、浮躁，这就是堕落。**“道德”的定义和“生存”类似，不被进化淘汰的，就是道德。**

三、奥地利学派的社会组织方式

在奥地利学派的“社会”里，我们有自由。那如何“淘汰”？答案是：饿死。一个“自由”的社会，最大的特点是没有“君父”时不时来评判你的行为“对不对”。自由的社会，没有人干涉你的行动，生产力极大解放，赋予了整个社会非常大的生产力，从而可以“试错”，可以创新，人民可以获得更幸福充实的生活。

物竞天择，只有“天”才能裁决对错，人世间的长老、权威等都不可以审判你。没有人能审判你，那怎么淘汰呢？“选择”太多的时候，你怎样知道“对错”呢？应该顺着哪一条路走可以攀登高峰呢？

一个爱狗人士和你说，不要吃狗肉；佛教徒和你说，什么肉都别吃；海底捞告诉你，牛肉、羊肉、猪肉三拼最好吃。我个人支持海底捞。像这类问题，奥地利学派的回复是：各走各的路，到最后统一结算。

奥地利学派的框架中，任何行为都是允许的，但每一次无效率的试错，都削弱了你的经济实力，当 money $<$ 0，你就会被饿死。奥地利学派“淘汰”的方法是饿死，标志是 money $<$ 0。

四、主动竞争

在奥地利学派设想的“理想社会”中，整个社会分成一个个的“小团体”，每个团体都有他们自己的信仰和风俗，没有暴力，通过自愿商贸而往来。但是这么多的“小团体”，必然有一些人勤奋，有一些人懒惰，有一些人正义，有一些人邪恶，而那些糟糕的习俗和信仰，则加速了小团体的堕落。

除了“被动竞争”，坐等你败光家财之外，还有一个很重要的概念叫“主动竞争”。我有权不和你做生意，有权闹得两败俱伤，这也是一个很重要的概念，它是“自由”的巨大分支。相互角力的结果就是看看谁先灭绝。这才是天道。这个概念如果用一个更简单的词来形容，则是“歧视”。

奥地利学派是肯定“歧视”的，奥地利学派是包容“歧视”的，“歧视”本就是奥地利学派基石的一部分。我们有权不给某些人某些事提供产品和服务，哪怕少做了生意。

黄金已死，有事烧纸

投资黄金是合理的吗？

一、金价

首先，我们来讲个故事。是非对错，等故事讲完了再说。

几乎所有学财经的中国学生都听说过“布雷顿森林体系”，其中的来龙去脉，大多是“人云亦云”。关于金本位，大致复述下面这样一个故事：美帝国力衰弱，滥发纸币，1971 年，尼克松取消金本位，美元崩溃。但是我们想问，之后呢？之后黄金的走势表现怎么样？投资黄金能不能赚大钱？

请看下图，“过往近 50 年”黄金价格走势图。

1968—1980 年黄金价格走势图

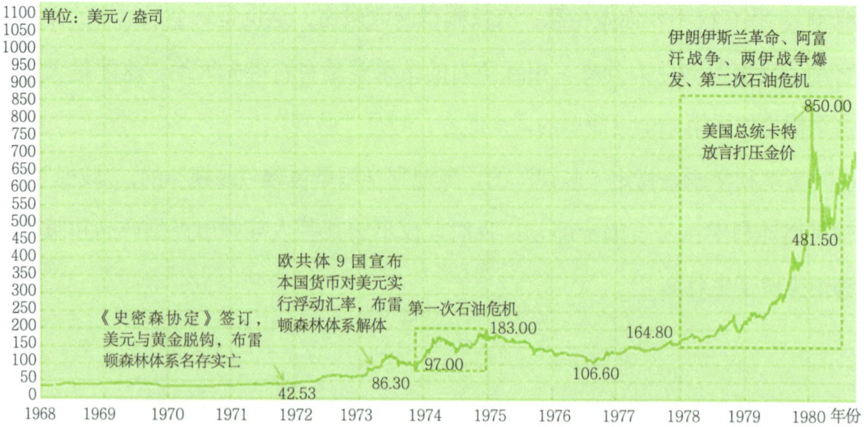

1981—1990 年黄金价格走势图

1991—2000 年黄金价格走势图

2000—2010 年黄金价格走势图

你要投资黄金，首先要问一个问题：黄金之前多少钱？1971 年，“布雷顿森林体系”要求黄金价格为每盎司 35 美元，随后美帝国力衰退，滥发纸币，法国人率先质疑。被抑制的黄金价格解禁之后，短短几年，金价就翻了两三倍，显然，每盎司 35 美元是不合理的。

此后，黄金经历了一段市场化博弈，各国一律采取浮动汇率。黄金的保值增值引发了人们狂热追捧，于是开始了炒作、投机热潮。1981 年，黄金冲到了每盎司 850 美元司的高位，但很快就腰斩。显然，每盎司 850 美元这个价格也是不合理的。那么，你也许要问：均衡态黄金的价格，市场定价多少才合理呢？

我们看第二幅图，尘埃落定，硝烟散去，非常长的一段时间内，黄金在一个大箱体内振荡，涨幅在 300—400 美元。取 1980 年，XAU = 350 美元是比较合理的均价。你发现问题在哪里了吗？2017 年 XAU = 1300 美元，经历了整整 37 年，黄金一共只翻了四倍！

二、M2[①]

过去 10 年，表现最差的资产是什么？是黄金。过去 20 年，表现最差的资产是什么？是黄金。过去 40 年，表现最差的资产是什么？还是黄金。我很惊讶，几乎所有的财经媒体都没有提到“黄金的表现之差，已经到了让人匪夷所思的地步”。从 1980 年到 2017 年，黄金价格一共才翻了四倍，你还能历数生活中有多少东西只翻了四倍吗？[②]

一般认为，从 1978 年中国改革开放至今，物价累计上涨 100 倍以上。当年上海大学生毕业后起薪 36 元，现在 3600 元都不止；当年 3 分钱一个馒头，现在 5 元一碗米饭都不止。

世界范围呢，美国的 M2 也在增长，累计大约在 20 倍。欧洲、日本都有 20 倍以上的物价增长，百万富翁已经贱如牛毛。

在所有的资产中，涨得最多的可能是京沪的房子，仅 2000 年之后就涨了 20 倍。有一句话叫“京沪永远涨”。再这样涨下去，这些地方一间水泥做的房子迟早会比纯金打造的房子还贵。[③]

三、IP

黄金的表现为什么这么差？这件事要从更“本源”的角度说起。黄金为什么值钱？从学术上讲，黄金、铂金被称为“贵金属”，而银铜是“贱金属”，价

① 广义货币（Broad money），经济学概念，是用来反映货币供应量的重要指标，同时也反映现实和潜在购买力。

② 因为黄金是没有任何利息的，这使得任何资产都能轻易跑赢它。有一种说法，1971 年哪怕你持有 35 美元，投于美国金融市场，现在获利都比黄金高。

③ 金箔目前大约是每平方米 1000 元。

格差上百倍。[①] 可是用途上，两者并没有这么大的区别。

目前全球最受欢迎的导电金属是铜，被广泛用于电线、轴承之中，有良好的导电性，易加工。比铜高一级的是银，银几乎所有性能都和铜重合，但比铜更好。比银更高一级的就是黄金，黄金具有绝佳的导电性、延展性，但这些依然不能成为黄金比银贵一百倍的理由。

黄金能有今天的价格，和它几千年来的“江湖地位”有关。从古罗马时期开始，人们使用的就是金币，中世纪无数的魔法传说、童话中，女巫收的也是金币。中国虽然没有金币的说法，却有对“金子”的崇拜——层层堆垒的金条，总意味着宝藏；民国时期黑帮大佬“跑路”的时候，也会带两箱“小黄鱼”。跨越国界、朝代、民族，千百年千万人众口一词：“金子，金子，金子！”

这是什么？**这就是我们常讲的“IP”啊！**经过千百年来不停地洗脑，你深深记住了“黄金＝财富”这个概念，这堪称史上最强广告。

四、废帝

前几天看晚清小说，1911 年清帝退位之后，他的日子过得很不好，因为君王离不开人民。清朝皇室在台上的时候，每过一天，他的“人望”都在增长，名正则言顺，在台上的每一天，IP 值都是增加的。可是清帝退位之后，宛如无根之木、采摘之花，他再没有营养可以汲取了，虽然“遗老遗少”们还保留着忠心，可是每过一天，这份忠诚都在削减；每过一天，记得他的人都在减少；每过一天，老人们都在死去，而新人们只记得新帝。无论你名气多大，离开了养育你的那片土壤，过了两代人，你也就毫无价值了。

黄金的价值其实和“废帝”很类似。1971 年之前，黄金是“本位”，它就是货币界的皇帝。只要“金本位”存在一天，全世界的所有人，每天都被一遍

① 铂金是一个更大的 IP 陷阱。

一遍洗刷着脑子，每一天都对黄金印象更深刻，“黄金就是钱”深入人心。

可是，1971 年“黄金”退位了，宛如清帝退位一般，从此之后，越来越少的人知道它。仔细想想，笃信黄金的那一代人正在飞速地老去！我们的子女没有接触过“黄金”的概念，或许他们知道黄金是很值钱的，但是不知道黄金为什么值钱，值多少钱。把黄金和白银、黄铜放在一起，他们会觉得那是差不多的东西，就算贵一点，也贵得有限，绝对没有 100 倍的差距。

黄金为什么会严重落后？1000 两黄金，从换一个小城镇到半条街，再到仅仅一套房子。40 年间，黄金丧失了 96% 的购买力，**因为信奉黄金的 fans（粉丝）们在死去。**

1971 年，几乎全社会的人都生活在“金本位”的氛围中，有权有势的大人物都从黄金时代延续，他们共同堆起了黄金大牛市。

1981 年，20 世纪前 10 年到 20 年代的人不在了，退出历史舞台，20 世纪 30 年代到 70 年代的人还在。

1991 年，30 后退出，40—70 后还在。

2001 年，40 后退出，50—70 后还在

2011 年，50 后退出，60—70 后还在

2021 年，60 后退出，70 后还记得“金本位”。

2031 年，再也没有人记得“黄金”！

黄金未来会不会变成和白银差不多的产品呢？那还要在现有的基础上，再跌掉 90%。

目前，欧美的年轻人已经完全不佩戴金饰，因为欧洲人尚白，他们觉得黄灿灿的充满乡土气息。而且黄金的价值太低（相对于欧元），哪怕穿戴 1 千克，也达不到炫富的目的，还不如把钱花在钻石、手表上。

目前，全世界最落后也是最大的黄金市场是印度，全球存量 13 万吨黄金。每年，印度都要从黄金市场进口 500 吨以上，几乎吃光了所有的新增供应。在印度民间，尤其是农村地区，黄金长期被视为一种“稳健的”“靠谱的”投资行

为。印度人嫁女，嫁妆大规模地使用金饰。还有就是每年两次的“盂兰节”，是全球黄金销售最大的盛事。但是，随着印度农村的现代化、富裕化，黄金正在逐渐失去印度这个巨象市场。

没有使用价值的东西都不保值。黄金作为全球人类最强大、最古老的 IP，依然逃不过这个铁律，**在过去 40 年中，黄金丧失了 96% 的购买力，未来黄金可能再贬值 10 倍。**

重要提示：本文不构成做空黄金建议！

比特币值多少钱?

比特币真实价值多少钱?是像某些人说的一文不值,是纯粹彻底的庞氏骗局,还是像某些人说的,是明日希望之所在?又或者是,你能不能给出比特币一个大致的估价,哪怕说不出精确数值,能精确到数量级也好,是价值 100—1000 元,还是仅价值 0.01—0.1 元?

目前国内对于比特币的分析,全部都是错误的。

一、山河血

我们先看看《货币、铸币税及比特币》这篇旧文章,在文章中,我提出下面三个问题:

(1)1937 年国民党抗日,丢失一半国土,请问对货币有何影响?

(2)1949 年国民党退守台湾,仅剩一省之地,对货币有何影响?

(3)如果中国得到东海油田,对货币有何影响?

1937 年抗日战争爆发,国民党部队初战不利,连续丢失上海、南京等江南财赋之地。大量的有识之士,跟随国民党政府内迁,直到建立西南联大,继续抗日。请问,在丢失一半国土的情况下,你手中的法币购买力会如何变化?假设日本人没有抢走你的纸币,蒋介石也没有滥发纸币,等你逃到西南时,你手里的 100 元还是 100 元吗?

答案是：哪怕蒋介石不印钞，你的货币也贬值了，大约还值原来的 33 元。为什么呢？

其实纸币本身并没有价值，纸币印刷的 100 元，不代表它可以买 100 个苹果。纸币的购买力要视它背后的实物而定，所以纸币更像是一种酶，投放在炉子里，促进交易反应的发生。而酶需要投放多少克，则取决于交易量有多少。

所以，当 1937 年蒋介石连续丢失掉平津、上海、南京等重大商贸中心城市之后，法币可以应用的国土就非常少了，所以你的法币就只剩下 33 元的购买力。如果 31 个省输到最后只剩下 1 个省，那你的货币就只剩下 3% 的购买力。

二、铸币税

1940 年，汪精卫出面组建“汪伪国民政府”，汪精卫上台后做的第一件事是印发“中储券”，并宣布蒋介石的法币在汪统区不可以使用。那么，请问中储券的价值该如何计算呢？答案是：中储券可以在汪统区大约 10 个省交易、流通，则中储券的总市值大致就正比于这 10 个省，是 10 省商贸流通的一个比例函数。

从这里我们可以看出，**一个国家可以发行多少货币，其实是一个守恒量，其总币值正比于该国的 GDP，或者正比于该国的商业 GDP 若干倍数**。如果国土沦丧，国家实际控制的地盘减少，则纸币对应的流通疆域立即缩小，每张纸币的含金量都下降。所谓的“铸币税”，就是指一个政权控制了几十万平方千米，然后要求辖区内发行自己的货币，而且只能够流通自己的货币。

《中华人民共和国中国人民银行法》第十六条规定“中华人民共和国的法定货币是人民币”，为什么要特意把这句话勾出来？这保证了“铸币税”的唯一。港澳回归之前，在深圳罗湖、珠海拱北口岸，常常有港澳客人吃一碗面用港币付账。此后，银行部门如临大敌，专门搞了几次专项排查行动，坚决制止此类行为。为什么银行部门要如此大惊小怪？问题就在于“港币不能用于支付”，“人民币是中国境内唯一合法货币”。货币的垄断和专一买卖是一笔大的财政收入，

“铸币税”一定不能外流。

三、美利坚“铸币税”

说完了“每个国家都会确定自己的货币”，“铸币税是一种土地税”。可是在全球范围内，还有一样东西是管不了的，那就是国际贸易。国际贸易用什么货币结算，这可是一笔非常大的利益。

这个问题的答案是美元。

美元如何占据霸主地位的，这件事说来话长，感兴趣的可以查一查前文我们讲黄金时提到的“布雷顿森林体系”。许多人都在抨击美元的霸权地位，但什么是“美元的霸权地位”却说不清楚，甚至有次吃饭还有一个小伙问我：“国际贸易结算都用美元，为什么美国就赚到实惠了呢？”我瞅了他半晌，说：“你做生意，会没有库存吗？你买卖东西，活期账户会没有余额吗？全世界的活期余额加起来有多少钱？”

除了美元在国际贸易中的霸权外，一些拉美小国，包括东南亚小国，因为其政治制度十分混乱，国内经济秩序一塌糊涂，因此其地下经济由大量的美元结算。比如你去缅甸，买串香蕉都用美元，但是这种交易原则上是被缅甸政府严令禁止的，如果缅甸国内全部都用美元，相当于缅元[①]没人使用，缅甸政府也就享受不到“发行缅元”的好处。但是，由于行政政府的管理不力，很多弱国甚至连基层组织也拉不起来，这笔钱只能白白流失掉。

四、比特币

以上三个段落，都是《货币、铸币税及比特币》这篇文章的内容，大致讲述了“币值 = 货币使用范围 = 政权控制范围”的道理。当年蒋介石如果抗战失利，则其发行的货币就会无处可使用，形同废纸。相反，1945 年抗战胜利，“法

① 1 美元约为 1334 缅甸元。

币”使用的范围大大增加，则引发了物价增加，通货紧缩。

现在我们来看奇葩的“比特币”，比特币的走势已经远远脱离了其创始人的初衷。比特币的创始人中本聪是日裔美国人，其最初的设想是设计一种货币“脱离中央政府的控制”。比特币不会滥发，无法追踪，可以做到彻底匿名制，可是大家现在关心匿名消费吗？根本不关心，大家关心的是“比特币涨到了多少钱”“比特币矿机期货和现货各多少钱”。

你看一下周围，每个人都在兴奋、热烈地讨论着“比特币跌破 3000 美元”“比特币涨破 5000 美元”“比特币冲破 2 万美元”“比特币又创新高”。几乎每个人都在兴高采烈地商讨着比特币的走势，谈论着赚钱与波段。面对这种情况，我只想问一问：比特币现在可以买比萨了吗？线下支持比特币的商家能有多少家？每年使用比特币交易结算有多少金额？比特币有多少市值？

目前，已挖矿的“比特币”总市值已达到 3000 亿美元（2017 年 12 月数据）。可是，使用“比特币”交易结算的零售业行为仍然无限接近于零。比特币依然不能买比萨、买手机、买矿泉水。由于比特币的创始人中本聪是一个隐形人，目前也没有任何机构、任何组织在铺设比特币的“线下交易”。

你想象一下，Apple Pay 舆论做得铺天盖地，挟“果粉”的脑残死忠，到现在也不成气候，而你的 Bitcoin Pay 要到什么时候才会有人使用，这就像蒋介石手里无钱无粮，GDP 弱得可怜，拿什么支持 3000 亿美元的货币“总币值”？

一般而言，我们可以大致地取一个比例：1%。如果比特币市值 3000 亿美元的话，那么比特币对应的这个生态圈“比特币帝国”，所有以比特币交易结算的金额应该在 30 万亿美元左右。请问，比特币所有的线下交易现在有多少呢？比特币的真实价值应该是多少呢？答案是高估 1000 倍。

比特币的价值

在投资界，是存在严格鄙视链的，即楼市 > 股市 > 币圈。

一、前言

去年我无意中看了一篇文章，叫《比特币江湖的第一次大型火拼》，看后不禁赞叹：神作啊！文章写得很有趣，但我估计全中国能看懂的人不多。虽然“币圈”已经是很大的一个亚文化圈子，但我们要切记投资界的鄙视链：楼市 > 炒股 > 币圈。在整个生态群中，比特币是最 low 的，无论是金钱、财力、社会地位，统统都不入流。虽然这群人满口区块链、矿池、Hcash（超级现金）、ICO[1]，但是你要问他们一些高级的知识，那是全然不懂的。

如果跟真正的科学家比，我也不算懂区块链技术，也不懂密码学。

可是搞搞清楚，我是做投资的，是做经济学研究的，我不懂技术，但我懂货币呀。

二、价值

讲清楚各个概念之前，我照例要做一些铺垫，从较遥远的故事说起。第一个故事，什么是“价值”。

---

① Initial Coin Offering（首次公开募币）的缩写，是区块链项目首次发行代币，募集比特币、解决以太坊等通用数字货币的行为。

以珠宝首饰行业为例，目前业内绝对的“大路货”是什么？走货最快、受欢迎程度最高的大概是戒指，其次是项链。但是在150年以前，也就是晚清1850年到1912年的那段时间内，珠宝首饰业的绝对通货却是扳指和鼻烟壶。

我小时候家里还有几个鼻烟壶，闻一口可以清醒很久，像吃薄荷糖一样。而扳指的传入主要是因为满族人。学过古筝的人都知道，弹琴一定要戴指套，因为琴弦对手指有损伤，时间久了受不了。同样道理，满族人以骑射立家，而弓弦的拉伤力可不是琴弦能比的，所以射箭更伤手指，这时把扳指套在大拇指上就能起到保护作用。

满族人入主中原以后，原本存在于骑射贵族中的扳指，逐渐形成风气，并成为权力和地位的象征，到了晚清，更是人手一个扳指，其地位就像今天的劳力士金表一样。粗略估计，晚清近百年，留存世上的扳指应当在千万枚的数量级，代表的珠宝首饰市值价值更是天文数字。好了，问题来了：这么大一笔财富，今天到哪里去了？

答案是没有了，彻底没有了。今天的男性，再也没有人戴扳指，无数扳指纷纷消失在历史的长河中。这些扳指曾经价值千万，当没有人喜欢时，其价值迅速沦为零。

三、财富是一种观念

财富是一种观念，更确切地说，财富是由消费者决定的。消费者人口是不停变动的，因此“价值”并不是一个常量，而是不停变动的。同样一个扳指，在1870年是人见人爱，地主老爷人手一个，拿来送礼体面过人。而到了2017年，因为消费者群体不复存在，扳指的价值也不复存在。

在今天，很多东西可以卖出高价钱。例如“大鲨鱼”奥尼尔的球衣、科比的球鞋、吴亦凡的签名。可是随着时间的推移，这些人名最终会被人遗忘，当奥尼尔再也没有人知道时，他的球衣自然也就毫无价值。**一样东西之所以有价值，是因为有喜欢它的人，而且这个人活着，有购买力。**

在鉴赏翡翠的行业里，讲究“种、底、水、工”，老师傅会和你说一套一套你永远也学不会的翡翠估价标准，天花乱坠。可是你知不知道，在 1950 年到 1990 年这段时间，全世界的翡翠市场，“绿翠”根本不值钱。因为中国人以绿为美，日本人以白为美，而整个 20 世纪下半叶，日本人财大气粗，翡翠市场的话语权掌握在日本人手里。直到 21 世纪，日本渐衰，中国崛起，翡翠市场里的“绿翠”以火箭般的速度崛起，迅速调整为中国人的口味，由此证明了**哪里有消费者，哪里才有价值。**

基督教最珍贵的宝物是“真十字架”，而在伊斯兰教徒的眼中，那只不过是一块大木头，哪怕打碎了，也毫不可惜。**一件事物的价值，取决于爱惜它的人。**

四、黄金

曾有人问我：对于黄金应该怎么估价？对此，我在前文已经讲得很清楚了：从消费上来看，黄金的价值大约是每盎司 150 美元。一方面，黄金有工业用途，因为其良好的延伸性、导电性，可以做汽车发动机的点火。另一方面，因为现代金矿的开采，纯金矿已经很少，大部分是“伴生矿”，也就是在铜、锡等矿石开采时，有低等级的黄金含量，因此黄金的生产成本已经降到几乎为零。

那么，黄金应该卖多少钱呢？我查了一下当天的行情，XAU/USD = 1274。请问，支撑黄金站于 USD150 之上（大约 8 倍）的动力是什么呢？答案是：**黄金是一个超级 IP 概念。**

我曾写了很多篇文章来讲 Marketing（市场营销），读者们也渐渐明白了“广告是一种固定资产投资”的概念。比如你花 2 亿元去投广告，国家级电视台上播 30 秒，你的钱就永远消失在电波中了。其实不是的，广告依然在，它存在于消费者的心中。**消费者对你的记忆，就是你的财富，就是你的固定资产投资。“消费者”才是第一生产力。**那“消费者”值多少钱呢？建立一个全国性的知名品牌大约需要耗资 5 亿元，而这依然是很不可靠的、美誉度也很低的二三线品牌。

好了，现在我问你，全中国、全世界、全人类，有多少人知道“黄金”这个品牌？有多少人是从小就被灌输“黄金宝贵”“黄金保值”“黄金万世不易”之类的说法？黄金难道不是超级大 IP 吗？**财富不在于实用价值多少，而在于多少人相信它。你喜欢，它就值。**

五、比特币

好了，我们逐次展开，终于讲到比特币了，我现在就问一个问题：作为一个超级 IP，目前全中国有多少人知道“比特币”？如果和“妙洁洗手液”之类的品牌比起来，那么“比特币”的品牌无疑要响亮得多，不仅知道的人更多，而且范围更广，卷入更深。

一个全国知名的二三线品牌的名气“含金量”值 5 亿元，那么你说一个全国知名的大品牌该值多少钱？

比特币没有产权人，目前存世的大约有 2100 万枚，因此比特币的“品牌含金量”由这 2100 万枚分享。我们仔细算一下，IP（Intellectual Property）估值假设为 21 亿，21 亿元 /0.21 亿枚 = 100 元 / 枚，也就是每枚 100 元左右。比特币这么大的名气，卖给你每枚 100 元，你可以“小赌怡情”一下，可是现在比特币官方报价 2 万美元，怎么算？我们下节再讲。

ICO 就是一场骗局

有些人说比特币是去中心化、不可篡改、不可增发、不可追踪、可切割，是世界银行。持有比特币就是持有世界银行的股份，未来看只会越来越高。

大哥，行行好吧，你说的这些特性，不就是黄金吗？

一、黄金

我们来看比特币的四大特征，也是“币圈”那帮人一直吹嘘的：去中心化、不可篡改、不可增发、不可追踪。具有如此强大的四大特性，能不能使比特币变成“世界货币”，能不能形成世界银行呢？答案是：不可能。

为什么？因为还有一样和比特币完全类似，具有同样四种功能的完美货币——黄金。我想提示一下炒比特币的人，有没有最基本的数学常识。全球的黄金存量是 17.1 万吨，目前每年矿产金 3400 吨，折合 2%。比特币每年产量 8%。按照现在的规则，比特币每 10 分钟产出 25 个，每小时 150 个，每天 3600 个，每年 131.4 万个。按照目前的比特币存量，假设按 2100 万枚估算，则每年出产 8.7%，在未来 25 年，比特币的产量远远超过全球黄金增速！

很多人不明白，比特币和黄金其实属于“同一生态链”的替代性产品，黄金本身的工业需求是非常低的，换算成替代品可能只值 150 美元。

单位：吨

需求种类	2013 年
饰品消费	2209.5
工业用金	404.8
投资用金	773.3
其中：金条与金币需求	1654.1
黄金 ETF① 及类似投资	-880.8
各国央行净购买	368.6
合计	3756.2

黄金目前能卖到每盎司 1274 美元，主要因为黄金是一个超级超级大 IP，千百年来的口口相传，无数影视作品里的探宝宣传，将黄金塑造成那种“大家都说它很厉害我也觉得它很厉害但又不知道什么地方厉害总而言之就是很厉害”的商品。作为同生态链的替代物，黄金不会颠覆世界，你凭什么相信比特币会颠覆世界？

二、黄金的替代作用

黄金是“分布式”的，不受任何一个国家央行控制，黄金也没有“背书”，没有行政命令强迫你使用黄金。黄金的产量很小，它的增长主要依靠挖矿，并且总量有限。比特币产量很小，主要依靠“挖矿”，总数有上限。这样看，比特币和黄金，是否非常相像？

黄金按照目前“增量 / 存量”，每年仅增加 2% 左右，比特币 2017 年增加到 8.7%，但此后速度会慢下来，大概到 2042 年时，比特币和黄金增量追平。在未来 25 年，比特币供应都是快过黄金的，凭什么相信比特币会稀缺？

比特币不记名，不可追索交易，适合于“暗网”交易。黄金同样也不记名，

① 指绝大部分基金财产以黄金为基础资产进行投资，紧密跟踪黄金价格，并在证券交易所上市的开放式基金。

作为化学元素，全世界的黄金没有任何区别。目前比特币的交易速度已经慢到了叫人难以忍受的地步，同样的“暗网”交易，用金条反而更为方便。

全球的非法交易使用的通用货币是什么？比特币吗？别开玩笑了。黄金金条吗？也不是。全球通用的货币依然是美元，尤其是美元旧币纸钞。为什么？因为方便。虽然有众人吐槽的监管问题，但美元依然是全世界最好用的东西，是暗网 99% 的结算手段。为什么不用黄金？因为黄金竞争不过美元，美元可以转手去买汉堡包。为什么不用比特币？因为比特币竞争不过黄金，更竞争不过美元，它一文不值。

或许我要提醒一下买比特币的人，全球 98% 的比特币交易量集中在中国，全球 95% 的比特币产量集中在中国，有人说是有些人“转移资产去国外”了，别开玩笑了，因为海外根本没有承接盘，根本没有美元买家，如果有几千万美元的交易，池子就雪崩了。

归根到底，比特币是某些人自娱自乐的一项玩具，在海外根本不算 IP，根本无人知晓。那些币圈的人张口闭口“世界银行”“暗网交易”，你有没有想过，比特币的增发速度比黄金还快，口口声声的暗网交易，快递能过海关吗？在所有的性能上黄金都优于比特币，黄金都快混不下去了，你凭什么相信比特币比黄金好？

三、ICO

比比特币更进一步的，被称为 ICO（Initial Coin Offering），或称“山寨币”“数字货币”①。比特币诞生于 2008 年 11 月，从某种意义上可以称为“第一代数字货币”。比特币至少有两大缺点。首先，作为创始人，中本聪大约拥有 100 万枚，后来人都是“抬轿子”的。作为一项 10 年前的技术，很多科技在今天看来已经“过时”了。比如说，因为设计上的缺陷，比特币据说一秒钟只能

① 由于发生了多起 ICO 的诈骗案例，我们国家已经将其取缔。

“交易七笔”，对于一种货币来说，尤其是现代商业社会，这是不可想象的。人民币一秒钟要交易多少？7 亿笔。

其次，区块链本身的设计，每一次交易都要复制之前的代码，这使得比特币的文件变得越来越庞大。很多人以为的“比特币”，还停留在一个 U 盘拷十几个，扔在角落里，现在的比特币动辄一个文件就是三四 G，而且据说硬分叉以后，“数字货币”文件还会变得更庞大，大型文件不仅存储麻烦，也给硬件系统带来巨大的开销。

如果说以上的细节还仅仅是 IT 问题，那么中本聪在设计比特币的时候，将最前面的 100 万个比特币，相当于总量的 5%，全部都划到了自己的名下，这件事就绝对不能忍了，比特币产业搞得再大，也都是为中本聪做嫁衣。

最近 10 年，计算机编程飞速发展，尤其是并发式加密、云计算、TPU① 理念等，都是当年所无法预想的。在新技术的驱动下，于是有人就想，要不要开发“第二代数字货币”，并且至少做到了以下几大优势：交易速度快，每秒可高达 500 笔；系统容量大，可以同时供几亿用户使用。这样一来，比特币的所有优势，第二代货币全部都可以做到，而且速度还比比特币快近 100 倍，你说用哪家？

好了，现在问题来了，“第二代数字货币”应该如何定价？一枚“质数币”应该值多少钱？

四、经济学

2017 年 ICO（山寨币）行业风起云涌，截至 2017 年 8 月份，市面上的“山寨币”已经超过了 800 种，面值数万亿。其中部分品种，如以太币，总市值已经超过了比特币。请问：山寨币“真实”的价值应该是多少钱？

在物理学上有一个定律：如果一个系统可以拷贝出无数子系统，则它的能

① Tensor Processing Unit（张量处理单元）的简称，是谷歌为人工智能的核心要素机器学习设计的处理器。

量一定为零，这就是能量守恒定律。同样的道理，ICO 如果可以“无限复制”出无数副本，则 ICO 的价值一定为零，我称之为“财富守恒定律”。举一个最极端的例子，假设有一个程序员被关到了监狱里，给他一台没联网的电脑，这个程序员千辛万苦设计出了一种“鸡腿币”，最高上限 2100 万枚，他自己挖了 700 万枚，全部存放在本地硬盘里。请问这个“鸡腿币”有价值吗？答案是：没有任何价值。在狱警的眼里，你就是一个人，一台电脑，一个硬盘。

同样道理，目前 ICO 江湖，“山寨的山寨”已经闹得非常之凶，甚至有许多风险投资拿到 ICO 项目，打开一看，惊奇地发现怎么 98% 的代码都是一样的。山寨一个 ICO 并不难，甚至只要把初始密码改掉，以后 2100 万个密钥都会不同。是时候再祭出下面这句话来了：

如果跟真正的科学家比，我也不算懂区块链技术，也不懂密码学。

可是搞搞清楚，我是做投资的，是做经济学研究的，我不懂技术，但我懂货币呀。

山寨币值多少钱？那就看它有多少名气了，有多少名气值多少钱。比如在 ICO 被取缔之前，著名山寨币专家李笑来的 30 多个 ICO 项目，每个都是受众人追捧的。价值存在于山寨币吗？价值存在于李笑来，存在于消费者心中，技术不产生价值，人类产生价值。人们认的是“李笑来”这块招牌，而不是他的那 30 多个项目。换句话说，有多少人知道你、承认你、喜欢你，IP 有多响，你就值多少钱。

你可以把“程序员关进房间”，一晚上搞出“鸡腿币”“鸭腿币”“咸蛋币”，可是，有多少人知道你呢？同样，数字货币虽然可以无限量“创设”，但知名度却不会从天上掉下来。

“IP = 钱”，“知名度 = 总市值”，既然数字货币是一种“大家都说它很厉害我也觉得它很厉害但又不知道什么地方厉害总而言之就是很厉害”的商品，则它的主要价值来源就是 IP 和知名度。因此，以太币总市值超过比特币是不合适的。

五、比特币的末日

说完了“IP ＝钱”，比特币的拥趸们难免要沾沾自喜。“比特币总是越来越有名的，岂不是睡着就可以升值？”我要说，比特币的行情很有可能是一场幻觉，**品牌价值并不会无缘无故地增加。**

我们学 Marketing 的，做品牌经理，一辈子都在和“品牌价值”打交道，整天就是维护品牌价值，增益品牌价值。因为了解，所以熟知。只有我们才知道，任何品牌都不会自发地生长，想变得更有名，可谓千难万难。

比特币的成功，是“天时、地利、人和”的多重幸运累加的结果，中本聪投在广告上面的预算是 0 元，相当于在 BBS 发一条帖子，然后全球转载，这是什么概率！因为比特币是老大，而且目前正好是“数字货币”的一个风口，有很多创业项目，所有的 ICO 全部变成了比特币的免费宣传员。但是，风口是会过去的，幸运不可吃一辈子。因为互联网“生如朝露”的特性，比特币的垮台甚至远远比预计更快，更何况央行完全有办法打压比特币。至于什么办法，我们下节再讲。

只要可以证券化，就可以“炒”

你对于财富的理解，一无所知。

一、文交所

天津文化产权交易所（简称“文交所”）设立于2009年，大概和“昆明泛亚有色金属交易所”“P2P狂潮”“万众创业”属同一个时期。“文交所”主要的业务是买卖“文物股份”。举个例子，假设有一幅石涛的画——工墨山水图，请问这幅画值多少钱？

艺术是无价之宝，书画品的估值向来难以衡量。很多人会看一下苏富比的拍卖记录。假设每幅200万元吧，上下浮动挺大。现在问题来了，若是我想投资中国艺术品，非常看好八大山人的升值潜力，但是我没有200万。就算我有，但我还想同时修正价值体系中某些“估值”不合理的部分。请问，有没有什么“金融创新”的方法可以解决这个问题？答案就是“文交所”，这里把每幅字画“切碎”了出售。比如一幅王翚的画，我以这幅画做基础，发行ABS（Asset-backed Securities，资产抵押债券），份额200万份，每份定价1元，只要集齐200万份，你就可以来我这里兑换这幅画。这样一来，字画就由一种“大型的不可分割难以估值的艺术品”，变成一张“有价证券”。

文交所有电子盘，每天都有报价，诸如“周臣仕女图”“文徵明字帖”“汝窑青花瓷”等，每一天，1.23、2.34、3.45……各种电子股票报价，上下起落，岂不快哉！普通人拿三五百元出来，就有了投资传世艺术品的可能，通过市场模拟价格，给出更佳的艺术评判信号，这也增加了艺术品流动性，dT>0，分散了资产风险。从字面上看，再没有比文交所更聪明的想法了。

接下来给大家出一道题：

问：文交所和比特币投机相比，有什么优缺点？

答：文交所远好于比特币。因为人家根本就是合法的，可以光天化日走在大街上，连伪装都不用。

二、文交所的高级玩法

在一个聚会上，我问一个提问者，假设一幅价值 180 万元的画，分割成 200 万股的股份，那么在文交所交易的时候，它的股价大致是多少？那个提问者左思右想，犹豫了半天，才勉强答出来：“我觉得 1 元吧，涨了 10% 是因为流动性溢价。”听了他的话我哈哈大笑，说：“真的涨了多少，得看文交所的历史事实。”那么，在真实的历史上，都发生了什么事呢？

愿望是良好的，但事实是残酷的，文交所绝对不会把一幅 180 万元的字画切割成 200 万份，那会分多少份呢？1000 万份，甚至 1 亿份、10 亿份。当一幅字画切成 200 万份，每股股价是 1 元。当一幅字画切成 1000 万份，每股股价是 1 元。当一幅字画切成 1 亿份，每股股价是 1 元。当一幅字画切成 10 亿份，每股股价还是 1 元。文交所到了后期，发生了“奇异”的事，如果一手是 500 股的话，则无论你“切碎”到多少比例，一手永远都是 500 元左右。

这幅字画是唐寅的还是张大千的，并不重要。这个瓷器是汝窑的还是钧窑的，也不重要。你这釉面很可疑，是不是赝品，还是不重要。如果以“股数 × 股价”来算的话，到了后期，很多文物估值都要上 10 亿元了。为什么会这样？因为文交所的证券真实价值，其实为零。文物还是保藏在博物馆里，哪怕你是“股东”，你既不能吃，也不能闻。而“回购”其实是一句空话，假设全部股份是 200 万股，你永远也不会集全，因为 11% 的股份就偷偷藏在某些永远不可能出售它的人手里。文物又是没有分红的，你也不用指望什么租金、红利。

对于中国股民来说，他们根本不在乎“毫无价值，长线归零”。对于中国股民来说，最受欢迎的是“T + 0”，恨不得两个小时一轮行情，一天之内 3 次大涨大跌，这才是紧张精彩刺激的人生。

你要说“没价值”，可以看看创业板，很多都是垃圾股，新三板更是如此。但是挡不住有“创业板敢死队”，他们需要的仅仅是大起大落的波动，千万分之一出人头地的希望。例如，跑路到美国，至今不肯回来的 X 视老板，当年 X 视可是创业板第一妖股，现在呢?

多数股民真正关心的是“K 线图”，公司基本面是不重要的，他们唯一关心的是 K 线“又涨了 10%”“年化能到多少”。股民们需要的仅仅是一个公平的赌场。文交所的市价是毫无意义的，它只是给你一个赌大小的地方，而比特币可以提供给你的，是一个类似于“50% : 50%”的赌局，一个无人监管，可以“T + 0”的博彩场。

三、财富的幻觉

文交所导致的另一个结果是“发财的幻觉”。前面说过，随着文物的炒作，字画“股”的价格开始疯长，从最初的每股 1 元，总市值每幅 200 万元，然后股份可以一拆十，十拆百，股价依然维持在每股 1 元，到了后期，不乏“50 亿股，每股 1 元”的案例。

就总体而言，身在文交所的局中，却会给人一种“赚钱了，赚钱了”的幻觉。

“你知道吗，我们家二狗，买了 200 股五彩龙凤双耳六棱瓶，结果翻倍了。”

“哎呀，他怎么这么能干。”

“光是昨天晚上，又涨了 10%。”

“哇，好厉害。”

“古董是不可复制的。你想，上千年的东西，砸一件少一件。”

“同意。”

“艺术是不可估量的。随着人们文化水平的提高，艺术品还要走一波大牛市。”

“太对了。”

“搞什么投资嘛，还不如跟我们买‘文交所’。”

“以后一个瓷瓶，换一座万达广场。”

看了上面的对话，是不是觉得很熟悉？当年创业板新上市时说过，新三板刚开始搞的时候也说过，比特币刚出现的时候又说了一遍。

人分两种：愚人用“股价 × 股数”来计算财富，聪明人用“三维价格”来计算财富。我在《价格三篇》里说得很清楚，价格是“三维”的，没有价格深度的市值，一文不值。

四、操纵

如果你仅仅想追求“账面上”的身家，那简直再容易不过了。举个例子，哪天我心情好了，掏个几百万元，自己包件书画或者花瓶，然后就可以发行“文物股票”。我完全可以把 99% 的筹码捏在自己手里，剩下的 1% 放在市场上交易，流通盘仅几千股。然后我还有一笔几十万的现金，我就对着你打，老庄股随便拉，拉到 5 元、10 元、50 元、100 元、1000 元、5000 元，还不是我说了算？

简单算算，1000 元 ×200 万股 ×99%，这市值也差不多 20 亿了，难道你就是一个 20 亿富豪啦？开什么玩笑，你要这种“老庄股”的富豪有什么用？

在我微信后台的留言中，整天都有“币圈”的人跑进来问：“昨天又涨停了 10%，你有没有后悔踏空？”“前天又涨停了 10%，你有没有后悔踏空？”我翻翻白眼，你是不是要把全世界每个涨幅商机都抓住？你是不是这辈子从来没见过赚钱的机会？如果我要做庄一个清乾隆粉彩镂空瓷瓶的话，我可以把你的价格从 5 元拉到 5000 元，一口气拉 200 个涨停板。

五、初次发币游戏

理解了文交所的脉络，我们才可以理解 ICO 的游戏规则。ICO 是指这样一门生意：

你好好在家里睡懒觉，突然被大学寝室的同学叫醒，他严肃地和你说，你知道“春币”要开始上线了吗？然后他告诉你“春币”是一种数字货币，在明年春天发行，牵涉到区块链技术……总而言之，你不需要懂，你只需要知道数字货币满足“匿名，不可增发，不可跟踪，可用于交易”就可以了。

人类未来的世界是实际货币向数字货币转化的全面趋势，数字货币将来将是千亿、万亿的估值。而现在，仅仅只卖 1 元钱，只卖 1 元钱！

你迷迷糊糊，还是没有听懂。室友推搡着你：“不用懂了，把你这个月 2000 元的生活费拿出来，去买 2000 个币就可以了。”

那么，你花半个月的生活费买回来的这堆电子文件到底是什么东西呢？就是所谓的“春币”。很可能就是一个“抠脚大汉”在昨晚独立编出来的，成本为零。如果我们研究这个业务模式，会发现 ICO 是“无本万利”的，成本为零。不论卖掉多少币，都是净赚。

我很喜欢知乎上的一个帖《比毒品还暴利的产品有哪些？》，尤其是它的第一个回答——氪金手游很赚钱，但也许没有传销手游赚钱，如果你发现身边亲戚朋友有玩类似的游戏，能劝就劝吧。

要论丧尽天良，ICO 可以算一个。那么，如此“暴利”的行业，它的瓶颈在哪里呢？你设想一下，假设你雇用一个程序员，昨天晚上设计了一个“春币”，你在自己家杂货店门口挂一块黑板，上书：本店有春币出售，1 元 / 个，升值潜力无限，欲购从速。然后你从早守到晚，猜猜能卖几个？答案是一个也卖不了。因为走过路过的人，根本不会关心。

如果你开淘宝小店，再自己注册一个京东账户，能卖多少？淘宝估计销量还是为零，天猫/京东可能有十几枚的“尝试销量”，但天猫/京东本身是要收柜台费的。

如果你到大学城里吆喝，卖得掉吗？完全卖不动。如果你买通了系主任，让系主任帮你背书一下：“这个币啊，我看是很有前途的。各位同学不妨研究一下，没有研究的，下学期别想通过我的课。”那肯定大卖，卖个 10 万元（2000 元 ×50 人），估计问题不大。

我唠唠叨叨说了这么多，说到底其实是一个“流量”问题。卖币是需要“流量”的，你也可以将其称为“吸引眼球”，也可以称为“广告”，也可以称为 KOL①。总而言之，没有流量，你就卖不动。有了流量，哪怕一分钱不值的东西，也能卖几千个（尽管转化率不好）。**所谓的 ICO 产业，其实就是 KOL 流量变现。**之前我们讲过李笑来的例子，就是如此。

数字货币的实质，其实和文交所是一样的，它的市值不可以用“股数 × 股价”计算。这就是一个“老庄股”，轻易就会崩塌。它真正的估值应该是：“总市值 = 知名度”，“卖币的钱 － 知名度 = 被卷走的钱”。

① Key Opinion Leader（关键意见领袖）的缩写，基本上指在行业内有话语权的人。

比特币——持续失血的庞氏骗局

一、歧视链

在《比特币的价值》里，我在开篇就讲了投资界是存在严格“歧视链”的，楼市 > 股市 > 币圈，玩“数字货币”是最 low 的。这句话说出来，肯定有很多人不服气，他们会反驳说：“币圈都是新时代的精英。”同样都是投资，何必还要分出三六九等呢?

那歧视衡量的标尺是什么? 是利益!

出来玩，总是为了赚钱的，为了更好地生活。哪怕投资界互相看不起，但有一个是绝对的共同语言：赚钱。赚钱就是硬道理! 因为赚钱的不同，整个投资市场可以分为：正和市场 > 零和市场 > 负和市场。

正和市场：楼市、跨国贸易

零和市场：股市、麻将、文物

负和市场：彩票、比特币

以房地产市场为例，目前全国普遍的房租收益并不高，可能也就 2% 左右，房屋本身还有一个折旧的因素，每年贬值 1%。这两项相加，让持有房地产的你并不能增加物质财富，仅仅能维持和保持社会阶层。但是，房地产有个超级特性，它是可以贷款的。把贷款算上去，再加上 M2 的增长，整个房地产的回报就是正数了，因此房地产就是一个“正和游戏”。

我们来看 A 股市场，可称为“零和游戏”。A 股基本不分红，每年的现金股利正好和所有的印花税、券商手续费打平。如果你观察“现金”这个不变量，池子里的现金是 ±0%，因此，A 股一个人的赢利，必然体现为另一个人的损失。如果算上“大股东减持”“增发配股抽水”，更加惨不忍睹。

而比特币呢，比特币是一个“负和游戏”。

二、矿机

比特币最核心的部分在它的“矿机”设计。我敢肯定地说，全中国 99.999% 的“币圈”中人根本不懂矿机的真正意义。

按照中本聪的设定，全世界有无数的“矿机”在运行，比特币每 10 分钟新产生 12.5 个。这是随机赠送的，赠送的概率视你的“计算能力”而定。为了获取“免费赠送”，在比特币世界展开了一场“军备竞赛”。最开始用个人闲置电脑，然后用专业服务器，发现 CPU 还不好，专业设计的 ASIC 更好，随后是 TPU……除了芯片类的投入，“挖矿”更大的一项成本是“电能”。现代的挖矿中心，往往需要 3 万台刀锋服务器并联，占地十几亩的机房，专业 IT 团队维护。这么庞大一个系统，24 小时不停地运转，电费是一个天文数字。这么高的成本均摊下来，目前全世界一枚比特币的“挖矿成本”高达 1.8 万元（2017 年 8 月数据），而且还在以每个月 5% 的速度涨成本。

有人曾一本正经地和我说：“比特币就得值两万多美元，因为挖矿成本降不下来。”听了他的话，我差点笑成小肠疝气。你的能量其实是完全浪费掉的。你花费掉数以千万元的电能，但是你却没有计算出任何有价值的“数据”，这么庞大的亿亿亿亿级计算支出，只不过是一个“选秀”节目，却没有创造任何的生产力。最后的赢家只有一个，就是电力公司。

我们知道，天底下有些庞氏骗局是可以维持很久的，如 2017 年底出事的“钱宝网”，坚持了 5 年多，受骗者最大的一笔投资有 850 万人民币。维持的前提是骗子可以形成一个子系统，互相骗来骗去，整个系统“不失血”，E 租宝、泛亚、钱宝网就是维持不下去了，老板才去投案自首。其余庞氏骗局典型如蜜蜡、沉香、手串，甚至是元青花。你跑到潘家园的古董市场，就这么几十间老字号铺子，他们自有自己的一套估值系统。一件“唐代佛首”在铺子之间来回转手，互相买卖，整个价格体系是可以持续许多年的。可是，如果每间铺子每月要交 30 万元的电费呢？这就会导致现金作为一个不变量，失血急剧缩小。很快，多间铺子就要被迫出售古董，兑取现金，你卖我卖，整个古董市场迅速崩溃。

所以“持续失血型”庞氏骗局，是不可持续的，而“负和游戏”不可持续的速度，远远快过四人麻将。

三、持续失血型庞氏骗局

按照目前的设定，比特币每 10 分钟产生 12.5 个，每年就是 65.7 万个。比特币的“挖矿”业务，已经是一个高度竞争的市场，军备竞赛全部都是 ASIC 刀片服务器。不存在低成本玩家，于是每个币 1.8 万元的成本是少不了的，这相当于比特币“挖矿业”每个月向电力公司“孝敬”9.72 亿元人民币。

我们知道，比特币是有庄的，整个比特币神话就是一个“老庄股”。而操纵一只“老庄股”，不需要 100% 筹码和资金对应，只要仓位高度集中，产量高度集中，90% 捏在少数人手里，然后再宣扬美好前景，让散户“锁仓”。这时只要很少的资金，就可以控盘。根本不存在所谓“资金外逃，境外拉升”等用途神话，这和股市里的利好、概念造势是同一个套路。

比特币大约有 100 万枚是持有在中本聪本人手中，或者说，在矿机（挖矿业）兴起之前，所有的币都在中本聪手里。几大机构再控制了剩下一大半中的一大半，按比特币目前 3000 亿元市值算，流通盘可能仅十分之一，控股庄家的资金估计在 100 亿元—200 亿元人民币。

2017 年 6 月 21 日，在约短短一秒钟之内，GDAX 数字加密货币交易所的以太币从 319 美元左右闪崩至 10 美分。[①] 由此可见，数字货币的价格深度极薄，轻易就可以击穿。

比特币在 2017 年 6 月、7 月，连续发生两次 2.4 万枚的大型出货行动，但均不成功。价格被瞬间击穿，数分钟后被右手拉起。比特币庄家已陷入绝境。因为他的资本金就在 150 亿元人民币左右，而只要比特币行情不结束，就会持续有人挖矿，每个月就要上交 9.72 亿元人民币，若无意外，他会在 15 个月内将本金烧光。

将所有的比特币玩家视为一个整体的话，电力公司是唯一的大赢家。无论你们怎么玩，我反正每个月收 9.72 亿元电费，一直收到你们再也交不出电费，如此“持续失血的庞氏骗局”焉能久乎？

四、中本聪的智慧

中本聪留下“挖矿 / 矿机”这样一个世界设定，思想本质是“反炒作泡沫”，而他本人则期望比特币是每枚 1 美元，他并不希望比特币涨到每枚 4000 美元。按照经济学中的“套利”原则，矿机的“挖矿成本”永远会低于“比特币售价”一点点。也就是说，比特币每枚卖 200 元的时候，只会有家用小型的廉价服务器。比特币每枚卖 2 万元的时候，会有专业的水电站矿场矿库。比特币每枚 2 亿元的时候，会有整整一个城市上百万人口围绕挖矿。相对应地，当比特币每枚 200 元时，挖矿对于“全系统失血”是每月 972 万元。比特币每枚 2000 元时，挖矿对于“全系统失血”是每月 9720 万元。比特币每枚 2 万元时，挖矿对于“全系统失血”是每月 9.72 亿元。现在比特币每枚 1.4 万美元（截至 2017 年 12 月 28 日 23 点 28 分），你算算要多少钱？

由此可见，中本聪是“憎恶”炒家的，炒家把比特币的价格炒得越高，整

① 参阅《以太币闪崩！短短一秒钟之内从 319 美元至 0.10 美元》（http://finance.sina.com.cn/money/forex/hbfx/2017-06-22/doc-ifyhmpew3051657.shtml?cre=sinapc&mod=g）。

个系统的电费，也就是“孝敬”给电力公司的钱越高，最终使得炒家无法坚持。“币圈”的人对于“世界”的设定一无所知，只知道在“导师”的训导之下，被洗脑，被肉鸡，榨出积蓄换废纸。相对来说，“发币”的人才是精英，那些“设计骗局，主导骗局”的人，才是真正和中本聪同等智商的聪明人。

因此，在后期的“第二代数字货币”ICO 设计中，很多创世神都取消了“挖矿耗电”的设定。要么就是规定，强制 2100 万枚币都是属于创世者的，然后他再卖老币给你。要么设定，按照 UID（User Identification，用户身份证明）随机分配，不需要挖矿，像中本聪和我这么有良心的人不多了。①

① 从某些意义讲，比特币可以认为是有“央行”的。其央行有“利率”。实行的法定利率是每年 -4%。相对于高息货币在汇率兑换上应另有算法。

比特币的分叉——数字货币的失败

数字货币失败了。

一、创世

对于中本聪来说，他是比特币的“创世神”。他一手创立了比特币的世界，制定了一些最基本的规则，设定了整个世界运行的规律，好比 $E = mc^2$，然后他就撒手不管了。

世界一旦进入真实领域，很多的运转并不在“创世神”的控制之中，因为这时决定规律的是千千万万个人类玩家，人类的共同行为才决定了整个游戏的走向。好比《炉石传说》这款游戏，创始人可以设定每种卡片的攻击点数，但上线之后，游戏怎样玩法、怎样踩位、怎么争塔，就只看“游戏高手”的炫技了。

在整个比特币世界的设定之中，有些是中本聪天才的创意，诸如区块链、去中心化、有限产量；有些是中本聪预埋的“陷阱”，如“挖矿耗电”。如果谁对于整个币制生态的理解不深，就会吃大亏。

然而，中本聪毕竟不是神，而是人，无论再高的智商，也无法预料所有的变数。比特币是中本聪的一个实验，这个系统在上线之后，终究超出了他的预料，有了他无法算计的变数，那就是“分叉”。

二、分叉

我在《比特币的价值》这节中提到了《比特币江湖的第一次大型火拼》。这篇文章，我估计全中国看得懂、能理解的人不多。如此精妙的见解，不讲出来，岂不是如锦衣夜行？但是说出来也不容易，既然是全国没几个人能看透，自然不是三言两语可以解释。所以，我从《比特币的价值》开始，连续用了四篇，做了重重铺垫，现在才来言归正传。

首先，我们解释一下什么叫作“分叉”。它是一种技术术语。比特币其实是“第一代数字货币”，完成于 2008 年，整个程序员团队估计就中本聪一个人。2008 年的计算机技术和 2017 年相比要差很多，今天 Github① 上有的诸多资源，在当年几乎什么库也没有。许多事的合力效果是什么呢？就是比特币其实是一个很简陋的系统。

前文说过，随着时间的推移，比特币的“区块图”会变得越来越臃肿，IT 处理也越来越低效。随着“比特币辅助工具”团队的不断修补，无数具有义务黑客精神的程序员的维护贡献，到了今天，他们终于无可奈何地宣布：要大修。因为你系统设计得烂，因为你天生“框架”做得烂，因为你是“第一代数字货币”，结论就是“无可救药”。修修补补再也无济于事，要想这个系统跟上时代，必须得大修。那怎么修？唯有扩容。

就好比某市电话系统 68888888，8 位编码的电话网络最多可以承受 9999 万客户，上海目前有 2400 万人口，许多人有两三个电话号码，号段日益拥挤。怎么办？其中一个办法是使用“号码租赁”，两三个人分享一个号码。又或者设立“分机”制度，打公司先接到前台，前台再帮你转接。这时“比特大陆”组织站出来了，手一挥：扩容，从 8 位的固定电话号码直接升级到了 11 位的“移动号码”，13968888888。11 位的容量是 1000 亿，全中国都够用了。

你说，“升位”是好事还是坏事？先别急着回答，关于这个问题，全中国只

① 一个面向开源及私有软件项目的托管平台，因只支持 git 作为唯一的版本库格式进行托管而得名。

有 0.001% 的人答得清。

三、分裂

我曾看过莱特币大佬江卓尔的一篇文章《为什么比特币硬分叉不会分裂成两个币》。身为矿池的大佬，他综合了技术上、公平上、效率上、扩展性上等因素，以声泪俱下的态度写了“我支持升位升级的 100 个理由”。我嚼着牛肉干，忍不住用他的论文擦了靴子。你就是这样向你老板汇报的吗？如果企业里面，员工给经理递上来这样一份报告，非被炒鱿鱼不可。

我们再看回《比特币江湖的第一次大型火拼》那篇文章。文中说，“扩容”方法出台之后，整个比特币世界分裂成了两种人。原教旨主义者认为，比特币的规则一个字都不能改，11 位的号码不承认为电话号码。少壮派们认为，我人多币多，拳头大就是真理，喊得响就是正牌。好了，现在问题来了，这两派人士，谁才代表正宗的“比特币”？

四、品牌

这个问题，“币圈”那群人再讨论三天三夜，也是答不出来的。他们只会照抄“导师”的话，堪称是复读机。

这个问题，只有在你已经看过了前面四节内容，你才能回答。比特币的价值何在？有人的地方才有价值。技术本身没有价值，价值存在于消费者心中。所以，这个问题的回答应该是：两派都是正宗的比特币，两派分享了比特币的 IP。好比以前比特币的 IP（品牌价值）是 15 亿，拥有 100 万用户。30% 的用户信奉原教旨主义，只接受原汁原味的比特币，70% 的用户信奉少壮派，接受扩容后的比特币。那整个“原味币”系统，30 万人分享 4.5 亿品牌 IP，整个“改良币”系统，70 万人分享 10.5 亿品牌价值。或者说，你只要想一想，原本价值 70 万元的 68888888 号码，在电话号升位之后价值如何变化就知道了。

五、末路

或许有人说，那也没有什么问题，4.5 + 10.5 = 15，价值还在，不是没有减少嘛。

讲这话的人，完全不懂 Marketing，也完全不懂 Branding（品牌）。在“市场营销”这门学问中，是非常讲究“首位度”的。任何一个市场，最终只有前三名可以活下来。因为消费者的脑容量是很有限的，他们不喜欢太多的品牌信息。“流量高度向头部集中”，站在首位的人是非常占便宜的。而其他的媒体、舆论、网络提起，也会更多地引用第一名、第二名。

比特币的每次“分裂”，都在削弱自己的品牌价值。本次赢的是“改良派”，则会更严重地削弱其品牌价值。茅台酒厂如果分裂成“成义”“荣和”“恒兴”三家酒厂，共同分享茅台所有的品牌、声誉、消费者市场，则这三家“小酒厂”的销量绝对到不了茅台的三分之一，有可能是六分之一、九分之一,五粮液将会成为最大的赢家。同样的道理，比特币的每次“分裂”，都会严重削弱其首位度，从一个大品牌削弱成两个小品牌。

六、持续分裂

那么，数字货币的“分裂”遏制得住吗？从现在看，是遏制不住的，这是“去中心化”天然的结果，难以避免。

对于一个正常的 IP，它是绝对不会分裂的，因为它是“有主”的。宝洁旗下的飘柔洗发水，宝洁公司是绝对不会把它劈为“飘洁”和“柔洁”两个品牌的。但是比特币不同，它是“无主”的。从一开始，比特币的尝试，比特币的精神，就是“去中心化”，就是共享共有。比特币的价值建立在“认可与信仰”上，就是“大家都说它很厉害我也觉得它很厉害可是又不知道哪里厉害总而言之就是很厉害的产品”。产品本身并无价值，价值全部都建立在信仰与承认上。

但是，这种结构是注定要闹翻和分裂的。任何一个稍微有“组织学”经验的人都知道，给你一个科研所，那是根本管不过来的。因为人的想法太多，私心太多，小聪明太多。任何一个组织，只要稍微上到规模，自然就会分出亲疏和派系。而比特币的本质是“承认即为价值”。你承认、我承认、他承认，IP（如古董）就可以流通，这使得比特币的亚文化很容易登高一呼就拉出一个小圈子。

“只有8888结尾的，才是正宗的比特币，高人一等，我们只买高等比特币。”

“呸，只有24：00采出来的比特币，才是最高贵的。”

“都别吵了，只有卓尔矿池采出来的，才是正宗的。”

在最早的瓷器行业，所有的明清瓷器都值钱，都被誉为古董。此后盗墓者猖獗，不断有新货上市，价格联盟难以维持，这就是“挖矿”。于是，古董商人（大庄家们）联手宣布，只有“钧汝官定哥”五大窑值钱，其他民间瓷器都不值钱，这就是“山寨币”。再往后，传世瓷器数以千计，连“五大窑”都撑不住了。于是古董商们宣布，凡是古货，还得讲究一个传承，得有个来龙去脉，才能卖上好价钱。意思就是“不是我们协会卖出去的货，我们就不收了”，这就是“小团体”。

随着事态的发展，我们可以预期，很快比特币“染色”技术就会提上议程。每一枚“比特大陆”挖出的矿都会自动染上蓝色，那些野路子小矿挖出来的币就不收了。否则的话，庄家难以维持。

七、结语

比特币一定会不停地分裂，因为分叉这种事，一旦开了个头，就绝对不会停止。尤其这次赢的是“改良派”，有83%的算力，同意迁徙到新平台。输的是原教旨，问题就更糟糕。（BCC[①] 吃相非常难看，2017 年 8 月 1 日上线之后，立刻把产量翻倍，并且搞“来就送”大肆派币活动。）

“无主”IP，每个人都有制定规则的权力，每个人都有私心，每个人都希望制定“对自己有利的规则”。长此以往，比特币作为一个“去中心化”的组织，一定会层层分裂，由一个 100 万人共同信仰的社区分裂成 1000 个，每个圈子仅有 1000 人的“小社区”，最终变成一盘散沙。

而小品牌是没有力量的！

中本聪设计了比特币“世界”，并将其试运行。但我相信，“品牌分裂”这件事属于 Marketing 的知识范畴，中本聪一开始绝对没想到，也没有留后手。“去中心化”数字货币，从一开始就是不可行的，降生必然要失败的。

① Bitcoin Cash 的简称，新版比特币。

02

深入浅出的商业逻辑

AI 会导致失业潮吗？

一、前言

我曾在微信公众号上发布过一篇文章，讨论中国的崛起与儿童的关系（《大国崛起，孩子才是未来》），后台瞬间就被 900 条留言淹没了。我仔细地看了看，发现网友们的留言主要集中在两个问题：

（1）原文中说的“少生 1 亿婴儿，中国节约 220 万亿 GDP，用于快速发展国力”，网友们认为不正确。他们认为生了 1 亿婴儿，就会带动 1 亿消费，无论是买纸尿裤、买奶粉，买童车童装，还是上幼儿园，这些难道不是“拉动内需”？对这些评论，我不想做过多评价。

（2）许多网友留言，AI（人工智能）的大时代即将来临。AI 之后，机器人会取代 90% 的低端劳动，如果依然追求数量的话，会导致大量的失业人口，并且有网友为失业狂潮忧心忡忡。

且不说目前的“人工智能”简直就是一场耻辱的表演，目前的 AI 本身就是一个大泡泡，专门用来忽悠更傻的投资人。哪怕有一天 AI 成熟了，AI 导致失业的说法依然是错误的，因为这违背了最基本的经济学原理。

下面几节我将深入解释这两个谬误。

二、拉动内需

首先我们看第一个问题：如果多生 1 亿婴儿，会不会带来额外的 GDP？

许多小白立刻说“会”。他们会说，婴儿尿布产业、婴儿奶嘴产业、看护产业、母婴医疗产业，乃至幼教、培训、小学初中、钢琴绘画音乐培训，甚至是房地产——三居四居的大户型也会更热销一点。这些都是“产业”，都是实业，GDP怎么能不增加呢?

经济学是世界上最高深的学问，不是那些小白能看懂的。我们拿童装产业能带动 GDP 做例子，经济学家问你一句话你就傻了：**“童装工厂，之前干吗去了？”**

你说生产 1 亿件童装，可以带来大量的“童装 GDP”，这话是没错。可是，在这之前呢？之前生产童装的这些人力、物力、机器设备，都干吗去了?

事实真相是，这些人力、物力原本是 40 岁的科研骨干白领，原本是外企资深“白骨精”，原本是炼钢厂、造船业、石油业的劳动力。就好比你玩《帝国时代》，多造一个农民，就要少造一个骑兵。当全社会要“抚养”1 亿婴儿时，就不可避免要从劳动人口中抽调时间、人力，需要大量 30 岁的外企白领回家去生孩子、休产假，需要大量的炼钢计划、造船计划、纺织计划“延后、降效、取消”。

母婴产业从来不能创造 GDP，在它们创造 220 万亿 GDP 的同时，它们摧毁的炼钢业、造船业、纺织业等，甚至会超过 440 万亿。你只看到了 220 的数字，没看到 -440[①]。

三、凯恩斯主义

上面所说的那套东西，就是所谓的“凯恩斯主义”，这个经济学派最最著名的理论之一，是“破窗理论”。

所谓“破窗理论”，是指经济停滞不前，社会就业岗位稀缺的时候，凯恩斯

① 正确的说法应该是：母婴行业一直到 22 岁，开始产生正向 GDP。因为婴儿们大学毕业，开始工作（消耗尿布永远是负 GDP）。

拿起一块石头，把某户人家的玻璃窗砸碎了。窗户碎了自然需要维修，维修需要工人，换玻璃需要原料，可能还会需要黄沙、水泥、硅胶……这样一来，上下游产业都被拉动了。

经济学家哈耶克知道“破窗理论”之后，气得浑身发抖，他只问了一个问题：**“那些工人，在玻璃窗破碎之前干吗去了？”**你说修玻璃窗带动了玻璃技工，那么这个工人之前在干什么？

事实的真相是，那个工人之前很可能是一个油漆工、泥水匠或者木工，因为被拉过来给你修玻璃，必然导致他减少了油漆面积、贴瓷砖面积、吊柜工期……这是生产力的净损失。而且因为熟练度的问题，损失的 GDP 比修玻璃带来的 GDP 还要大。

因此，**从来不存在内需拉动 GDP。以消费驱动的 GDP 是不可持续的，所以我们才会进行“供给侧改革”。**举一个很简单的例子，你玩《帝国时代》，被人砍死五个农民，是好事，还是坏事？恐怕你一下就能想明白。怎么换成凯恩斯主义，换成破窗理论，你就糊涂了？

四、AI

AI 只会导致更大的劳动缺口。

首先我们不谈目前的 AI，因为它纯粹是个大忽悠，刚刚达到“细胞级”的智慧，想达到“昆虫级”还需要一整代人去奋斗。基于穷举的算法，不是人工智能，具体可以参考《Master 不是人工智能》这篇文章。

我们说的是，**哪怕 AI 达到相当高的程度，也就是机器人相当于 20 岁民工的智慧，那么整个社会的就业岗位，非但不会缩减，反而会大大增加，这是最基本的经济学原理。**

为了理解这个概念，首先举一个我们最熟悉的东西——电脑。在 20 世纪 80 年代之前，全国甚至可以说是没有电脑的。当电脑业开始兴起时，很多人忧心忡忡，担心那些“低技能”工作岗位会逐渐被电脑取代。

30 多年过去了，我们发现电脑的确“消灭”了大量低技能的工种。例如，会计的人手减少了九成都不止。超市核查库存，只需要用 RFID（射频识别）扫一扫就行了。盘账都不用做，数据直接汇总到总部。

可是 IT 行业也创造了许多就业岗位啊，最典型的就是程序员。每段自动运行的程序背后，都有程序员的影子。你可能会说，程序员的人数抵不上会计被裁的人数。别急，我还没说完。你想一下，《王者荣耀》创造了多少就业岗位。2017 年的财务报表显示，《王者荣耀》创造了 86 亿的收入，按照每个人 8.6 万的年薪计算，它可以养活 10 万员工。更重要的是，这些岗位全部都是新的。

不仅仅《王者荣耀》是新的，连“微信”也是新的。在 IT 业产生之前，人们根本不知道人与人之间还可以 5：5 组队，一起打《王者荣耀》；也不知道，手机上装个微信，居然可以这么好玩，同时微信还衍生出了许多新的玩法，如“知识星球”。

真正的“职业”诞生于这些“新行业”。在 IT 革命发生之前，我们不知道会有《王者荣耀》。在微信革命发生之前，我们不知道会有“小密圈”。而等到 AI 革命之后，一定会出现新的玩意儿。

五、数量的证明

除此之外，经济学还可以严肃地证明：**科技革命之后，新岗位一定多于旧岗位。也就是说，职业种类和就业岗位一定是净增加的。**

为什么？因为基于归根溯源的理解，所有的工作，其实都在和人的“闲暇”做斗争。你完全可以 23：00 还在路边摆馄饨摊，手冻得开裂，只为了多赚每小时 30 元的工资。但是你为什么不去？因为你每个月工资两万元，看不上这点钱。

所以，**每个“工作岗位”，其实都是和人的“闲暇”做斗争。**如果一个民族天性喜爱劳动，不愿休假，则就业岗位就会大大增加。就像《速度与激情 8》里面，哈瓦那的居民宁可天天唱歌跳舞，也不愿意工作，这时你就要把工资开到很高很高，才能招揽员工。

而**工业革命、互联网革命、AI 革命，则意味着生产力大大增加。**如果你23：00 出去，吹一个小时寒风，可以赚 30 元，恐怕大多数人宁可躲在家里睡觉。可是，当工作一个小时能赚 300 元呢？赚 3000 元呢？甚至赚 3 万元呢？

科技越是发达，人类越是只需要很小的劳动就可以赚到一周生活所需。这个时候，"就业"的吸引力是大大增加的，也就是就业机会越来越多。奥地利经济学派曾经有一句话非常具有讽刺意味："农业时代绝对没有任何机器人抢你的工作，但农业时代就业机会很多吗？白领岗位 = 0。"

目前的中产阶级家庭妇女已经处于非常危险的悬崖口，比如京沪的中产阶级家庭主妇特别喜欢让小孩学钢琴、学芭蕾，累得筋疲力尽。我想告诉各位妈妈，你们在子女身上花费的钢琴学费、芭蕾舞学费，是一种边际收益非常低的行为。最终的结果是消费大量的家庭钱财，投资于低回报甚至负回报的项目。只有你生很多个小孩，你才会有持久的、"高回报"的项目。不要盲目地让孩子去上幼教，否则苦心培养出一个废才，不是很悲剧吗？

办公室里的龙虎斗

前段时间我看了一篇文章《未来5年的中国中产阶级生活价值观走势》[①]，于是手痒想写一篇对中产阶级束手待毙的分析，结果写着写着，有点偏掉了。这节内容不是很满意，将就着看看吧。

一、三个故事

首先，我们讲三个小故事作为引子。

第一个故事：混过外企的人都知道，外企有一句非常著名的口号叫作“Global Standard”，意思是“全球一体”，即全球使用统一的品牌形象、宣传口径、工艺配方，甚至同一个供应商，同一套商业手法，恨不得全球开3.2万家标准化的“麦当劳”式门店。听起来是不是很美妙？但事实却和想法是相反的，“Global Standard”和“政治正确”一样，唱起来好听，实际操作是完全错误的。

真正在外企混了很久的老油条们知道，**“Global Standard”还有另外一种读法，叫作“Global Stupid”，翻译为“全球愚蠢”，因为“全球划一”真的是很不好用。**从美国来的广告设计公司DY&R，动辄一个稿子收费3000美元，真的非常不好用，所以它飞快地被业务部门炒了，换成了每件800元的中国画图民工。

① 参阅《未来5年的中国中产阶级生活价值观走势》（https://zhuanlan.zhihu.com/p/28249981）。

B&Q 曾经花了 25% 的卖场面积，专卖“花园打理工具”，英国总部来的经理还咕哝着说不满意，说远远低于英国的水准和比例。其结果当然是一场大灾难。因为中国人根本没有“草坪”，大家都住高层，谁奢侈到能拥有一幢独栋别墅，而且还要买你的专业滤网式松土铲？1840 年鸦片战争后，中国口岸打开，英国人高高兴兴地跑过来卖银制刀叉餐具，结果大量积压，几乎无人问津。怎么就不长记性呢？**全球一致化，就意味着处处不优化。**

MNC（Multi-Nation Company，跨国公司）从来不是管理完善的典范，大家都知道，外企的真正竞争力来自跨代碾压的产品。很多拳头产品的确好，但在中国生产不出来，因此可以卖天价。至于管理，就只能呵呵了。外企的行政成本，比起江浙草台班子的乡镇企业，多个零吧。

我们讲的第二个故事，是关于一个人的地产界的传奇。××地产的武汉分公司，基本是总经理李明一个人打下来的。当年他捏着机票来到武汉，那里可以说是一片蛮荒，下飞机后，连个接机的人都没有。此后他在江汉路租了办公室，登报纸招聘了第一批员工，并甄别挑选了建筑公司、销售公司、广告公司，通过拍卖拿到了土地。

最后××地产武汉分公司实现了近百亿的销售额，可以这样说，××地产除了输出品牌和资金，什么事都没干，结果却是撒下一把麦穗，收获了一个农庄。好了，现在问题来了：如果要按劳酬佣，像李明这样“一个人拉出一间分公司”的，应该给他多少钱？如果是 100 亿元的利润，该分他多少亿？

第三个故事是关于一家今天已经快被人遗忘的公司——新蛋。和现在如日中天的超级巨无霸企业京东不同，早在 10 年之前，电商这块领域是有三家公司在竞争的，分别是 No.1 京东、No.2 新蛋、No.3 易迅。当时京东最大，份额大概是新蛋的一倍。新蛋作为挑战者，自然追得分外吃力，苦苦支撑。在当时，几家电商都是亏钱的，靠背后金主不停烧钱来养活。其中的区别在于京东里刘强东是个人大股东，拥有很强的话语权，而新蛋则是美国资本话事，要看美国基金经理们的脸色。

在这个时候，新蛋犯了一个致命的、战略性的错误。因为电商总是亏钱，有时候简直是“烧钱”，如搞个大彩电“1 元秒杀”。时间久了，美国人起了疑心：这个团队会不会正在贪污？因为很多账真的没法解释，于是美国人要求更深入地“涉足”管理。从此以后，新蛋在 21：00 以后开的会就多了。

美国总部把“决策权”上收，更多的会议要在美国绕一个大大的圈才能下发，这不仅导致新蛋的决策流程非常缓慢，而且由于美国人不了解中国市场，做出了许多错误决定。两年以后，新蛋终于亏不起了，含泪解散公司，逐渐被世人遗忘。相比今天的京东市值 600 亿美元，新蛋的结局令人不胜唏嘘。

二、博弈

这三个故事串起来，其实说的是一个道理：**“加强控制”和“分散效率”是一对矛盾体。**你越是把决策权上收，越是整齐划一，则效率往往越是不高。但是分公司过度自治，会导致“军阀化”“贪污化”，对总部大老板的利益不利。所以，整家公司一直在“放松”和“收紧”之间摇摆。

对于大老板来说，他肯定是恨不得“利出一孔”，最好一切决策都由总部发起，一切桃子都由总部先摘。权力就代表利益，尤其是“第一胎小羊”[①] 的利益。而且其中不仅仅是失控和腐败的问题，哪怕绝对忠诚，主上对臣子的剥削还是存在的。卡扎菲在逃跑时，还能优先带两箱央行储备美钞，主子先逃，臣子弃子。另外，如果总部管得过死，会极大削弱企业竞争力，很多大企业的亏损和失败，都源于此。

许多人都对公司里的“死太监”“死衙内”恨得咬牙切齿，“太监文化”盛行的原因就是总部扩张。一个公司的“总部扩张”“太监文化”导致劣币驱逐良币，Global Stupid。在企业市场，就会产生企业的官僚文化，导致企业破产。

① 犹太教圣典，如《圣经》，祭司们动辄要求献祭的，永远是第一胎小羊。因为古代死亡率很高，母羊寿命有限，第二胎、第三胎可能就难产死了。“第一胎小羊”比喻优先索取权。

三、薪酬

将这个概念再延伸一步，“总部”和“分权”的平衡意味着什么？它其实意味着“老板 / 经理”之间的利益划分。换而言之，你的薪酬、股权、分红、社会地位……一切的一切都要划分清楚。这里面的概念就复杂了，因为绝大多数人从小受的教育就是错的。底层平民看待世界的方式，还停留在“忠臣奸臣”“好人坏人”的水准，但是“小孩子才分对错，成年人只讲利弊”。**长线利益的划分其实并不是靠忠诚或者苦难，流泪流汗永远不是加薪的理由，加薪主要靠你的“讨价还价”能力。**

唐朝末年的节度使制度是必然会失控的。因为节度使“既有其土地，又有其人民；既有其军队，又有其财政”。即使最初几任的节度使忠心于朝廷，但长期博弈的结果，一定是割据分裂。明朝的朱元璋极度厌恶宰相篡位，因此他废除了延续千年的丞相制度。可是他的后代子孙，对每天处理 14 小时政务感到力有不逮，最终又建立了内阁大学士制度，其权柄甚至比宰相更重。所以，一项制度的存在关键还是看生产力。

说回到企业级市场，“职业经理人”和“老板”讨价还价的基础就是“混乱度”。你在千里之外成立一家分公司，怎么运作、什么尺度，肯定不能早请示晚汇报的。你这么多的工程项目、基建支出，也不可能每件都审计，所以“鞭长莫及”就是你讨价还价的基础。

山东“三联”集团曾提出一个著名的理论——**企业管理分公司的能力和距离的四次方成反比**。总部可以换一个经理，可是不管哪个经理上台，在遥远的湖北分公司都是不可控的，所以还不如不换。

四、管理

我们再回到这节前提到的那篇文章《未来 5 年的中国中产阶级生活价值观走势》，在文章中作者提出一个观点，认为现代科技的发展对中层管理人员不利，信息和交通的简便使得老板控制的范围增加。阶级会分化，老板收入变成经理收入的百倍。

作者认为，目前我们身处的社会可以称为“全球停滞”，生产力、创新、重大发明，这些改变世界的新事物的更新已经停滞很久了。除了互联网之外，“二战”之后，几乎就没有改变文明的创新。“全球停滞”导致的一个坏结果，就是“混乱度”大大下降。同样的业务做了几十年，依样画葫芦，那还需要什么管理？需要什么精英？当大老板对于整个流程烂熟于心，当你每天重复完全相同的工作，大老板就可以用更廉价的人力来取代你，把更多的职能上收到总部。中层管理人员在利益分配的格局中，处于越发不利的局面。

作者最后得出结论：如果公司的市值突然暴增 10 倍，需要拿多少钱分红给手下的骨干呢？少，很少，非常少。甚至说，公司利润翻了 10 倍，连给你加薪都不必要。未来的时代，必然是大老板拿大头，贫富分化急剧扩大，阶层相差百倍。举个例子，也就是董事长拿 100 亿元，总经理拿 100 万元。“混乱度”越小，总经理就越没有讨价还价的地位。因为公司缺了你没事，轻易可以找人替代。而董事长处于所有信息流的终点位置，职业经理人几乎没有创业复制的能力，这是信息技术、生产力导致的。因此，贫富差距不可逆转。

感谢各位看到这里，我们耗费如此篇幅，总算把道理复述清楚了，最后说一下我对这篇文章的评语：“以上全错”。

商业没有歧视

一、歧视的本质

首先要说一个很大的话题——“什么是歧视？歧视的本质是什么？”

答：歧视的本质是信息成本。举个例子，假设我要招个文员，我对外开出的要求是：大学及以上学历。很多人可能会叫起来：“难道高中生就没有人才吗？！”你看汉高祖刘邦、明太祖朱元璋，不也没什么学问吗？比尔·盖茨中途辍学，不也没大学文凭吗？如果你坚持要求“学历”，岂不是把这些“人才”阻挡在门外了？

对的，你们说的都是对的。但我想指出的是，这其实是一个“甄别成本”的问题。比如，你到人才招聘会上，打出一份月薪 1 万元的工作，你可能会收到 800—1000 份的简历。就按一份简历两页纸计算，如果让一个人力资源（HR）小姑娘仔细看的话，可能 20 分钟才能看一份，按 8 小时工作制，一天看 24 份，两个人看 10 天才能看完 240 份。如果真要收到 1000 份，这么看下去的话，你的公司也不用运作了。

更合理的做法是什么呢？当然是“筛选”。1000 份简历中，凡是没有大学文凭的直接剔除掉，凡是非“985”“211”的再剔除掉，简历一看就 low 的再剔除掉。最后剩下 100 份，两个 HR 花点心思慢慢看。

且慢，这里面还有“造假”的问题呢。简历造假是一个重灾区。只在前一个公司上班三个月，就敢吹当过总监。普通大学毕业的，胆敢冒充北大、清华。

HR 如果再考察“简历造假”，最终能耗时耗力“严格审核”的，可能不超过 10 个人。

但是，我们反过来举另外一个例子。假设你现在招的不是底层员工，不是月薪 1 万元的小弟，你招的是 CEO，是 500 强行政总裁，是年薪 1000 万元的顶层精英。这个时候，猎头给你提供的名单可能十分有限，可能一共只有三到五个人。这个时候，你也就不会在意“高中文凭”“出生地点”了。

路易斯·郭士纳接掌 IBM，创造了 IBM 最辉煌的 10 年，可是他根本不懂技术，对工程师一无所知，因为他的本职是做 Marketing 的。当初是董事会经过了充分的考察，对他进行 360 度无死角研究，深思熟虑后认为他可以拯救 IBM。结果一个搞业务的激活了这个科技类大公司。

这两个例子说明了什么呢？ 你招收一个底层员工，给出月薪 1 万元的工资，收到 1000 份简历。这个时候，你针对员工进行“360 度无死角考察”。

开什么玩笑，任何公司都不会这样运作！对于“1000 份简历选 1 个人”，你就是底层“韭菜”，就像百度外卖招骑士，三分钟决定一个。

而只有招聘 CEO，涉及几千亿企业的大走向，三到五个人选一个时，才需要精挑细选。通用电气公司首席执行官杰夫·伊梅尔特（Jeff Immelt）上位前，仅仅观察期就长达 5 年，并为他量身定做了几个单子让他练手。而选国家王储，规矩就更多了。

这些事情的背后，一言以蔽之即“信息成本”。当甄别成本大于识别收益时，泛泛而谈的歧视策略是最优的；等甄别成本小于识别收益时，尽可能地全方位考察真实实力。

在我们这个世界上，凡是嘀咕叫嚷着“歧视”的，几乎都是底层人员。而那些 CEO、金领、职场精英，很少有人这样说。因为他们知道，公司为了他们的几百万年薪，已经对他们进行了充分透彻的调查。

二、歧视在公司

美国芝加哥学派著名经济学家加里·贝克尔（Gary Becker），是 1992 年诺贝尔经济学奖得主，他写了一本书叫作《歧视经济学》，从公司的角度阐述了歧视行为的产生、效用和结果。

我们知道，公司作为一个组织，它最大的目标就是不断降低成本，以获得更多的利润。**我曾说过，信息其本身就是一种商品，一种需要“付费制造”的商品。**你找两个 HR，看完 1000 份简历，耗时几十天，HR 的工资难道不是成本？你找 7 个人成立“专家小组”，耗费足足 3 年的时间，确定谁是最合适的 CEO 继任人选，7 个高级专家的工资开销难道不是成本？假如再算上机票、酒店、开会、食宿、医疗保险，成本高得很！

所以，信息也是一种成本，企业在竭尽全力节约成本，尽可能地降低信息成本。而通过简易筛选，则能大幅度地降低成本。我们看到，凡是大厂大店，应聘者排长龙的，其 HR 从来都是不屑于精选简历的。只有招不到人的小老板，才会去研判高中生是否有“真才实干”。但如果你有一个推荐人，情况又大不同。绝大部分老板高度相信推荐人，哪怕你学历不够、资历不够，但是有人额外帮你“介绍”，找工作自然一路绿灯。这些事情的背后，其实都是信息成本在左右。

企业必须有经济学意义上的“歧视”，只有“歧视”才能降低企业的成本，除非你的职位高到了甄别收益大于草率成本。某些不懂经济学的人满怀热心地要求企业“不要错过人才”，其实这样的做法反而加重了企业的成本。

但或许也有人问：假如说我来自福建，我是好人，我是无辜的，纯粹被少部分卖假货的莆田乡亲坑了，被戴上一个不受欢迎的帽子，我该怎么办？这时你应该自己想办法为自己打广告，把自己和少部分卖假货的乡亲区别开来，你应该自己承担成本。

好比说，在非常长的一段时间内，“福建货”简直就是“假货”的代名词，其中也有受害者和无辜者。“福耀玻璃”说自己是有良心的企业，卖高质量的产品，那怎么办呢？你得自己打广告，自己掏钱，打出你的“福耀”品牌，把“福耀”和其他产自福建的“假货”区别开来，告诉大家，玻璃和福建货不是一回事。人得自救，而非天救。

三、歧视的边界

所有的私营企业都不应受“歧视”原则限制。没有大学文凭，我就不招聘你；考不上“985”，我就不招聘你；三观不正，就不适合某些岗位；不相信科学，就不适合某些岗位……

“歧视”本身就是有理有据的，企业通过各种门槛，简化信息筛选，降低信息成本。不过在“歧视”这个范畴里，大有讲究。比如说有两个应聘者，应聘一个科研岗位，其他资料都差不多，一个是有神论者，另一个是坚定的无神论者。这时有两个企业，A 企业“歧视”无神论者，便高高兴兴地把有神论者录取了。B 企业“歧视”有神论者，把诚信踏实的无神论者录取了。N 年之后，请问是 A 企业存活还是 B 企业存活？答案毫无疑问，肯定是 B 存活。

对于“歧视”好坏，本身没有固定的标准。那怎么甄别呢？怎样决定“有神论”和“无神论”哪个更优胜呢？答案就是让企业自由竞争。B 企业招聘的都是唯物主义，进行科学研究的踏实人员，自然可以研发出拳头产品、高科技产品，抢占市场份额。而 A 企业招来的人每天神神道道，有什么用？地上会长出牛奶喷泉吗？

所有的私营企业均不适用歧视原则，因为市场本身已经在优胜劣汰。歧视只应适用于政府机关、非营利企业、所有公立机构。有些人把“歧视”应用到市场化竞争的民营企业，于是造成了大灾难。**市场本身已经对竞争和成败做出了惩罚，不需要“看得见的手”。**

四、结语

按照惯例，我们结语时总会出现大逆转，来一段“以上全错”之类的结论。

想起2017年的“美团歧视事件”[①]发生时，美团正准备“美国上市”，这时美团表现出一副“政治正确”的姿态就十分必要了。“海外融资”本身也是企业竞争力的一部分，只要是竞争，能活下来就是优胜的策略。从这个角度讲，美团炒掉那个发布歧视性招聘信息的员工，反而是最完美的“市场经济”绝妙证明。

① 2017年轰动全网的“美团歧视招聘事件”参见 http://news.163.com/17/0518/18/CKO575J80001875P.html。

品牌价值如何最大化？

“品牌延伸线”是什么？

一、保时捷

2017 年有一条新闻非常吸引人眼球——“保时捷推出全新 SUV，售价 30 万元起”。看了这条新闻，懂企业管理的人都心知肚明，保时捷要搞 Line Extension 了，简称 LE，翻译成中文为“延伸线”。

那什么叫 Line Extension 呢？我们先讲个故事。2013 年 4 月份的时候，有位叫罗伯特·加尔布雷斯的作者写了一本新书叫《布谷鸟的呼唤》。这本书在英国的网站上被评为 4 星，两个月卖了 1500 本[①]。眼看销量不佳，出版社坐不住了，于是一个员工“意外”地透露说罗伯特是一个笔名，真正的作者是大名鼎鼎的 J. K. 罗琳。于是当周周末，这本书的销量就翻了 1500 倍，涨到 225 万本，位列英国 Amazon 畅销榜第一位。

这是一个非常有趣的故事，它告诉了我们怎样才能“成功”。为什么同样的小说冠以无名作家罗伯特时就卖不动，署 J. K. 罗琳的名字立刻就疯狂大卖呢？因为**消费者“吃品牌”**，认同 J. K. 罗琳的品牌。

如果你经常出差，常常会看见“长得出奇”的酒店名字。比如重庆“万达”“艾美”酒店，北京“海淀”“永泰”“福朋”“喜来登”酒店，漳州“融信”

---

① 还记得电影《2012》吗？里面那个被笑成渣的作者卖了 420 本书。

皇冠假日酒店，双拼还算好的，甚至有三拼、四拼，从学术上来讲，这被称为“子品牌”策略。

二、Line Extension

“子品牌”有非常大的好处，一个显而易见的优点就是子品牌很容易活下来。比如 J.K. 罗琳→哈利·波特，J. K. 罗琳→《布谷鸟的呼唤》。“哈利·波特”是一个非常成功的产品，连带着 J. K. 罗琳也是一个非常成功的品牌，用 AB 带 AC，《布谷鸟的呼唤》因此也可以卖几百万本。

许多人对商场的残酷性没有概念，以为创业如温室里的花朵。目前在中国市场，如果你想创造一个知名品牌，无论任何品牌，只要 10 亿人民都喊得出名字，哪怕像“浪奇”“小熊猫”这样完全没有美誉度、大部分人也绝对不可能去购买的品牌，只要让大家认识它，要花费的最低成本就是 5 亿元。

是的，能让消费者在沃尔玛（Walmart）数以千计的货架上，留下记忆的任何一个品牌，它的成本就是 5 亿元，广告投放至少要达到 5 亿元的数量级。广告这玩意儿，就是拿一麻袋一麻袋钞票去烧，你做一个 App，指望全中国的人都知道，光这个“名气”，你就得拿 5 亿元去烧。

为了节约“品牌”名气，所有的厂商都绞尽脑汁降低着成本，一个最常见的做法就是以“母品牌—子品牌”这种大带小的方式去推广。例如，“四川长虹”是以电视机起家的，长虹 TV 口碑不错，但是你上网搜一下，长虹空调、长虹冰箱、长虹洗衣机、长虹电风扇，甚至还有长虹手机……在欧美几个大品牌中，LV（路易·威登）以包包出名，Dior（迪奥）主要做服饰，Chanel（香奈儿）做香水，Hermes（爱马仕）主要做皮制品。可是 Dior 现在也出香水，LV 也做女装，Hermes 甚至卖家居产品。大家的产品线，都是“彩电 + 冰箱 + 洗衣机 + 空调”，白色家电齐全，奢侈品大牌也是特色混淆，再也看不清主营业务。

为什么会这样？原因就是在原有的品牌基础上，你再搞一个 Line

Extension，子品牌延伸就会容易很多。但是，你首先要有一个很成功的品牌，第一个成功是最难的，而且要靠运气。

三、Line Extension 的好处和坏处

Line Extension 的好处和坏处一样明显，好处是极易赚钱，几乎就是棵摇钱树，坏处是损害核心品牌。

香港作家倪匡当年被誉为“白字天书”，意思是他凭借“卫斯理”系列的巨大成功，得到粉丝们衷心拥护，哪怕他的下一部作品是白纸，照样会热销。听起来是不是很神奇？倪匡也的确是这么干的。为了赚钱，他以光速般的写作速度，又出了“原振侠”系列、“花木兰”系列，但这些书的内容并不好，连我都看不下去，倪匡的名誉也毁了。

同样的道理，《哈利·波特》是巨大的成功作品，围拢起了庞大的粉丝群，死忠骨灰粉丝，衍生了无数周边。这保证了J. K. 罗琳的名誉和她下一部作品的热销，但是《布谷鸟的呼唤》并不是一部很成功的作品，J. K. 罗琳在收获了250万册销量及金钱版税的同时，也在消耗着自己的粉丝基础。

我们再来看保时捷，在中国车迷心目中，保时捷拥有非常崇高的地位及极高的美誉度，如果保时捷出一款30万元的低端入门级产品，一定可以大卖，为集团赚一大笔钱，但是也会损害保时捷“尊贵体面”的核心商誉。[①] 所以，懂 Marketing 的人一看到本节前的那则新闻，顿时心知肚明，公司里一定是 CFO 压倒了 CEO，又或者某些有决定权的基金公司插手，KPI 变成了主要考核指标。

四、市场营销中 Line Extension 的地位

市场部是整间公司的大脑，对于市场部，我们通常会画一张下面的图。

① 上一个牺牲者是华晨宝马。

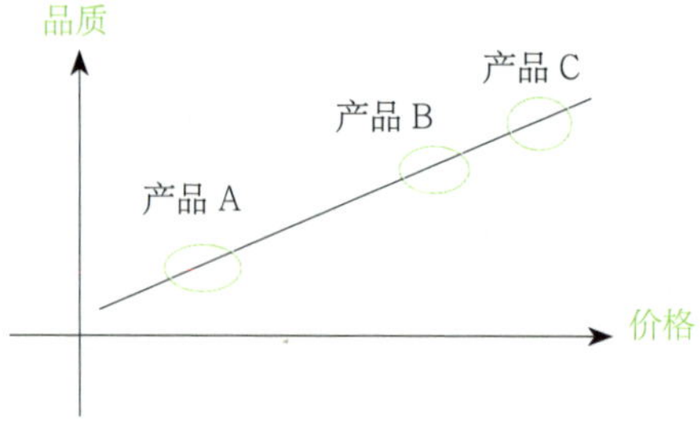

横轴表示“价格”，竖轴表示“品质”，绿线依次由低到高。通常情况下，任何企业都不可能靠一款“产品”来覆盖全部的市场。譬如汽车市场，A、B、C、E、S 就是不同汽车等级，售价 10 万元和 100 万元的，绝对不是同一款车。此外，资本家都很贪婪的，对业绩的索取分秒都不会停止。时间久了，Line Extension 不可避免，公司迟早要把所有的“细分市场”都填满。①

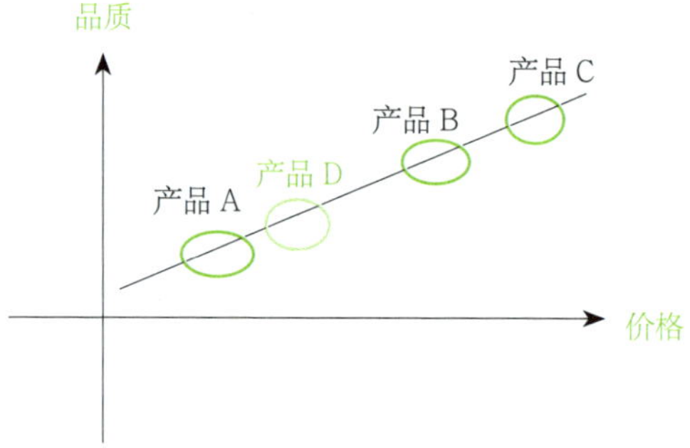

对于市场部而言，它唯一真正头疼的，是 Line Extension 要不要用回母公司的名字。我们知道，小米手机在刚刚起步的时候，卖点是“超高性价比”，1499 元的定位，小米手机可以做到“低价高配”，性价比远远抛出竞争对手一个时代。这个巨大的创意带给小米公司惊人的成功，海量的销售额和利润，以及一大群 Geek② 级别的粉丝拥趸。

可是此后“小米”又成立了一整打的事业部，进入一系列新的行业领域，

① 在这方面，最臭名昭著的是戴尔（Dell）。甚至有人说 Dell 的细分市场比汉字还多。

② 极客，对计算机和网络技术有狂热兴趣并投入大量时间钻研的人。

甚至诞生了所谓“小米全家桶”，包括但不限于[①]净水器、空气净化器、台灯、电视机、电灯泡、插线板、乳胶弹簧床垫、沙发、枕头、袜子、电动牙刷、滤水壶、咖啡机、儿童手表、加湿器、投影仪、小冰箱、无人机……这些东西都属于典型的 Line Extension。

当一个“平平无奇”的代工品牌贴上“小米”的招牌，再加一个 Wi-Fi 芯片，顿时可以卖出几倍的毛利。所有的外围“毛利”都靠母品牌拉动，弄砸了就吸母品牌的血。我相信，当一个品牌经理看到“咖啡壶”“热水器”事业部也过来要求使用“小米咖啡壶”“小米热水器”品牌名，心里一定是翻江倒海、恨不得砍人的。这些平庸无奇的产品严重伤害了“小米”的品牌价值，却提升了集团的总利润。

五、公司的态度

多年之前，当我作为 Marketing 的培训生，在上企业级的培训课上，培训师就提了这样一个问题：“在对核心品牌的伤害和 LE 扩展利润之间，企业应该选哪一个？”

这个问题也就是在问长期利益和短期利润之间，应该选择哪一个。作为一个中国人，我几乎不假思索地立刻按照东方文化给出了答案：“各有千秋。如果一定要选择的话，捍卫长期利益。”结果培训师毫不客气地给了我一个叉。

请记住培训师的教导，**这个问题的正确答案是——把品牌做死掉！**当第一次知道这个答案时，我直接从凳子上摔了下来，因为太过震惊，以至于十几年后依旧记忆犹新。

培训师对此的解释是，**“品牌”并不是真正的财富，品牌并不是美元。**

举个例子，有一次我去朋友家，他有一块光绪二十六年的普洱茶饼，价值

① 参阅《当所有人都知道小米全家桶有多少，需要多少钱的时候……》（https://www.zhihu.com/question/61155255/answer/185353971）。

200 万元人民币。这么珍贵的茶饼，他是否应该藏在保险箱里供着呢？不是的。我去了以后，朋友把茶饼掰碎了请大家喝茶，就这样连续喝了二十几天，渐渐地也喝光了。对此，朋友的解释是“茶饼并不是真正的财富，茶才是”。把大块的茶饼以最合理的热水、最典雅的茶具，和朋友们一起喝光，这才是对“老茶”的最大化利用。而如果你把茶饼锁在保险箱里，则你的生活水平并没有任何提高，这是东方思维和西方思维的核心差异。

同样道理，对于品牌，如果你细心维护，虽 Bigger 很高，但它并不能带给你很高的利润。就像“茶饼”一样，你要把茶饼掰碎了，一点一点泡茶喝到肚子里，茶饼最终消失殆尽，这才是消费最大化的做法。① **对于品牌运作，要一点点抽母品牌的血，有序地、精致地把无形品牌卖成有形金钱，最终把品牌做死掉，这样才是利益最大化的做法。**

今天大家喜爱的 LV、Prada、Gucci 等诸多大品牌，终有一天也会沦为街货烂大街，没有任何品牌价值。如果在公司倒闭之前（失去这一代消费者之前，产业变迁之前），品牌没有卖到零，这才是对公司最大的不负责任。

① 一条蓝鳍金枪鱼，价值 2 万美元。可是只有切成刺身，卖给赏识的消费者，才算是真正的回收和安全。一块茶饼，只有泡成 2000 杯、每杯 1000 元的茶，才是真正的安全。

家乡的"毒药酒"

世上千千万万可以亏钱的东西，总有一款收割你。

一、家乡

我很喜欢看"分答付费社区"用户的发言，有许多平时我们接触不到的问题，意想不到的人生故事。比如说，某人从小出生于富贵家庭，她的外祖父号称"C 半街"，在他们整个县城里，不仅仅是首富，其财力势力之大，足足可以买下半条街。那么她家是怎样破败的呢？一切只源于她外公合并所有的财富，倾尽家产买了县城里的一间"顶级好铺"。

当时是 1991 年，看清楚这个年份。因为在 1992 年，M2 的增长率就有 50% 了。在 1991 年的时候，这间铺子的月租金是 2000 元人民币，在当时大概相当于 10 个大学生的工资，相当于今天月租 20 万元。想一想，今天一间月租 20 万的商铺，该卖多少钱？

这一切就是不幸的开始，时隔 26 年后，这间商铺的租金呢？还是 2000 元！时至今日，她的家族依然在收房租，依然按照市场价在出租。可是房租按市价就是 2000 元。今时今日的这个女孩已经没有一丝一毫的"天之娇女"的自豪。她来上海，一样租漏水的出租屋住，一样吃 10 元的盒饭。你能想象到假如你家有一间月租 20 万元的商铺，你会过上怎样的生活？

二、商铺

那么，针对这家人，针对这个商铺，都发生了些什么事呢？既没有天灾人祸，也没有战乱，万贯家财怎么突然就贬没了呢，何况人家还是买不动产保值的？

只因为她外祖父买的是“铺王”。

小地方，小县城，可能就十字纵横两条主路，在最繁华热闹的街口，最多人流和商业的至尊位，他外公合拢资产，倾尽家产买下了这个商铺。商铺本身并没有质量问题，租客也很稳定，一个月交 2000 元的房租。可是几年之后，县政府开始搞“新区”，并在那里建起了百货商店。

原先再好的铺子，也只是砖瓦结构，你比得过别人的电梯电灯、冷气空调？而且“新区”造起来以后，人气难免就有所转移，小县城本来人就少，“重心”转移之后，整个城市格局立刻就发生了改变，老街几乎没人了。

三、铺王

铺子还是铺子，但商铺是一种高度“易受攻击”的资产。商业业态的轻微变化、电商的崛起、消费者口味的癖好，甚至仅仅是公交车站改动了 200 米……都会使商铺受到“攻击”。原本相隔 50 米的商铺，一家门口有长花坛，那就是死铺，两家铺面的估值相差 3 倍都不止。可是美团外卖兴起以后，就彻底抹平了商铺地形上的一切差异，而是回归到炒菜口味的竞争。

对于商铺，尤其是每平方米十几万元的“高附加值”商铺，它是极其容易遭受攻击的，价值也非常容易被毁灭。在 1990 年的上海，就有类似的例子。当时上海最值钱的商铺是“黄河路小吃街”，在 1990 年卖出过天价，顶峰的时候，甚至出现过每平方米 12 万元的成交记录，一些餐饮老板买间铺子就花费两千多万元，相当于今天一家商场。对于当时的餐饮老板来说，这是一笔划得来的交易，因为光房租就占到商铺单价的 8%，不买的话，你租房子成本也有那么多，而且铺子生意非常旺，每天晚上翻十几次台。然而现在呢？大多数的新上海人都不知道黄河路在哪里，更不可能去这条破破烂烂的小街去吃饭。

商铺的问题在于，商铺是一种极易受攻击、极度脆弱的资产。所以，对于商铺的估值模型，应参照兴旺周期，不能看峰值租金。用传统的25倍“住宅模型”去买商铺，是要吃大亏的。无论是“分答社群”，还是“知识星球”，当用户咨询到老家商铺时，原则上我都不建议持有，并建议他们按照合理的价格有秩序地尽量退出来，因为估值过高，太容易遭受风险。

四、家乡的毒药

当我接触了更多的三四线城市用户，看了他们提出的问题，我渐渐地发现，“老家买商铺”并不是一两个人的问题，而是非常普遍的问题。如果思索其中的关联性，有一位用户的分析或许用得上：小地方的人，一旦发了财，吃穿用早已满足，或许买辆豪车，或许海淘LV，住房股票又不保值，这钱是真心花不掉的。

你设想一下，在三四线城市，可以掏几百万出来“投资”商铺的，无一不是当地的体面人物。因为当地住宅价格不过五六千，一套住宅才几十万，钱真心花不完啊。而且“小地方”的商铺还有一个特色，就是单价特别特别高，你如果和他们说上海的商铺价格，他们肯定会跌破下巴。

Q：老师，您来重庆，怎么不买重庆的商铺呢？投资客都是最喜欢商铺的。

A：重庆的住宅每平方米8000元，商铺每平方米3.6万元。上海的住宅每平方米1万元，你猜商铺多少钱，也是每平方米3.6万元。

如果我们观察三四线的小城市，如漳州、莱芜这样的地方，那里的商铺每平方米也要3万元—4万元，基本看不见四位数的铺面。商铺和住宅的比价很有可能是10：1，这种铺子迟早得完蛋，一间铺子可以定向消灭一个缙绅。开发商早就帮你量身定做算好了，数百万元正好是你能支付的上限，但是租金回报远远达不到预期，升值更是遥遥无期。武汉万达公馆楼下 2000 万元的商铺，**到今天的命运依然是空置。**

五、生态群

随着再进一步的深入了解，我发现“三四线土豪收割器”还不只卖商铺这么简单。我曾在一篇文章中提到过一个专门的职业，那就是澳门赌场里面的“叠码仔”，他们一个个看似义薄云天，酷帅似《英雄本色》里的主角，但他们的真实工作却是结交内地富二代，并且把他们引进澳门赌场。作为大型联合收割机，每月他们都要消灭 1000 名以上的“纨绔子弟”。

七八年前，我有一次见到一位“微整形”界开山鼻祖类的人物，当时她已经做到了 10 亿级的销售额。“微整形”是一种非常有趣的业态，它最大的特点是“有效”，在你脸上打一针，你的肤色立刻会变白，饱满又健康，效果是立竿见影的。

问题是，“微整形”只覆盖几毫米的范围，当一个贵妇被效果惊艳，真心想打针的话，则脸上打针的数量是 60—100 针，哪怕每针收你 5000 元，这也是一笔惊人的“客单价”。而她是怎么做生意的呢？说起来真是简单无比。全中国那么多四线城市，她每到一个地方，就找当地的企业家协会搞联谊，找两个女孩子在台上跳跳，宣传一下美容知识，贵妇们就像发了疯一样掏钱。

商铺、赌博、美容、买 LV 包包、送儿子去美国做富二代……仔细数数，真的有无数“商家”盯着你手里的财富。钱花不掉怕什么？有的是人已经挖好坑在等你跳。

六、财商

人的能力分两种：一种是创造财富的能力，如创业、开厂、发明专利、等待机遇等，都是崛起赚钱的方法；另一种是守住财富的能力，我们也称为“财商”。

生态系统真的是再奇怪不过的东西，任何一个物种都有“天敌”，你钱赚得再多，总有一款收割你。你以为你开厂赚了几百万，专利卖了几千万，股权分了几个亿……且慢，那仅仅是“过路财神”，钱在你手里过一道手，没有财商的人，还是守不住的。

沿海城市的人见得多眼界广，上海从 20 世纪 30 年代开始，就有“拆白党”“皮包党”，所以他们看见卖保健品的小混混，不免哈哈大笑。可是吾日三省，我转篇文章给你，看了再说，这篇文章是《曾经的对冲基金小镇为什么变成了“鬼城”》[①]。

文中讲了一个故事，纽约旁边一个 6 万人的小镇，目前却有 1200 套住宅在挂牌出售，最要命的还都是豪宅，动辄 3000 万美元，根本卖不动。它们的主人是全美国最擅长算计，也是智商最高的人——华尔街的对冲基金经理们。即便对这些年终奖 100 万美元的人来说，3000 万美元也不是什么小数目，往往就是一辈子的积蓄。

看了这篇文章以后，我大为震撼，这让我更加居安思危，你看不起四线城市土豪，认为自己眼界智商居于“大城市”顶端，可是和华尔街最顶端的对冲基金经理相比，你又算什么呢？3000 万美元的房子，100 万美元的年终奖，你有这个数量级吗？这些居于顶端的对冲基金经理一样在食物链上被人吞食。

① 参阅 http://www.sohu.com/a/148654176_534679。

量子退火效应

一、零售业

首先我们举一个例子，随便取一个行业，就零售业好了。零售业就是卖东西给散客。零售业应该怎么组织？如果你想投身“零售行业”，怎样才是最有效率、最有竞争力的？这个话题，经过了好几次迭代，其实是没有“最终答案”的。

最早的时候，零售都是杂货店（Kiosk/Grocery），此后进化成超市[①]，然后进化成购物中心（Shopping Mall），动辄占地10万平方米，矗立郊区如一座城市，提供从吃饭到购物的全套流程。

从1960年开始，Walmart开始兴起，它的口号及其相应流派，被称为EDLP（Everyday Low Price，每日低价）。当时，主流的商家促销方式，类似于麦当劳、家乐福（Carrefour），是把名下所有的汉堡分成七类：

星期一：A类8折

星期二：B类8折

星期三：C类8折

星期四：D类8折

---

① 超市英文的称谓是supermarket。其主要的业态是“联华超市”之类的，面积不超过200平方米。其实就是个大型的7-11。

星期五：E 类 8 折

星期六：F 类 8 折

星期天：G 类 8 折

Walmart 一看，说你们不用这么玩了，A、B、C、D、E、F、G，我们每天都打 8 折，不管你哪天来，我们的价格都是最低的，不用研究促销，不用研究日期，来我们这里就一定省钱。

为了达到 EDLP 的目标，Walmart 高度削减成本，构建了全世界第二大的卫星通信，仅次于美国军方。Walmart 的经理办公室却是业内最寒酸的，连店内海报居然也有很多是黑白的。Walmart 拥有全世界最高的销售额，500 强第一名，但是它的毛利却十分勉强，连 1% 都不到，价格战实在已经打到了毫无活路，也不给对手活路。

所以说山姆·沃尔顿①是非常厉害的一个人，在 20 世纪 100 位名人里应该有他一席之位。Walmart 起来以后，其他竞争对手就没有活路了，K Mart、Sears 等纷纷破产，Carrefour 迫不得已转行卖 IB 商品，才勉强活了下来。

2000 年左右，山姆死后 10 年，是 Walmart 最辉煌的年代，沃尔顿家族的财富第一次超过了比尔·盖茨，因为他有四个儿子，所以他们家包揽了美国富豪榜排名的 5、6、7、8 位。曾几何时，Walmart 被认为是“不可击败”的，就像之前诺基亚（Nokia）在手机领域的霸主地位一样。

可是后来呢？

寒冬很快来临了，当时 Walmart 已经拥有了全世界最庞大的 IT 系统、仓储管理，也做到了尽善尽美，和供货商的关系也维持了几十年，人脉不可估量。击败 Walmart 的是 Amazon，用的所谓“降维攻击”，人家根本不和你在一个层面上竞争。

---

① 山姆·沃尔顿（Sam Walton，1918—1992）：沃尔玛的创始人。

一个4500人口的标准美国小镇，只能养得起一家Walmart，再开的第二家Hyper-market就是自杀，可是我可以搞电商啊，我可以搞0家Shopping Mall。于是到了2017年7月，Walmart市值2200亿美元，而Amazon市值已经到了4500亿美元，足足是沃尔玛的两倍，贝佐斯大叔也风光地接过了世界首富的旗帜，把比尔·盖茨甩在了身后。曾经害怕“惹怒巨人”而忧心忡忡，现在巨人的市值只有你一半了。①

二、自演化

分析“零售业”这个例子，我们可以得出几个结论：**（1）最有效率的模式最有活力，最终活下来；（2）产业不停在升级；（3）产业最终升级成什么样子，谁也不知道**。商业的精彩之处就在这里。

扎克伯格30岁就成为“亿万富翁”，甚至比钢铁大王卡耐基的财富还要多。**商业就是一个高度迭代演化的系统**，生产力不断发展，组织化不断进化，权力、财富迅速地在分配和转移，昨天你还是高高在上的巨型公司，明天已被新锐取代。

而什么人可以取代你，怎样的“创业”可以取代Walmart呢？答案是不知道，谁也不会知道，因为知道的话，你就成亿万富翁了。市场上有无数的人在赛跑，有人做QQ、有人做微信、有人做“来往”、有人做陌陌、有人做映客、有人做今日头条……哪些小组会成功？哪条路径通往明天？谁也不知道，一切只能接受市场的审判。

三、大一统

以上都是经济范畴的话题，下面我们谈一谈“政治经济学”的话题。天底下的政治分为两种，一种是“大一统”之后的政治，比如秦始皇统一中国、刘

① 指Amazon从卖书开始指向“全面电商”，当时的分析师曾担心，和Walmart的竞争会让Amazon耗尽资源破产。

邦兴建400年汉室王朝。“大一统”王朝的目标，主要是追求“稳定”。

在春秋战国时代，儒学毫无地位，肯定比不上兵家、墨家、阴阳家等，可是汉武帝驱逐匈奴统一中国之后，“罢黜百家，独尊儒术”，在此后的2000年间，儒学一统中国，成为官方意识形态和道德标准，孔夫子被奉为“大成至圣先师”。为什么会这样？因为帝国的目标不同了。

儒学是一种高度稳定的制度，儒学的本质就是等级制，奉行儒学的历代王朝往往可以维持300年。与此相对应的游牧王朝绝大多数连100年都到不了。

另外，儒学的另一个特性则是“战五渣”。等级制的含义就是排序和服从，任你有通天的本事，在等级制度内也是无处可走，只能被打磨成顽石。所以，在战国时代，战国七雄没一个采取儒学治国。那时信奉儒学的国家有两个：一个是卫国，一个是孔子的家乡鲁国。而这两个国家，越混越衰败，越混越没有战斗力，到最后简直是任人宰割。

中国在长达2000年的时间内，一直以为自己是“地球上唯一的文明”，中原王朝占据了已知文明世界90%的版图和人口，游牧民族虽然偶有侵扰，但是攻城能力太差，只要紧守长城防线，大可以关起门来做逍遥天子。

可是到了1840年鸦片战争之后，形势发生了很大的不同。大地图打开，中国人惊讶地发现，在这片蓝色星球上，自己只占十五分之一的陆地面积，地球上同时还有七八股文明势力在博弈，中国人经历了非常长的痛苦时期，从1840年到1949年，100多年才掉转过头来，这个掉头主要是“天朝上国”到“普通一国”的心态转型。**既然我们是普通一国，我就什么都不怕，重玩一盘，我还是能拿第一！**

四、细胞

天底下的政治分为两种，除了上文说的“大一统”之后的政治，还有一种是“竞争图强”的政治。那这第二种政治应该如何设计？这个问题可以写上3000字，也可以写3个字就够了，那就是“**往上看**”。

我问你，“最富竞争力”的零售业应该如何设计？答案是谁也不知道，因为知道你就发财了，十几年前就去买腾讯的股票了。[①]但是，你可以找 N 家企业，把它们都放在市场里互相竞争，最后谁活下来，谁能发展壮大，谁就是最棒的。同样道理，在经济领域，扩展出去就是“政治经济学”领域，政治经济学领域同样需要“优胜劣汰”，同样需要“养蛊选兵”[②]。

许多人对于“养蛊选兵”有个误解，他们以为“选王”就是选总统，只要把最高领导人选出来，国体堪定，继而天下太平，但真实的世界不是这样的。领导人当然重要，但公司的每个有机体也很重要，因为一位领袖的精力毕竟是有限的，就比如公司的基本架构是划分为“部门”的，如果你的部门里的人员不是马屁精，就是搞裙带关系、人事政治斗争，没一人奉献干活，则你的 CEO 哪怕制定了再正确的企业方针，企业还是要衰弱的。

“领袖”的职责，你可以祈祷运气，哪怕极度腐朽的王朝，也会出一两位明君，比如唐王朝快到了“寿终正寝”的时候，突然冒出来了“大中之治”。但是，一个国家、一个民族、一个大型组织，最关键的还是其“尉官”“校官”等中下层组织，这些有机体被破坏以后，是非常难以恢复的。比如说，办公室里一旦养成了“拍马屁”“拉帮结伙”的风气，你要让它再恢复到“齐心协力干工作”的状态，从来都是不可能的。

五、共和决策制

什么叫作“共和制”，它其实就是公司。比如你要搞一个“企业家协会”，然后广发英雄帖，每个参加的会员都应该是该公司的 CEO，每家公司只有一个代表。当“企业家协会”成立以后，大家一起坐下来商讨问题，比如商量一下新的 ICC（The International Chamber of Commerce，国际商会）标准应该怎

① 腾讯股票是唯一赶上京沪房价的资产，2004 年上市 5 元，现价 300 元左右。

② 指苗疆一些地区，巫师会取 100 只毒虫放在同一个罐子里，让它们互相吞噬，最后能活下来的就是蛊王。

么做。这时，每个会员各自代表他们的公司，公司有大有小，会员的发言权有轻有重，最后“业界标准”出台的过程，就是“共和制”下的议事流程。

那么，“共和制”有什么特点？主要有三个：（1）强弱不是固定的；（2）发言权不是固定的；（3）可以随时退出。其中最重要的是第一条。比如说Walmart是宝洁（P&G）的单一最大客户，P&G公司差不多有三分之一的销售是在沃尔玛产生的。因此，Walmart对于P&G就有非常大的话语权，不仅是规格和价格，有些时候甚至连产品设计、包装定位、市场细分，Walmart也能指手画脚。但是Amazon崛起之后，它卖出的洗发水也很多，随着Walmart的销售占宝洁整体销售份额越来越小，它的话语权也就越来越小。

因此企业家协会（或者称其为“共和制”）是一种“与时俱进”的制度。商战总有胜败，总有新生力量出现，总有老大腐朽，谁打赢了商战，成为大公司，谁就有更大的话语权。“共和制”可以保证最先进、最有活力的人获得最大份额的话语权，拥有决策权力。

六、民主决策制

一群人聚在一起商量一件事情，要依循怎样的“决策仲裁机制”呢？

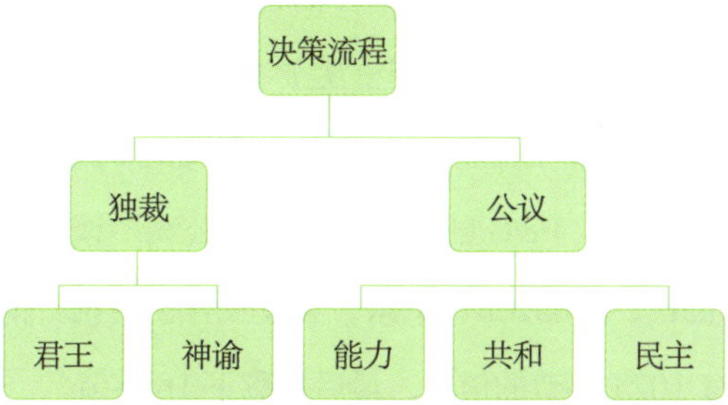

决策有很多种方式，大方向可以分为：独裁＋公议＋其他。君主制是另外一个话题，我们暂且不展开讨论。对于“公议”这条线，它又至少可以分为：能力＋共和＋民主。其中最好的方法是“能力”，挑选一批最精良的人才来治理国家。只可惜的是，“能力”本身是一个非常模糊、难以量化的指标。有些人，哪怕他是成功的外科医生、化学博士，也不代表他有治理国家的能力。一般而言，我们可以间接模拟能力，采取净纳税额或个人财富作为投票权重。

比按“能力”投票差一级的则是“共和”，也称为“寡头统治”。你开公司，手下有 1000 个员工，你可以把 1000 张选票都搜罗过来，从而成为一个小土豪。只有土豪们才能去投票，这样的制度称为“共和”，共和类似于企业家协会，大大小小的山头，大家协商出一个 ICC 电信标准协议。

比共和更差一级的是“民主”，民主就是只要你是人，就给你一票。我们举个例子，假设你是 P&G 公司的，你现在负责洗发水的销售，到了一年一度的订货会议，一大堆的经销商都来了。他们七嘴八舌的，有的人说你瓶子的颜色不好，有的人说你瓶子的形状不好，有的人说你不够香薰芬芳……你感到心烦意乱，放眼望去，先是找到 Walmart 的代表，然后又找到 Amazon 的代表，这两位是销售额的绝对大头，因此产品需要怎样改进，需要优先听 Walmart 和 Amazon 的意见。

在这里，Walmart 的“江湖地位”是它自己争取来的，因为它承担了三分之一的销售数量，才可以坐头把交椅。如果哪一天 Walmart 内部管理混乱、成本失控，销售模式不符合时代潮流，它就会失去话语权。在这场会议之中，“排序”是合理的，生产力最大的人占有最多的销售份额，占有最大的话语权，小经销商的意见则是被聆听，最后做决定的是产权人——你自己。

当然还有另一种可能，但是是被批判的。假设全中国所有的超市合并成一个“洗发水销售总公司”，P&G 的人先去和“总公司”谈条件，然后总公司再分发批零给 Walmart、Amazon、京东，会发生什么情况？情况就是信息被高度降噪，原本含有 1024 字节的信息，最后只剩下 16 字节。

你去问总公司的代表：“红色瓶子还是蓝色瓶子更受欢迎？”他含含混混地回答：“52% 的消费者喜欢红瓶，28% 的消费者喜欢蓝瓶。”你继续问：“那应该怎样改进？”他说：“红色更畅销，不如全部只生产红瓶。”哐当，死翘！

当商业升到满级

后发优势。

一、淮海路

很久以前，全中国只有上海有供销社，当时全国所有的物资实行统一调配，货币形同废纸。全中国唯一还存在零售业的是上海，因为上海太大、太重要，还是财赋重地，贸易留了一条小口子。外地的同胞要买衬衫、肥皂、热水瓶，都要跑到上海来，大包小包采购完毕，再拎回去。

南京路上，有民国时期传下来的“四大百货”，石材殿堂式建筑，每幢都耗资数百万银圆[①]。从商厦的角度来看，当时的上海远远领先全国，再没有这么气派的“已建成”区域。

后来改革开放，1979 年深圳特区冒出来了，地王大厦冒出来了，“三天一层楼”成为深圳的地标。紧接着全国的沿海城市、省会开发区都发展起来了。大约在 1984 年的时候，又发生了一件让人印象深刻的大事，小半个上海都轰动了——“永安百货”装空调了。没看错，就是现在商场里屡见不鲜、开到 15 摄氏度冷得你发抖的中央空调。20 世纪 80 年代在永安百货开始免费向市民提供冷气，开放当天，整个商厦都被挤瘫痪了。

上海的夏天十分炎热，动辄 36 摄氏度以上。20 世纪 80 年代的老百姓，谁

① 先施百货耗资 200 万鹰洋，一般认为 1 银圆 = 300 元人民币。

家有空调？谁见过空调？当时连电网都不稳定，因此这件事才会全城轰动。当时，有一句很流行的话，叫作“孵空调”。很多家庭甚至不惜坐两三站路的公交车，专程跑到南京路，为的不是购物，而是蹭商场里的空调，一直待到 21：00 关场。来时一身热汗，进入商场暑气全消。巨大的人流把整个南京路商厦挤得水泄不通，随着门缝的开闭，偶尔有商场里的冷气泄漏出来，所以哪怕商场的出口，都清一色摆着几十张躺椅，躺满了赤膊的市民。

永安公司仅凭借一部空调，就笼络了巨大的人流，赢得了美誉，维护了其在南京路的地位，这在争夺眼球的今天，几乎无法想象，这是第一轮商业升级。

再一轮的升级，就要到 20 世纪 90 年代中期了。

当时黄浦区和卢湾区是上海的 No.1 和 No.2。那一年的圣诞节，当你步行在淮海路时，顿时被“铁树银花”惊呆了。不知从几时起，淮海路的大树上，都插铺了银白色的灯管，灯光如雪花般一闪一闪飘落，有蓝色，有银色，再加上淮海中路高档商厦的大理石铺面，香格里拉特有的入门熏香，太平洋百货千年不变的“宝贝对不起”的背景音乐，整颗心都融化掉了。

从那一瞬间起，你突然发现自己不知不觉从一个石库门里弄的第三世界国家，一转眼间来到了繁荣富裕的发达国家。你手里提着购物袋，在商场里如飞般旋转，里边国际名牌、潮流时尚、美容护肤、灯光展台应有尽有，似乎一夜之间跨入中产。淮海路商业开发，是一次重大的升级。

再下一轮的商业升级，又要再等 10 年了。

终于，财富的增长，从小康迈向了 A7（拥有人民币百万元级别的资产）。坐在 101 层的空中酒吧，遥望远方云海，七米高的咖啡厅，喝着龙舌兰酒，优雅地谈着几百万的生意。温饱都已不再成为问题，你可以静下心来追求一点品位，追求闹中取静、至臻稀缺，追求米其林餐厅食材口味的细微差异。五星级酒店、专车接送、私家会所、主厨料理、定制名牌……这些你都已经足够熟悉，再也激不起任何激动的涟漪。有时候你在想，物质生活已经得到极大满足，生活在魔都（上海的别称）就能买到你想要的一切。

好了，又过了 10 年，到了 2017 年。甚至我们放眼展望 2020 年，**新一轮商业升级是：没有！**是的，你没看错。什么叫没有？没有的意思就是没有任何升级。金茂大厦始建于 1999 年，上海环球金融中心始建于 2008 年，上海中心始建于 2017 年，可是上海中心的“生活理念”，几乎和前两幢楼一模一样，仅仅是多了几家餐厅、写字楼，没有任何本质性的改变。

从 1980 年到 1990 年再到 2000 年，上海的商业氛围经过了三次大的升级，每次升级都和落后者拉开了距离。市中心的建设都和郊区拉开了距离，也和外省拉开了距离。可是，最后这 10 年，魔都的核心区、最高档商业区段的升级是——没有，再没有任何升级。

二、升满级

我是上海人。在很久以前，我就去过香港，当时站在香港中环的街头，我不得不承认，上海跟香港的差距是存在的。

香港中环由著名的长廊连接，纵跨四五条横街，连贯整个上环、中环。穿越于太子大厦、遮打大厦、怡和洋行，来往都是 Art Deco，都是欧美国际大牌专卖店，令人心旷神怡。然后你再回头看看徐家汇，差距不是一般大。

可是 20 年以后，你再回去看香港，中环还是中环，上环还是上环，德辅道还是德辅道。和今天的徐家汇相比，中环也没什么了不起嘛，可能某些软件细节服务更用心精致，但总差距不大，中环还是显旧了（2017 年 5 月 18 日香港中环 22 年来第一次新出让土地）①。

那么问题来了：中环为什么不“升级”？当徐家汇奋起勇追时，中环为什么是“停滞的 20 年”，为什么不新建改建得更美好呢？

你以为香港不想？前提是得先知道怎么做啊。

① 参阅《楼面价 54 万港元史上最贵恒基地产 232.8 亿港元拿下香港双料“地王”》（http://www.ce.cn/cysc/fdc/fc/201705/18/t20170518_22950924.shtml）。

假设现在一个超级大的地产商，李嘉诚或者李兆基，给你一块白纸般的地皮，位于中环或者坚尼地域，让你开发，你能造成什么样？答案是就现在这样。因为摩天大楼、玻璃幕墙、超高大堂、中央空调……几乎已经是现有科技的顶部了，你没法再升级，没法再造更高档的业态。

就好比玩《大富翁》游戏，一开始是茅棚简屋，每途经一次加盖一层，但是任何游戏升级总有顶峰，当你造完“豪华商场”，你也升到顶了，有再多的金钱也无法升级。

很多年以前，我就在思索一个问题——**纽约、伦敦、香港这样的城市，我们可以追赶得上吗？北京、上海最终可以比纽约、伦敦、东京更加繁华吗？答案是肯定的。问题的症结不在于我们起步有多弱，而在于强者停滞，它没法再升级了。**

升级这种事，最开始的瓶颈是资金。我们提到的永安百货装一部空调，其他商场不是不想装，是真心装不起。到了淮海路升级，再到了“厨房三件套”升级，**此时的瓶颈是“资金＋整合能力”。**把整条淮海路打造成童话中的乐园，**不仅需要资金，而且需要品位、设计和整合能力。**

今时今日，购物中心简直和钢铁厂一样，成了一种烂大街的科技树，根本不是“大炼钢铁”、死拼钢产量的年代，而是要多少有多少、随便哪个新城就有购物中心拔地而起的年代。例如，徐泾龙湖天街，硬件丝毫不逊色于 iapm 商场，妥妥一出手就是每平方米十万元以上的板块。

当购物中心如雨后春笋一般，随随便便就能建几十个，留给一流商业中心继续升级的空间已经十分有限。或许新加坡“立体城市”等概念，建设超大型的、超过百万人口的立体商业，占地可以超过 50 平方千米是一种发展方向。但按照中国目前的工程建设能力，哪怕你创新了，再要被赶超，也就是几年的时间。

三、商业顶级后的影响

商业升级有“顶”，升级到一定程度就升不上去了，这造成了一系列的影响。我们知道，在原升级过程中，整个城市是一直保持着“尊卑”关系的。改革开放的最初 20 年，南京东路、南京西路、淮海路，一直保持着升级的排头兵地位。它们升级最早，业态最高档，始终保持着对郊区的领先态势。因此，你有足够的理由不在莘庄买衣服，而是赶很远的路来到淮海路。

但是，一旦升级停止了，对于地段的碾轧性优势就是极大的隐患。**虽然郊区品位、购买力和市区银座还有相当大的距离，但硬件已经追上来了**，上海接近香港，莘庄接近上海，南昌接近莘庄。七宝生活广场的人流已经超过了老牌的浦东八佰伴。**升级停止，最终将会使得整个城市扁平化、地段扁平化、溢价扁平化，这是宏观趋势，无可阻挡。**

另外，从更大的角度来讲，“人类文明”既然到现在都没有进一步的突破，类似于“飞行汽车”“反重力城堡”一个都没有实现，那么一个城市的发展终究是有上限的，伦敦、纽约早被北京、上海赶上，而北京、上海又会逐渐被成都、重庆赶上，这无疑会对房地产市场、楼价升伏造成重大的影响。

购物中心无法再升级。

市中心商业升级终会到顶。

成都最终会成为上海，上海最终会成为纽约。

而纽约呢？还是纽约。

产业升级终有尽头。

把商铺干掉吧

商铺的本质是什么?

一、导购

晚上和几个朋友吃饭，饭局又演化成了吐槽大会。当一个江浙地区的朋友剥着超级难剥的厄瓜多尔虾时，他说实在难以想象北京人都生活在如此“水深火热”之中。因为这虾十分难吃，蔫蔫的壳都粘连在肉上，肉质完全没有弹性，更没有清香。他说放在江浙，当死虾都卖不出去。

最近的“新零售”革命基本都发生在包邮区，如无人超市、盒马鲜生、外卖机器人、海鲜活送……整个华北平原，除了北京有一家掌鱼生鲜（美团搞的未来体验店）、一家盒马鲜生，其他就是一片荒芜，恐怕落后了整整半代。

话说前段时间，到“×府井”百货买东西，店员会告诉你，本件商品在天猫旗舰店也有同款，建议你在天猫下单。为什么走上门的生意反而还要推出去，宁死不做呢?这背后的原因在于，“×府井”百货的收费模式是“销售分成”。

在“×府井”百货卖的任何东西，都要集中到收银台付款，商场抽走20%，这也是传统百货公司的标准做法。但是商家不乐意了，客户进门，告诉您点天猫链接吧，直接送到您家里去，飞单跳掉，不让你抽成。

“×府井”百货想出的对策是派出大量的“探子”，伪装成顾客前去购物，一旦发现有“飞单”的做法，就扣款罚钱，罚销售额的100倍。

“×府井”百货的做法本来无可厚非，因为**“百货公司”的店面租金有两**

种收法：一是固定租金，比如所有的万达广场都是固定租金；二是销售分成，这种租金收法带来的好处是百货商店跟随商户共成长，初期商户易存活，后期多分利润。

我想讲的并不是“× 府井”百货落后形态的争执，孰是孰非，毕竟“罚款 100 倍”肯定是岔路。靠故步自封的手法，否认新时代，是无法挽救“× 府井”百货的。我想问的是：商铺该如何改？

二、商铺

有一个问题我曾思考过很久。做地产的不能回避的就是房屋的品质，房子地桩打多少米、钢筋密度、水泥标号、绿化树龄、车位比、有没有裂缝、漏不漏雨、是不是海沙楼……质量是房价的重要一环。

可是，当你把这眼光转移到商铺上时，就完全不适用了，我经常思考为什么南京路上的商铺要比崇明岛上的贵那么多。根据上海有记录的商铺交易统计，2003 年南京东路置地广场每平方米 22 万元，要知道那可是 2003 年，那时候浦东内环的漂亮公寓每平方米也只要 4000—5000 元。那么崇明的商铺呢？是每套 22 万元。

同样都是铺子，它们的价值差异在哪里？你要说差在品质，我完全可以做到品质一模一样的。四壁都用高等级的钢筋水泥建造，一进门全套大理石铺地，铺上厚厚的天鹅绒地毯。层高 5 米，气派镶金的落地窗。空调永远调到最合适的温度，灯光永远打到最合适的角度，再安排一个特漂亮有气质的小姐对你说：“请问买什么？”

然而并没有什么用，哪怕你做到了这一切，品质方面超一流，崇明的商铺依然不值钱。

很多人会条件反射地回答，商铺在价格上有区别，关键是地段，南京路的地段和崇明岛自然不能比。那么我继续问：商铺地段的本质是什么？你仔细想了想，告诉我本质是“流量”。完全正确，**导致商铺产生区别的原因是：走入店**

铺的人数。在南京路上，可能每分钟都有十几个客户，尤其是改革开放初期，曾经创下客人摩肩接踵、手帕掉地上捡不起来的盛况。而在崇明，老板娘哈欠连天，“拿机关枪都扫不到人”。

除了数量，质量也很重要。南京西路的铺位要比南京东路的更值钱一点，这是因为南京西路的人口购买能力更高。现代电商做的其实也是“流量生意”，它们的存在相当于在南京路的隔壁又多了一条“天猫路”，客户可以逛南京路，也能逛天猫路。

2000 年年初有人曾经提出，“电商可以极大地降低商品价格，因为没有昂贵的店铺租金”。可是后来事情并没有向人们想象的方向发展。

电商一开始的发展确实价格很低，甚至亏得很厉害，等电商们最终站稳脚跟，价格却变得没比实体店便宜多少。你会问为什么，我只问你一句至关重要的话：“电商的价格再低，能比崇明的商铺更便宜吗？！”崇明的商铺价格已经接近于零，在成本结构中占比微乎其微，可是崇明的商铺为什么没有击败南京东路的旺铺？人们为什么不涌到崇明去买东西？

鼓吹“电商制胜论”的人犯了一个严重的错误，我们来看下面的表格。

他们以为的成本	产品 + 店面陈列 = 崇明铺
真实的成本	产品 + 店面陈列 + 流量 = 南京路铺
电商后的成本	产品 + 网站 + 流量

由此可见，“流量”这一块成本是省不下来的，淘宝上有几百万卖家，凭什么买你的？这是靠流量买路钱“封推”推上去的。

同样，互联网上有几亿个网址，凭什么点 JD.com？凭什么用美团旅游、阿里飞猪？那是靠电梯里的广告狠狠砸出来的。

因此，我们回答了一个长期困扰业界的问题：电商可以降低成本吗？电商能大降价吗？

答：“电商可以降低的，是崇明商铺的造价。”

三、变革

财富增加得很缓慢，财富转移得却很快。

——yevon_ou

人类的财富增长十分缓慢，如欧美等国家，每年 GDP 增加 1%。但是，在这些国家，财富的“转移”却是非常迅速的。

就好比数码相机出现以后，淘汰了传统胶卷，从消费者体验来说，是进了一小步。可是对于佳能、尼康、柯达等公司来说，就是柯达的几百亿市值烟消云散，转移到了佳能、尼康、莱卡等公司身上。iPhone 取代诺基亚，对于消费者来说，也只是智能机 10% 的效益提升，可是对诺基亚来说，就是数百亿美元的市值耗散，转移给了苹果。

在电商出现以前，人们要去繁华的步行街才能找到最新、最潮的科技产品。电商的出现使得“流量”聚焦发生了转移，入口是移动互联网。消费者购买一台冰箱的价格可能仅仅下降了 3%，但这 3% 对于步行街商铺来说，就是千亿百亿市值不见，转化成相应的股价，加到了“马云爸爸”的头上。流量没有了，南京路旺铺就不再值钱，如果完全没有人，南京路上的商铺就会沦落到和崇明商铺一样的价格。

在这里，我想说一说“未来的商铺”。商铺、商业、× 府井百货，如果要变革，应该如何构思。

首先，我们要点出一个槽点，因为任何商业的改善、任何百亿级的机会，都是从槽点开始的。消费者有不满，那里才有商机。

我的槽点是，陪女人逛街太累了。作为一个上海男人，我经常是垂头丧气，大包小包，左手两袋衣服，右手两袋鞋子，胳膊肘下面一袋面包，脖子上还挂着女士手提包，最后我的腰都快要断了。

长久以来，作为一名男性，我不得不想对“女性逛街”产生巨大的吐槽。

为什么鞋子要拎在手上呢？为什么不能在店里看好，然后封包装箱，叫一个闪送直接送到家里呢？2000 元的衣服都买了，商家出 20 元快递费没啥大不了的吧。

我的支付宝上面捆绑了默认地址，为什么商家不能出示一个二维码，扫一扫，递送默认地址呢？更进一步，为什么某款商品店里一定要有备货呢？我买哪个型号的 PS4、DJI，不需要看实物，只看照片然后你直接送我家就行，这样就可以轻装逛街，还能多买几件。

如果我们往深处想，一座商场其实提供了四种功能：流量、展示、销售、提货。

流量：大名鼎鼎的房产中介链家，不惜成本租下各个街角的双边铺，让一群中介人员坐在里面看电脑。其实链家买的是“walk in（无预订散客）”客户。

展示：在 VR 出现之前，商场无可取代，而餐饮永不可取代。

销售：电商可做到。

提货：仅限于部分产品。

在没有电脑之前，百货公司代表着最先进的商业形态，因为它把四大功能集中在一身，实现“我来了，我看见，我买了”的一站式购物。

可是时代变了，如果百货公司的经营者还停留在蒸汽机时代，不做任何改变，那么商场提供的四大功能至少有三个会被电商通过技术革命取代，唯一不能取代的，同时也是电商的唯一短板，就是“展示”。

四、未来的商铺

未来的商铺，最重要的可能就是展示功能。因为不再需要流量，黄金地段步行街的百货大厦渐渐就会变得没有意义。当不再需要“walk in”步行流量，未来的商铺完全可以置身于摩天大厦的写字楼中，100 层楼凌云高空，购物体验是不是更佳？现在很多牙科诊所、按摩 SPA，甚至珠宝展卖，都已经搬到高档写字楼和酒店，只要他们可以从网络中汲取客源，就可以不再依赖街边行人。

另外，就现存的商场而言，其内部结构必须进行全面的改装。人类实在已经厌倦了4.5米的标准层高，三楼女装，四楼男装，隔成了一件件格子铺，像豆腐块一样的商场。

为什么不可以把商场设计得像迷宫一样呢？为什么不能有6米层高、9米层高、12米层高呢？人类对未来有许多的幻想。例如，我们都很希望像印第安纳·琼斯一样，穿过茂密的热带雨林，来到神奇的玛雅宫殿，喝下一瓶圣水，然后坐电梯飞跃80层楼，到云端的太空和神界。

我们从来没有这样的商业业态，是因为我们需要卖货，需要一件件衣服密密麻麻地挂起来，后台一半都是库房。但是，**如果你把整个逻辑链倒过来，商铺就是给人们体验的，所有的卖货都在扫码端实现，**那么我们的商铺就会变得非常有趣。

在法老蒙特祖玛的权杖上有一个二维码。那个野性豹女的服装，你看呆了，想不想买一件回去，教训你男朋友？圣水的味道怎么样，其实山间泉水也可以接的哦，流淌着可乐味，对“祖玛冒险”这个系列感兴趣了，相关的IP也可以大卖……

总之，商家会想尽一切办法，让自己的商铺变得有趣，因为只有体验好，顾客才会购买。

中国就是最大的 IP

一、风口

如何赚取金钱，谋求个人和子孙的富裕幸福?《穷爸爸富爸爸》这本书里认为应该追逐现金流，而不是专业知识。级别更高一点的《巴菲特致股东的信》里，强调公司基本面和赢利情况，我认为他们都是错的。如果有一天，让我来写一本《致富指南》，那我第一条要写的，应该是“选国家”。没错，就是选国家。

Marketing 上有一个说法：一件产品的成本，80% 在它设计时就已经定下来了，以后所有的改进无非是修修补补。同样，一个人的命运，80% 在他生下来那一天就已经注定了，此后的个人挣扎也无非是 20% 的概率和运气。

在过去的 40 年中，随着中国的崛起而成长，投资中国是最大的话题。按照我们的计算，1976 年年底全国的存款总额是 220 亿元，今天金融业总资产超过 250 万亿元，增长一万多倍，年化 23%。这也就意味着在过去的 40 年间，每个中国人的财富都在按平均 23% 的速度增长着，每个中国人都堪比巴菲特，其财富的增长速度都比巴菲特的快。1976 年，巴菲特拥有 600 万美元，可以买下中国一座地级市。今天他已经有 600 亿美元，还是只能买下中国一座地级市。

所以，“选国家”就是最大的风口。我们常常听见身边的人扼腕叹息，说自己错过了认购证的风口，错过了房地产的风口，错过了 BAT 的风口，错过了滴滴打车的风口。其实，这是不对的，**因为你待在中国，中国就是最大的风口，中国就是最大的 IP，每个中国人都分享了国力增长、民族复兴、平均五年一次的暴富机会。**

如果还有人不服气的话，你可以设想一下，假如你出生在日本会遇到什么情况。日本是“失去的 20 年”，年轻人变成了“三低男士”——低工资、低出生率、低欲望，甚至连人都不想做了。日本萧条颓废之深，年轻人看不到任何的希望，等级制板结，新生代没一个出头的。

如果你出生在法国呢？法国女性信奉“X ÷ 2 + 10”的公式。35 岁女性，普遍找 55 岁的男性。年轻人失业率 25%，和父母合住，女朋友都被爷爷抢走。然后你再想想，如果你出生在叙利亚呢？就算你是一个再勤奋、再智慧、再努力的有志青年，在那里等待你的又是什么命运？

二、城市

和“选国家”类似的，第二步就是选城市。一个产品，80% 的成本在它设计的时候就已经定下来了。你出生的城市决定了你 80% 的命运，人的一生当然要靠自我奋斗，但也要考虑历史的进程。

在“选城市”方面，如果你出生在老少边穷地区，想出头则千难万难。如果你出生在甘肃油田、东北大院、山西煤矿、三江平原，则你的未来基本也就可以预见了。

前几天我买了一个音乐魔盒，而我又是那种喜欢睡觉时开着音乐直到天亮来对抗失眠的人，于是就听了无数遍校长的这首《带你去旅行》。

我想要带你去浪漫的土耳其

然后一起去东京和巴黎

其实我特别喜欢迈阿密

和有华人的洛杉矶

听这首歌，我特别有感触，所以这里我想讲一个关于“迁徙力”的道理。投胎不顺利，你还有一次“更改城市”的机会，机会不常有，有许多限制条件。

首先，我们要问什么样的人才可以“带你去浪漫的土耳其”。这里说的旅行，当然不是春秋航空包团、“10 天 7 国游”这种中产阶级的消费陷阱。我说的是真正意义上的人生旅行。

真正的贵族旅行，如果在路上飞 12 个小时，到了当地，少说得睡上 15 天吧。否则坐红眼航班，那叫赶鸭子上架。去一个城市，自然不是在巴黎圣母院门口匆匆摆拍两张“到此一游”，那都是典型的穷人。

真正的深度游，应该可以有充裕的时间，细细用双足穿梭旧城小巷，听音识味。高档点的，还要有两个当地的朋友地接，带你去最好吃的饭馆、最特色的街道，晚上泡最劲霸的酒吧，去外人不得而知的隐秘会馆，参加收获季的踢踏舞，赤着脚踩踏葡萄汁。这时你想一想，假如朋友来北京，你会带他们逛哪些地方？

“我想要带你去浪漫的土耳其”这件事，是用时间和金钱堆起来的。大把的时间，大把的金钱。那我们再想一想，哪些人有这样的时间和金钱可以带你去浪漫的土耳其呢？“男朋友”大概是不满足这个条件的，草根女找的草根男，只有蜜月的时候带你去参加“7 天 10 国团”，几十万、几个月的人生挥霍，想也不要想。因为我们这个社会是非常残酷的。“职场全脱产几个月”是一件超级奢侈的事。

前段时间，× 公司随老板一起打天下的老部下、高级（女）副总裁突然怀孕了，在面对电视直播采访的时候，她突然问：“能不能保留我的位置？”（这是下克上，逼宫了。）老板皱着眉头，喝了一口酒说：“同事们都很能干，你放心休假去好了。”

在职场上，竞争就是这么残酷，每个位置都充满了明争暗斗，办公室里充满了“刀光剑影”。有一个说法，凡是去西藏“洗涤心灵”的都是失败者，在公司也是底层员工。因为一个有着正当职业，尤其是公司内部“骨干岗”角色的人，绝对不可能无缘无故失踪几个月。因为这样做，他的职业生涯就会断掉，一断就得重新开机。

“我想要带你去浪漫的土耳其，然后一起去东京和巴黎”，这是一个高不可及的奢望，只有 0.0001% 的 S 级人士才可以享受到。

三、根系

人的一生大约只有一次迁徙的机会，经常有人问我：京沪深大城市前途无量，三四线地级市注定消亡，那么要不要举家迁移，搬到京沪深去？对于这样的问题，我们一般询问下面几个问题：

你几岁？

有没有小孩？

目前担当什么职务？

如果你年龄大于 25 岁、有小孩、主任级以上职务，你就别迁了，因为没法迁。虽然俗话说“树挪挪死，人挪挪活”，但换阵地这种事，和“请假三个月去土耳其”一样，只有最底层的员工才可以办到。**只有你足够年轻，了无牵挂，你才有“迁徙力”。**

这个社会上的饭碗，99% 不是靠手艺，而是靠人脉吃饭的。设想一下，你是个做销售的，年已 30 岁、已经结婚、有小孩、做到经理级的职务，你能舍弃上下游客户，跑到异乡城市？你的老师、同学、同乡、亲戚都在这个小城市，你也全部都割舍了，赤手空拳去京沪？你的爱人怎么办？工作如何调动？小孩上学怎么办？京沪学区房可是出了名的苛刻。

当你奋斗到了经理级，你在原有的城市就已经是一棵参天大树，千丝万缕的人际网络就像根系一样深深地扎入土壤。如果你想“迁徙”，想换一个好的开局，最佳的方案是在你 22 岁大学毕业的时候，直接就去北漂，手里的资源越少越好，家庭人口越少越好。因为“三次搬家，等于一次火烧”，换一次城市等于积分槽清零。

四、迁徙

人的一生，框架重于勤奋，机遇重于努力。如果你不幸出生在阿富汗，无论你怎么努力，你也不可能成为马化腾。我们常常看见一些妈妈，让孩子上补习班、学钢琴、学芭蕾，买学区房，让孩子读名校，最后海外留学当自由白领。这些子女的命运在这一刻也已经注定，80% 是可以“开篇看见结局”的。

我想，在职业选择这个领域，许多人可能低估了“投资者”，如“房产投资”。选择以“投资”为生，有很多额外的好处。其中一个好处就是，**你的人生生涯是具有“流动性”的。投资有三性：安全性、收益性、流动性，其中的道理相通，你的人生具备流动性。**

如果在一个地级市，你 30 岁做到经理级，则你的人生其实是被锁死的，你无法轻易地更换阵地，因为这意味着放弃一切，从基层做起。

如果你身处某个行业、某家公司，更加不幸的是成了某一个行业的“细分专家”，则你的人生算是被“彻底毁了”，因为这意味着你完全丧失了“流动性”，只能在这家公司、这个行业做到底，而且在薪酬的讨价还价方面也处于不利位置。

迁徙是一种力量，在茫茫的上风口，永远处于最有利的位置。选择最合适的国家、城市、行业，可移动者为王。

创业指南 ABC

一、南非

2013 年，受南非一位亿万富翁 P 先生的邀请，我和太太去南非住了半个月。这位大富翁曾是上海曹杨二中的，当年是体育特训生，当然成绩也不错，每次也能考年级 No.2。

22 岁毕业的时候，他发现了一个大麻烦——找不到工作。倒也不是完全找不到工作，只不过“好男儿鹏程万里”，那种挑柴担水的活计他不屑于做。他就这样混了几年，换了几个工作，始终郁郁不得志，看不到“一飞冲天”的机会。

某一天，他有一个叔伯辈亲戚从南非的德班回来。德班是南非最重要的港口，所有的港口贸易都在德班进行。他这个叔伯辈亲戚是个老华侨，打拼了一辈子才在德班拥有一间破旧不堪的工厂，因为南非这个烂摊子一年不如一年，他感到心力交瘁，不想管了，想落叶归根，于是以一个很低的价格（两套房子）就转让了出去，回国养老。于是 P 老板就带着他的娇妻，两手空空但雄心勃勃地去南非了。经过 8 年时间，他们打下了南非三分之二的市场，英国五分之一的市场，成为亿万富翁。

P 老板做的生意再简单不过，说出来你都不信，就是铁盆。

你洗脸要一个脸盆吧，他帮你哐哐哐敲打一个。你烧饭，要饭锅吧，他帮你哐哐哐敲打一个。你洗衣服，要拿个盆泡吧，他帮你哐哐哐敲打一个。当时我就不懂了——南非不过五六千万人口，和中国一个省差不多，这个市场才有多大？怎么可能短短几年之内，就发展这么迅速？听了我的疑问，P 老板拊掌大笑说道：“兄弟，这你就不懂了吧，你听我解释……”听了他的解释我才明白，在南非，铁锅是一种财富，是身份和地位的象征。非洲人嫁女儿，常常有母亲买十几或二十个锅作为随身陪嫁，这个市场当然巨大。

然后我再问他：“哪怕市场很大，也不代表你能赚钱啊？你看看中国市场，铁锅这么没技术含量的东西也没有出现巨头。”

P 总继续笑道：“赚钱这种事，关键不看技术含量，关键看你的竞争对手，你只要比竞争对手便宜 5 兰特（南非货币名称）就足够了。南非货币一直在跌，又有关税保护，中国企业在南非人生地不熟，所以你的竞争对手不是中国货，而是非洲货。至于非洲人的工业水准，我不要求你的锅底一样厚，你的锅至少应该是圆的吧。”

按照 P 总的说法，他觉得任何一个中国人去了非洲都能发财，只要你敢和非洲人竞争。所以，**创业守则第一条：创业不是看你的产品有多高科技，而是看你的竞争对手有多弱，应该选择一个合适的战场。**

二、创业

在回程的飞机上，我老婆闷闷不乐，她说：“想当年，老 P 每次考试都低我 10 分，想不到发财的速度这么快！”我说：“也不算快吧！”老婆说：“我不管，我也要创业。”

我冷静地夹起一根香菇鸡丝面，说：“哦，哪一方面？”老婆说：“现在最热门的是电商、滴滴打车。”我说：“不如我们也卖东西吧。”老婆说：“得用最快的速度，达到 10 万用户门槛，然后才好去和风险投资谈。”我说：“用户的美誉度、转化率也是越高越好。”老婆说：“你说吧，准备卖什么，得烧多少钱？”

我又打开酸奶，舔舔盒盖，说：“那怎么也得烧 10 万大洋吧。”老婆兴奋地说："只要 10 万，亲爱的，你真是个天才！普通互联网企业，一个新用户得 50 元呢，快说快说，你准备卖什么？"

"免费馒头铺，来的每个客户都送一个馒头，既有了'10 万 +'，又有了好名声。"我淡定地回答。"讨厌，我是说做生意啦，不许赠送。"老婆娇嗔地说。我回答："哦，那每个馒头 5 分钱吧。"

当年，正好是"滴滴""快的"大战的高峰期，一分钱请全国人民坐 taxi，烧钱的事情很简单，我也会啊。

三、库存

飞机过安达曼海时，我老婆仍喋喋不休，扰人睡觉。于是我问她："你知道世界上最好的生意是哪一门吗？""不知道。"她老老实实回答。

我举起桌上的水杯，透过杯中水说："我们家族的小表弟，你认识的，进了一批变形金刚，上淘宝店做批零生意，300 元的大黄蜂，进价 150 元；500 元的擎天柱，进价 330 元。创业初期一个月卖了十几个，你说这么高的毛利，他赚钱吗？"

"应该是赚钱的。"老婆说。

"不，是亏钱的。"我回答说，"他最终卖了 60% 的货物，结算后还是亏钱的，**所有的创业者都忽略了一个问题，即实业惊人的库存。**最好卖的 SKU（Stock Keeping Unit，库存量单位）是雪佛兰大黄蜂，其次是擎天柱，可是你店里还有威震天、红蜘蛛、翻斗铲车，甚至机械恐龙，**你永远也无法预测整个市场需求，你永远也不可能卖到彻底无库存。**

"轻工业不同于重工业。轻工业的 SKU 极多，卖玩具还算是好的，如果卖服装，简直能卖到你哭。任何一个服装店，如果只有三成毛利，绝对活不下来，因为服装你永远有断码的、有退货的、有卖不出去的。货物一旦卖不出去，就是废物，不仅变得一文不值，还要占用你的仓储费。

"如果你有 20% 的货物销售不掉，就侵蚀了你 20% 的毛利。如果你有

15% 的货物销售不掉，就侵蚀了你 15% 的毛利。在商业竞争高度激烈的今天，还有哪个行业可以承受几个点的毛利损失？库存是把刀，随时随地掉下来要人命。”

“知道 P 总为什么铁锅生意做得好吗？”我问老婆，不等她回答，我又得意扬扬地说，“因为库存的锅压扁以后还可以造新锅。”**因此，天底下如果有哪一个行业完全没有库存，完全没有折旧，则这个行业一定是王者。**

“但问题是，天底下哪一个行业是完全没有库存的，成品和原材料都可以当现金卖呢？”老婆问。

我随手把阅读灯关了，椅背放低，说：“麻瓜，当然有，它就是金融。”

四、王者

以上的诸多段落写于 2013 年，但是在中国的这片土地上，真的是“活久见”。2013 年以前，人们还不怎么用微信，也没有“微信支付”，从来不抢红包。但是现在呢？今天你再问天底下最赚钱的生意是什么，当然是“王者荣耀”“吃鸡”啊！

站在 2013 年的历史关口，我自以为智者，可是我打破脑袋，也想不到人类文明会发生如此创新。从今以后，**人类最赚钱的生意是什么？当然是虚拟类商品。**

什么叫虚拟类商品？网易云音乐、优酷会员、起点读书、微博会员、“王者荣耀”买皮肤、steam 买游戏……这都叫作虚拟类商品，它们的特点是：**没有生产成本，因此也没有库存，也没有折旧。**你在服务器上点播《军师联盟》，它就给你产生一系列的比特串，但其中是不涉及物质生产的。

目前的投资人特别喜欢投互联网企业，因为互联网企业有可能“押宝”。一旦押中一个爆款，卖上几千几万份，全部都是净利润。相应地，互联网企业的“竞争逻辑”又完全不同。

经济规律永远有效，一项产业如果财源滚滚，一定有大量的竞争者进入，希望分抢市场。**而互联网的特征，生产成本为零，不存在地域、省份、区域市场，没有量的分割，只有质的分割，流量高度向头部集中，只有最优秀的作品才能活得下来。**

掀桌子的一代人

昨天，我买了一个米老鼠的卷笔刀给女儿，她把它扔在了地上。

一、忠诚

我父亲曾希望我多看一些世界名著，在他圈出来的书单里面，有《雾都孤儿》《嘉莉妹妹》《呼啸山庄》《悲惨世界》《麦克白》和《百年孤独》。

很抱歉，以上所有的书，我一本也没看过，我只看过《孤星泪》《小李飞刀》《天龙八部》《碧血剑》《萍踪侠影》，喜宝、刘德华、周星驰、钟楚红、邱淑贞、星矢、乱马、白素贞……

很多年以后，我买了一个卷笔刀，是一个带两个耳朵、会发出声音、米老鼠形状的卷笔刀，看起来很可爱。当我把它讨好似的送给 7 岁的女儿，她愤怒地把卷笔刀扔在了地上，说："我不要米老鼠。我要冰雪奇缘，冰雪奇缘！"

恍惚间，我似乎看到了什么。

为什么小孩子不喜欢"米老鼠"呢？因为她没有看过"米老鼠"。我仔细想了想，严格地说，20 世纪 90 年代播放的《米老鼠和唐老鸭》，她一集都没有看过，也难怪她完全无感！

她看过的、童年中最大的 IP，第一名肯定是《小马宝莉》，其次是《海底小纵队》《汪汪队立大功》《熊出没》，以及"芭比公主"系列。在她的写字桌上，密密麻麻排开一百多个“小马”，每一匹小马她都如数家珍，每一个可爱标志她都能讲出故事。

我叹了口气，想到一个问题：**品牌是要折旧的。**

目前全世界的“迪士尼乐园”混得都不好。香港迪士尼惨淡经营，上海迪士尼开园两年，也远远没有达到预期的效果。“迪士尼”的经营者以为，孩子们会喜欢米老鼠、白雪公主。然而让他们失望的是，小孩子对于米老鼠的表现很冷淡，甚至会害怕到连和它拍合影都不肯。

“迪士尼”的经营者犯了一个错误，他们想当然地以为“小孩子喜欢米老鼠”，而这种喜欢是天生的。其实，“小孩子喜欢米老鼠”是后天形成的，是每天放学后看上两集“米老鼠”，经过日积月累，电视轰炸了好几年后才有的效果。迪士尼花费了几百亿去建造乐园，但是他们并没有占领屏幕。

真正有价值的，不是米老鼠相片，而是电视机。而比电视机更有价值的，是孩子们有限的注意力时间。

二、小众

前段时间我看了一则新闻——《真功夫、吉野家、永和大王、味千……为什么这些连锁快餐现在都处境尴尬？》，文章很长，但还是建议大家看一遍，会受到很大的启发。

如果你是一个基金投资人，你需要针对“真”“吉”“永”“味”进行决策，请问你是割肉，还是抄底？我赌一元钱，赌“真”“吉”“永”“味”会沉沦下去，不可能再复兴了。为什么？**因为这些品牌太“老”了。**

同一个时代，更大的受害者还有 P&G。曾经，P&G 是洗发水行业中的绝对王者。任何品牌都无法和它竞争，在全国销量排名前六的洗发水中，有 5 名是

P&G 名下的品牌[①]。但是最近 5 年，P&G 每况愈下，市场份额被不断蚕食，而它的任何一家竞争对手都不是巨型企业，可能就是韩国的一家小公司，分分钟就卖几十万瓶。

可是消费者就是喜欢“小众”的品牌，就是对飘柔、海飞丝、沙宣、潘婷无感，感觉它们是“大路货”。**所以是消费者厌倦了某些品牌，而“厌倦”是销售的终极武器，已经无药可救。**新闻中提到的品牌，经历的是同样的问题，不是它们做得不好，而是消费者变了。

低级的品牌经理容易把市场看作一个常量，他们关注的是市场份额有多少，消费者偏爱的体验是去屑还是滋养，然后拿出几年前的报告，修改一下接着用。这样的思维大错特错。**因为市场是动态的，消费者的人口是随年变化的。哪怕你什么事也不做，你也会飞快地丢失市场份额，这种速度是每年 2%（15—65 岁，共 50 年，每年更换 2%）。**

“真”“吉”“永”“味”的问题在于它们并没有做得不好，目前消费者一如既往地喜欢它们，可是消费者在“老去”，品牌也随着在“死去”，而新生代、新新人类并不喜欢它们，经过 5 年，它们就失去了 10% 的消费人口，一到 65 岁，就会永久性地退出消费市场。

例如，肯德基最近做了一种新的店面形式，叫“KFC Pro”，第一家店开在了杭州万象城，它采用了完全区别于旧版店面的内容：工业风装修、能看到所有食材的全透明点餐区、各种沙拉、小龙虾鸡肉帕尼尼、朝日啤酒、冷榨果汁……它的定位是“轻食简餐”，已经看不到肯德基过去任何的招牌元素。

沙拉好吃吗？我最讨厌湿冷腻的沙拉了。

帕尼尼好吃吗？油死了。

朝日啤酒？不如青岛啤酒。

---

① 除了怪胎 SLEK，只有老年人才记得当年恐怖的“红色城市”，数十亿张的刷墙传单。

但是，营养、价格、口味、性价比……这些都不重要，产品经理千万别搞错了核心诉求，**新新人类的核心诉求只有一个：不去妈妈去的餐厅，妈妈说好的，那一定不好。而哪怕新餐厅卖狗屎，新新人类也会去尝试的。**

尽管 KFC pro 在变革，但是从某些意义上讲，这依然是错误的做法。如果你想做新品牌，你根本就不应该用 KFC 这三个字母。就好比“真”“吉”“永”“味”如果开子品牌，85% 的概率也是会失败的。①

但是，纯商业职业经理人很难抗拒 KPI 的考核，产品线延伸中规中矩，有更大的概率可以活下来。但真正“大卖”的超级大赢家一定是一个新品牌，因为消费者的核心诉求是：和妈妈不一样。

三、颠覆

20 世纪 60 年代法国年轻人发疯一样地喜欢共产主义。

20 世纪 70 年代美国闹嬉皮士。

20 世纪 80 年代中国改革开放穿喇叭裤。

20 世纪 90 年代日本平成死宅。

21 世纪 00 年代圣母闹世界。

为什么“年轻人”总是如此颠覆，永远不肯跟随“秩序”和现有的格局？因为这是对他们最有利的选择！

这个世界并不是“水平”的，竞争和“抢劫”无所不在。在过往的研究中，人们往往重视同一个时代中不同国家、不同阶级之间的“抢劫”和对抗。但是他们没有看到，不同年龄，一代人对一代人的“抢劫”。

在商业上，最容易赚钱的办法是“囤积居奇”。具体来说，就是找到一种珍

① 在美国，MCD 和 KFC 的定位是“满足基本生存的食品”，而完全不涉及品牌溢价。这样的定位，哪怕品牌老化，也活得下去。

稀资源，然后把所有的“好货”都抢到自己手里，把价钱抬得高高的，卖给后来者。在某些更极端的情况下，“老头子”甚至还能兼职“裁判”的角色。不仅所有的好都在他们手里，而且什么是好货也得由他们说了算。

最典型的，譬如中国字画、红木、瓷器、翡翠、和田玉市场。不那么典型的，还有土地、地段、矿山和书法大师。好东西都被人抢光了，导致新生代贫穷且无立锥之地。

财富在两代人之间，是不平等的，而新生代只能去想对策，他们的对策如下：

“天底下最好的紫檀都在我们家，而且我还垄断了紫檀的评价标准。”

“对不起，我们不喜欢紫檀，简欧风格更好一点。”

“中世纪所有的古画都在我们传统贵族手里。”

“对不起，我们只喜欢先锋派油画，古画都是垃圾。”

“钻石的 4V 透明都握在我公司手里。”

“对不起，我更喜欢彩钻。”

“全上海最好的核心地段都在我们手里，这是不可复制的稀缺资源。”

“对不起，我更喜欢张江的荒郊野岭。”

新生代对于原有的“估值体系”基本是全盘否定的，你如果垄断了某项资源，我就干脆不和你玩。不玩“紫檀”虽然对家居装饰有一定的损失，但总比被剥一层皮好。

正所谓“上兵伐谋”，在选择的战场发动战役，作为年轻人，绝不肯在你已经构建了重重堡垒、防御完善的阵地，和你发生对抗。

20 世纪 60 年代的法国人，老家伙“互相推荐”的风气太浓厚，因此年轻人搞出了“引用数”排名的 SCI 方法。日本人的论资排辈实在太严重，因此引发了“宅男”文化爆发（此举“退而求其次”般地损害了日本的国力）。中国的年轻人隐性地对父母不满，也对长辈们垄断社会、经济权力不满，所以他们搞“文青”“小资”“西藏骑行”“和我在成都的街头走一走”来异化个人成就。

四、IP 时代

我们总结一下思路：**每代人受的教育不同，长辈眼中的“经典”，子辈可能根本没接触过。子辈更倾向于掀桌子不买单，因此得出结论：IP 不保值（IP 翻译为名气、品牌价值、无形资产、知识产权等）。**

在我小的时候，上海译文出版社专门组织人员出版了一套《世界名著》丛书。按我父亲的说法，这些“经典”是可以经过时间的考验，历经数百年而仍存的。现在我们知道，这就是一句笑话。像《邦斯舅舅》《漂亮朋友》这类书，还有谁会记得？即使有人记得，我也不建议下一代读，因为它们严重脱离时代，没什么营养，除非纯为考古。

其实我担心的是，我们这一代人心目中的“经典”在未来也不值钱。星爷的电影，在 VR 时代变得不值钱，我们所追捧的、角逐的、出名的在未来会被弃若敝屣。任何一个做局做出来的钻石、翡翠、红木、字画、普洱、蜜蜡、LV、PP 价格体系都不保值，都禁不住岁月、人口的洗礼。

财富不可建立在人心之上，资产不可建立在 IP 之上。“品牌”就像浮沙上的大厦，它的贬值是非常非常迅速的，大米远远比古董更保值，**所以要放弃品牌价值，专注实用价值。**

“您知道吗，这北京的学区房也得讲究一个血脉和传承。”

“北京的学区房，摸金分三派八脉。向来以中关村一、二、三小为尊，学问大着呢。”

“40 平方米，1300 万元。这不是卖破房子，卖的是文化、底蕴、传承！”

你要问我对北京学区房怎么看，“00 后”会不会花 1300 万来买你的房子？我猜想他们掀桌子的概率会更大一些。

被遗弃、被抛弃的 B2C

去年我被拉去参加“新浪微博 2017 影响力大会”，承业内朋友盛情，拉我坐了主桌。因此这次聚会见到了许多微博上的大 V，也很令人高兴。

中国古代的数学，在明末有了突飞猛进的发展，主要是因为“西学东渐”，有了利玛窦、汤若望等传教士，他们带来了欧洲天文历法、几何学、微分等多种学科，刺激了独立的中国体系，打开了新的视野。

嗯，这次聚会，也打开了我的新视野，让我知道了很多新的“捞钱手法”。

一、赚钱手法

一直以来，我对新浪小有抵触，因为我觉得它崇洋媚外。比如新浪的“付费问答”收费体制，是唯一的“抽三”体制，客户花 666 元提一个问题，然后大 V 得看客户用什么手机。如果是苹果手机，大 V 到手就只有七成，666 元 ×70% = 466 元；只有用 Android 手机，大 V 到手才是 666 元。

这让我非常不爽，苹果手机是什么东西？排不上号的 2G RAM 低端手机。苹果有什么贡献，凭什么分掉 30%？我好不容易在新浪微博也加了一个 V，乐得小脚丫子乱蹬，干吗要分 30% 给苹果？客户用什么手机关我什么事。

但是新浪非常弱，在和美国公司的谈判中，处于绝对的弱势。我很不爽，出于 Marketing 管培生的职业习惯，我认为文案是绝不能这样写的，如果让我写文案，我会写成：提问原价 1000 元，外国手机不打折（苹果），国产手机打 7 折，爱护国货（华为、小米、锤子、OPPO……）。

我心里这个小九九打得开心顺畅，自以为掌握了“中华数学”的精髓，然后我拿去和“新浪大 V”们交流。

再然后我就感觉到深深的“代差”。大家都是想赚点奶粉钱，为什么档次就差那么多呢？

“微博大 V”关心的是什么？消费者的收入分布；消费者的口味细分；消费者对于 299 元、599 元、3000 元产品的承受能力；消费者中“首套房”和“二套房”的购买比重；水库咨询客户，复购率多少；美誉度、口碑传播有几重；每天几点发文阅读量最高。

同志们啊，妥妥的，以上全错。

北京 V 关心且只关心一个问题——今天张老板去哪里吃饭。

二、B 端

我知道业态不佳，世风日下，可是我真心不知道，整个业态已经到如此地步了。对于西半球的“数学”来说，他们只关心“张老板去哪里吃饭了”。因为大 V 们变现的渠道高度受压，他们基本上只有两三条路——讲座、广告、开发商返佣。

讲座不是每个人都可以搞的，最好是有一个官方体制内的身份。例如，某大学某教授，天生就在讲座方面具有巨大的优势。在整个“微博房产”生态中，最大的大号是“财上海”，大约有 91 万微博粉丝。

可是业界谈起菜总来，却大都是不屑一顾。

因为他是属于“隐身号”。出于种种原因，他永远不肯走到台前。这在保护“京沪永远涨”这块金字招牌的同时，也造成了非常糟的结果——“财上海”永远不可能靠“讲座”赚钱。比如以菜总的知名度，讲一场定价 999 元，应该一场能卖几百张。扣除成本，一场也有几十万的收入，可是他执意做“隐身人”，这就失去了这最大头的一块收入。

其次是广告。微博广告的“阅读数”的水分远远超过微信，大约是 1 : 10

的关系。广告因人、视流量大小而异，这里略过不提。而大V们最大的一块收入则是"返佣"。房产大V们介绍你去的任何一个楼盘，都是有"返佣"的。开发商雇他们站台，就一定有利益分成。在北京一般以3.5万元的单价，120平方米，420万元一套，返点可以给到3%，你"拉过去"一个客户，"返佣"可以给到15万元。只要你有几万粉丝，并且肯背书，分分钟一个楼盘赚提成几百万元。

在这次的新浪大会上，有人贴了一张图，来分析北京的房地产。但它的内容不是"北京板块分析"，而是北京"开发商分析"。这意味着业内的分析已经不去想"怎样给消费者提供最好的房子"，帮助读者辨别哪儿的板块涨得更好一点，哪里的房子是洼地，涨幅更有潜力。他们的思路完全是倒过来的。哪里有开发商，我就过去找你，帮你写文案，你房子造在门头沟，你想卖5万元、6万元，还是7万元。没问题，我来帮你凑"推荐词"，反正优点总是可以发掘出来的。北京那么大，用力吆喝，总有傻瓜上钩的。

我觉得这样做是不对的。

前一阵子，发生了著名的"风格纯粹"事件，鉴于"同行不互撕"的传统智慧，我就不披露这个号的背后具体是哪位赫赫有名的网络大佬了。

具体的事件大概是这样的：大V"风格纯粹"的一个学员住在四线城市，卖掉了全部的家当拼凑了50万元，然后支付了15万元向他咨询该如何投资。结果这位老师一开口就推荐了北京一个超贵的"CEO商住"（即一手新楼盘，且为商住两用房）。某学员左思右想觉得不对，虽然没进过紫禁城，但也知道"北京商住"目前正处在调控的风口浪尖，开发商想卖房子，恐怕是千难万难。于是学员说不想做了，想把咨询费讨回来。没想到某老师一开口，"15万只能退6万"。

于是舆论哗然。这位老师理由是"知识付费是一种秘密"，秘密说出来了就要收9万元，哪怕没执行。

唉，知识付费没你这种同行。

我们的重点还不是这个。重点是晚上饭局时，我还没有看懂里面的门道，经高人指点才知道，为什么要推荐“北京商住”。因为北京四环之内基本上没有新盘了，就算有两三个新盘，那也是万众瞩目，集万千宠爱于一身，根本不愁卖。但是整个“房产大 V”的收入高度集中在 B 端。他们主要靠返点、暴利为生。

如果四环内房子不愁卖，那还有哪里的开发商愿意给费用呢？就只有远郊环京和商住这两种，这位老师推荐商住，纯粹是一种“职业习惯”，也就是“吃两头”，吃完了咨询客户，再去吃开发商的返点。只不过吃相实在太难看了点，搞得客户都毛了，小地方人也知道“CEO 商住”买不得，于是捅了娄子。

三、C 端

我总结了一下，“水库论坛”属于“叫花子流”。他们问我收多少钱，我就老老实实地回答，“分答付费社群”收 399 元，回答用户无限长的问题，老客户还有八折。

熟悉我的朋友们都知道，我是旗帜鲜明地反对比特币的。我认为比特币没有任何意义，炒币者处在整个投资鄙视链的末端。可是在“知识星球”里，有几位炒币的大哥为了刺激我，故意问我下边这种问题：

“欧神啊，我最近睡不着觉，太痛苦了，感觉人生失去了意义。我炒比特币赚了这么多钱，到底该怎么花呢？真的真的太痛苦了。”

碰上这样的用户怎么办？没有任何办法，人家花钱了，就是粉丝大爷，我只能笑脸相迎。

话说回来，我始终认为这套体系是不对的，在整个系统中，唯一没有的就是对消费者的保护。所有人都是为开发商说话的。“开发商返佣”成了大 V 们最大，甚至唯一的收入。再也没有人研究板块轮动，再也没有人研究购房洼地，再也没有人研究信贷技巧，再也没有人帮消费者进行税务筹划。所有人都排队等在大开发商门口，等着大老板翻你的牌子。开发商是唯一的付费源头，所有人都围绕着开发商说话。

然而这是不对的，整个市场上需要 C2C 的关怀，每个消费者都是小小的个体，需要服务和帮助。虽然消费者可能只出 399 元来咨询你一些很琐碎的问题，虽然无数的、大量的、细水长流的工作折磨得你疲惫不堪，但是在这个市场上，需要有人服务于消费者，你需要一个买方经纪人。

不可以把消费者当小老鼠一样卖弄，不可以买卖流量。需要有人站在消费者的立场，告诉消费者的利益，需要有人为“砸锅卖铁”的小镇青年增加一道防护，需要有人低买高卖，纠正价格的不合理错配，需要有人克制邪恶的远郊精装一手贵妇流 CEO 盘。

我还是赚老老实实的“不背书”的钱吧，我始终相信一点：在这个市场上想要走得远，“信誉”才是真正的立身之本。

广告学入门（一）

一、前言

这篇的主要内容是 Marketing 的精要，属于 500 强企业的不传之秘。

在 20 世纪 80 年代，中国企业历来以老实巴交出名。中国吉林省的老山参出口到韩国，是论箱算的。封箱前，往往还要再塞两根进去，生怕箱子显得不够饱满。可是老山参到了韩国之后呢，韩国人把每根人参单独称重，检测重金属含量，分门别类甄别等级，附上一张倍有范儿的证书，然后价格加个零，论根卖，再出口回中国。

“经销和营销”是高附加值活动。我们常常叹息，中国企业“操着卖白粉的心，赚着卖白菜的钱”，几亿条裤子换不回一架飞机。这当中，“品牌和营销”占了很大一块。国货想要崛起，固然要靠科技和质量，但是“营销”同样重要。

遗憾的是，受限于社会环境，我国的商业文明长期得不到良好发展，导致在 20 世纪 80 年代，国内关于 Marketing 的知识并不多。乡镇企业家还停留在被“点子大师”、骗子狂人忽悠的年代。

20 世纪 90 年代，外资 500 强企业开始进入中国。P&G、Unilever、Coca-Cola、Danone 等一系列世界一流的品牌，随着市场经济的不断发展，在中国落地生根。在外企，虽然招聘的中国员工普遍存在着“玻璃天花板”现象，升职慢、薪水低，饱受歧视，但是 Marketing 的心法，外资企业怎样经营品牌和诀窍，却也渐渐地流传开来。在 20 世纪 90 年代初期，MNC（Multi-national

Corporation，跨国公司）刚刚进入中国时，它们面对本土品牌，几乎是“横扫”的态势。外资品牌不断侵蚀市场份额，国有品牌一败涂地。每年开会，一个市场份额2%的外资公司面对另一个3%的外资公司，高层指示：“这是我们的主要竞争对手。”另外95%的本土公司，华丽丽地被无视。

这样一个局面，一直到2005年之后，才开始有所转机。

第一轮，在外资席卷狂潮下的“原国营”企业一败涂地，退避三舍。

第二轮，击败外企的并不是另一批国企，而是当年如小虾米、蝼蚁般弱小的民营品牌。真功夫、永和大王、黄焖鸡米饭等面对肯德基、麦当劳，已经毫不逊色。这些兴起的“民营”民族品牌，很多恰恰是当年外企的“弃徒”，它们从外资企业离开，带走了全套手艺。

我在外企待的年份不长，最大的遗憾就是只接触到了“经理”级的套路和手法，对于“总裁”级的企业秘籍，一无所知。这些关于Marketing的“秘术”，是很粗浅的手段，在真正的高手眼里实在丢人。板砖务必轻饶。

只不过，地面书店的毛细血管网络，如“新华出版”，深及内地二、四、五、六线城市。对于很多地级市的年轻人来说，他们一辈子也接触不到这些知识，这些“不传之秘”无法在任何现有的刊物上找到。我不算高手，讲得很浅，只能讲一个框架。但是“框架”就足够了。框架才是最宝贵的财富，可以为你指明方向，细节你可以自己填充。

二、广告

广告学第一定律是：**“购买尽可能少的广告”！**

现代商业的发展，“广告”逐渐成了必不可少的一项成本。虽然会计上仍有争议，财务部门把广告列为“成本”，也有人列为“投资”。但广告是必需的，这点几乎没有异议。不投广告，任何商品都卖不多。

假如你是一个三、四线地级市出来的年轻人，雄心勃勃地想要出人头地。你老爸花了半辈子的工资供你上大学。**可是“大学”并没有教你如何做生意，**

完全没救。但是你准备创业，第一年的目标是希望做 6000 万元销售额。

这是非常非常高的目标了，你爸爸听了腿都要发抖。如果税后净毛利能有 10% 的话，一年可以赚 600 万元。看到这种创业书，绝大多数学生要笑醒。

然后你手贱，想打广告。你也别说国家级电视台了，就拿上海电视台举例，柏万青阿姨的节目《新老娘舅》，吃完晚饭，19：30 插入 15 秒的广告，这时你妈可能在洗碗，15 秒只够洗一个碗。你投一个星期，7 次，15 秒 ×7 次，合计七个碗的时间。

你猜猜多少钱。[①]

（单位：元）

播出时间	栏目名称	15 秒	30 秒
约 06：00—17：00	白天节目（特别定价节目除外）	11400	19000
约 07：00—09：00	《上海早晨》中	27000	45000
约 12：15	《午间新闻连连看》中	23400	39000
约 16：00—17：00	都市生活类专题节目	21000	35000
约 12：45/17：15	《媒体大搜索》中（2 次）	48000	80000
约 17：30	《新闻坊》前	25200	42000
约 17：30—18：00	《新闻坊》A 中	45000	75000
约 18：00—18：30	《新闻坊》B 中	81000	135000
约 18：25	《新闻报道》前	87000	145000
约 18：45	《新闻报道》中—《国际新闻》前	178800	298000
	《新闻报道》中—《新闻透视》前	178800	298000
	《新闻报道》中—《观众中来》前	172800	288000
	《新闻报道》中—《天气预报》前	172800	288000
约 19：20	《法制栏目》前（一—六）/1/7 前（日）	96000	160000

① 资料来自百度：http://www.allchina.cn/Adpage/Shanghai/Html/2004-12-14/20041214175832.html 通过媒体中介批发，一般都会有很大折扣。

续表

播出时间	栏目名称	15 秒	30 秒
约 19：30	《法制栏目》中（一—六）/1/7 中（日）	88800	148000
约 19：45	《电视剧 A1》片前（一—日）	60000	100000
约 20：35	《电视剧 A2》片前（周六除外）	40800	68000
约 20：30—21：20	季播节目（周六）	40800	68000
约 21：20	《新闻夜线抢先看》前	39000	65000
约 21：45—22：25	《新闻夜线》中 1	52800	88000
约 21：45—22：25	《新闻夜线》中 2	39000	65000
约 21：45—22：25	《新闻夜线》中 3	30000	50000
约 22：30	都市生活专题类节目前	21000	35000
约 22：35—23：30	都市生活专题类节目中	19200	32000

华丽丽的人民币 88800 元。88800 元一次，15 秒曝光。你播一个星期，就是 60 多万元。

接下来你想一想，天底下有几家公司能有 6000 万元的销售额，扣除各项成本、杂费，能有 600 万元的利润？

播放一轮（一周）广告，就差不多烧掉了十分之一的净利润。十分之一啊！你忙一年 600 万元，舍得拿出 60 多万元来烧吗？而且只有 7 次广告曝光，每次 15 秒。钱砸下去，都听不见水花响。

“圈外人”对广告最大的误解，就是他们并不知道“广告”如此之贵。广告之贵，超乎想象。广告的售价是以“集团总利润”为数量级的——

基本是一个 15 秒：1%；

第二个 15 秒：2%；

第三个 15 秒：3%。

每多播一次 15 秒，集团老总心如刀割。

广告多投 1.5 个月，就能烧光集团的全年利润。

三、节约广告

广告学第一定律是什么？是**“购买尽可能少的广告”！**

广告实在太贵了。因此，现代广告学的全部精髓，就围绕在如何购买“最少”的广告上。**广告是必需的，但是最少的必需。在达到广告目的的前提下，尽量少买。**

每家公司每年都要采购很多原料，例如铁矿石对于钢厂、煤炭对于发电厂。铁矿石是如此重要，以至于钢铁厂的CEO全年最主要的工作就是把控好矿石的采购价。同样道理，一家矗立在陆家嘴CBD的大型商业企业，你以为它最大的成本、最大的开支、最大的单项采购是什么？是原料吗？是配方吗？是珍稀材料吗？

不，是广告。

广告甚至可以比“日用品公司整个原材料总成本”还要高。媒体经理（Media Manager）是唯一一个中层经理，跳过两层总监，直接向CEO汇报工作。因为媒体太重要，媒体才是最大的“采购腐败大坑”。一家年销售额10亿元的公司，拿2亿元预算出来买广告，是非常非常常见的。因为金额实在太过庞大，所以需要精打细算。

公司削减成本，一定要从广告做起。因此现代广告学是非常矛盾的，又要马儿快快跑，又要马儿不吃草。**“精算”是现代“广告业”的核心。**

四、广告学入门

“Half the money I spend on advertising is wasted; the trouble is I don’t know which half.”

广告营销界的“圣经”，是约翰·沃纳梅克总结的，上面这句话也是他说的，这个问题被称为广告营销界的“哥德巴赫猜想”。约翰·沃纳梅克提出了一条非常著名的定理——“精准营销”。也就是说：

有一系列的手法可以将广告支出削减到原先30%左右的水平，并依然维

持近 90% 的效果。

之后的内容，我们将逐条分析说明这些方法：

1. 镂空法。

2. 整体驱动。

3. 广告制作。

4. 预算骗局。

5. 精准投放。

6. 数字化。

7. 小 V 拼凑。

广告学入门（二）

一、镂空法

我们先来看这个表格：

1	2	3	4	5	6	7	8	9	10	11	12	13	14	15	16	17	18	19	20	21	22	23	24	25	26	27	28	29	30	31
■	■	■	■	■	■	■	■	■	■	■	■	■	■	■	■	■	■	■	■	■	■	■	■	■	■	■	■	■	■	■

这是一张典型的“广告投放图”，意思是，1—31 日，每天都投放广告。这也是最实诚、最没心眼、乡下孩子刚到大城市的老实企业家的做法。

几乎任何一个“专业”人员看到这张表后，都会撕掉，换成下表：

1	2	3	4	5	6	7	8	9	10	11	12	13	14	15	16	17	18	19	20	21	22	23	24	25	26	27	28	29	30	31
■	■	■					■	■	■					■	■	■					■	■	■	■					■	■

这个表格的意思是每周“只放”三天，例如周一、周二、周三。另外的四天，省钱喝粥。

如果你是一个土豪，是一个实诚的企业家，你会说“哎哟哟，这可不行”“我是真心诚意想把企业办好”“广告不嫌多”。

这时候，媒体经理会告诉你，这种“镂空法”广告投放是有“心理学”依据的。每种动物大脑结构不同，人类这种动物就是“延续性”记忆特别强，一件事情你不用反复刷。例如，你妈提醒你买火车票，不用每天强调十几遍，等有空了，你自然会去阿里飞猪、携程、12306 等网站购买。反复刷“提醒”，不仅令人陡生厌恶，效果也不好。

知道了广告投放立足于“心理学”，聪明的人马上想出了 Ver 2.0 的版本。

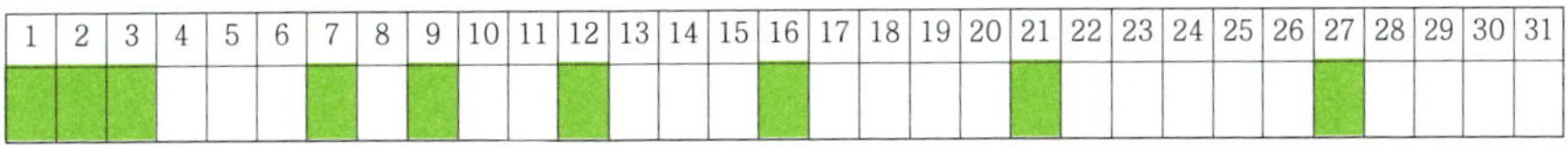

这是一种更巧妙的方法。从 1 日、2 日、3 日“狂轰滥炸”开始，到 7 日开始提醒，9 日（隔 2 天）再提醒，12 日（隔 3 天）再提醒，然后 16 日（隔 4 天）再提醒，21 日、27 日再提醒。因为人类的大脑有一种非常奇异的功能。好比一件事发生在 1 月，你在 9 月提醒他，许多人都已经忘记，难以记起。但是，如果你在 4 月“不经意”提过一次，则到 9 月的时候，这些人会有很大概率还记得。若你在 4 月、7 月各“提醒”一次，则年初的事情，记忆甚至可以延到圣诞节。**社会热点需要不断地被提醒，才能被长久记忆。**

广告人学到最后，全部都是心理大师。媒体经理每天盯着表格看，左思右想，能不能再抽掉一格，因为每一格就是几百万啊。他们尽可能地调动人类大脑“提醒”功能，节约投放。但你以为这样就完了吗？不，还有 Ver 3.0 版本：

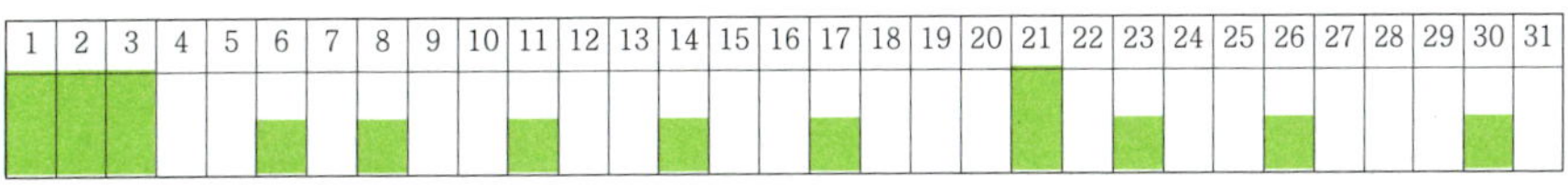

聪明的读者肯定记得我们之前贴过一张上海电视台“广告报价”。电视广告的产品主要分为 15 秒、30 秒两种。价格，15 秒≈ 30 秒 ×60%。电视媒体，已经约定俗成，几乎只有四种“标准时长”：15 秒、30 秒、27+3 秒、5 秒 ×3。

其中，30 秒广告，是给你讲“一个完整的故事”的。譬如这两天，俺小区电梯里天天都在放这个广告：Angela Baby（杨颖）大花痴，又要去法国旅游，又要每天吃三顿大餐，又要便宜不贵。偷偷摸出一个黑影，手里拿块板砖。①

① 30 秒视频在这里：http://www.iqiyi.com/v_19rr8wma44.html

而 15 秒广告，同样是杨颖和美团，给你的是一个“精简过的故事”。[①]

前文说过，人的大脑具有“记忆—提醒”功能。既然这样，你干吗要用 30 秒的广告去提醒呢？用 15 秒，岂不是更省钱？

我们再看回原表：

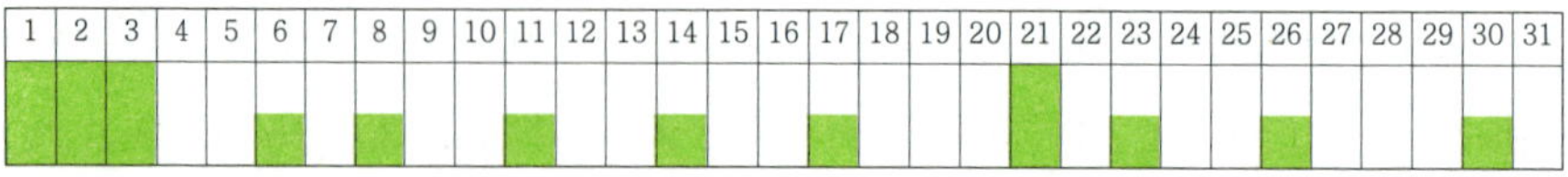

在这个表格中，其实分为四个阶段：

公示期，1 日、2 日、3 日，通过大量密集的广告，推广品牌形象。

Pulse 1，4—20 日，形成余波荡漾。

复苏期，21 日，再投 30 秒。

Pulse 2，22—31 日。

一般企业年度“媒体计划”中，这个表格不一定是 31 期，很可能是 365 期的。

企业大致有一个计划，每年的 3—4 月，例如新产品推广时，举行一波大型的广告攻势。然后“余波荡漾”，都是用 15 秒的广告，节省成本。荡啊荡啊，冬眠四五个月，到 9—10 月金秋时节，再拿三分之一的广告预算出来，投 30 秒一波小的“复苏”。然后再荡啊荡，一直荡到明年。

媒体经理要对着上面那个表格，看啊看啊，看无数遍，把绿色的柱子“削减”到少得不能再少。毕竟每一笔 Media 支出，都是数百万元的大数字。

广告学的精髓，在于少投广告。

二、整体驱动

假如你销售额为 1 亿元，你拿 2000 万元去投广告，那就是营业额的 20%。

① 15 秒广告在这里：https://v.qq.com/x/page/f051783zu6q.html。

不可想象，不可承受。假设你销售额为 5 亿元，同样还是拿 2000 万元去投广告，那就是营业额的 4%，完全可以承受了。

广告实在太贵，1 秒钟 1 万元。为了节省这个成本，第二个办法是“整体驱动”。也就是说，广告带动的生意要尽可能多，广告带动的产品线要尽可能多。譬如说，小米的主打产品是手机。但其实小米也做空气净化器、平衡车、路由器、加湿器，甚至抽油烟机。为小产品线单独打广告，比如推广平衡车，是一件很得不偿失的事。

如果你的销售额不到一定程度，许多产品可能一辈子也没有做广告的机会。小米公司投放的是手机广告，给消费者塑造一种“价廉物美，性价比很高”的感觉。只要消费者记住你这个“产品形象”，他们自然会被“公司整体品牌”带动，也会购买你的其他产品。因此“小米手机”的广告费，其实是由所有产品线均摊的。

另外还有一种技巧，则是 27+3。譬如你是卖手机的，你把广告抽掉几帧，变成 27 秒，最后多出来 3 秒，你可以再吼一句：

“小米笔记本，全新上市。”

“小米互联网电视，精彩新视界。”

“第二代 VR 眼镜，全新上市。”

三、广告的制作

广告制作，大致经过了三个阶段：

（1）宣扬产品的性能；

（2）营造一种情怀；

（3）消费者能记得你就不错了。

最早、最正统的广告是用于“宣扬产品的优质”——我家的洗发水，可以去屑；我家的洗衣机，可以变频，低电压也能启动；我家的冰箱，超级省电，一天只用一度电。

但是，随着商业竞争的加剧，产品上的“技术隔代”越来越困难。譬如说，今天在机场司空见惯的拉杆箱，其实是1991年才发明的，四个轮子的拉杆箱甚至到2005年才发明。而到了今天，四轮拉杆箱在全球已经有了几亿只，覆盖了每个国家。**技术的传播，比我们想象得更快。**[①]

广告是一笔巨大的投资，一家公司2亿元的广告预算，往往是“单一最大宗采购”。为了尽可能优化广告效果，公司退而求其次，“营造氛围”。譬如，Nescafe当年家喻户晓的“味道好极了”，一下子打开了20世纪80年代中国人渴望中产生活的心。DHL的广告，是一架倒飞的飞机；UPS的广告，永远都是两个司机在密林里迷路，然后轰出广告语“我们比你更了解当地市场”；Lux的广告，永远都是当红的女明星，甩来甩去“国际巨星的头发”；Durex永远在蹭热点、古惑和鬼马，而它的微博则是什么热点都能蹭，并且让你意想不到。

这些品牌在产品上并没有“特别优势”，他们贩卖给你的，其实是一种“亲切感”。

广告可以换版本，但是框架、套路永远不变。每一版新的广告，可以借助消费者原有记忆，“重复记忆”降低成本，甚至消费者只要听到叮叮当几个音符，就会下意识回想起这个品牌。以“播放两周后消费者印象率”指标来考核，“系列片”的效果非常好。

当“卖情怀”都不太好用的时候，就进入第三个层次。例如，美国四大快递公司——UPS、DHL、FedEx、TNT，谁能说得出它们的细微区别？如果你要卖情怀，家家户户都在卖情怀。这种情况下，CEO们更加退而求其次，我们不要求你记得“我们的好”，不要求你记得“我们的雅”，在信息泛滥的今天，你能记得“我”就不错了。

或许人们还记得几年前“恒源祥”的广告。恒源祥包揽了电视版面，然后

① 参阅：《拉杆箱何时发明？又是何时进入中国的呢？》(https://www.zhihu.com/question/28896277)，新一轮正在开发蓝牙定位、AI自动跟随主人的拉杆箱。

播“猴猴猴，恒源祥”“羊羊羊，恒源祥”“狗狗狗，恒源祥”……这是典型的 5 秒 ×3 广告类型，反反复复轰炸般来回播，搞得观众非常恼火。很多人甚至打电话去电视台投诉，连新闻办都惊动了。这个广告绝对没有半点“正面影响”，毁誉如潮。

但是在“广告学”上，这个例子却是完全正确的。因为羊绒衫厂家已经如此之多，你再也不奢望能展现任何优势，你只冀望消费者能记住“恒源祥”这个牌子，有万分之一的印象，以后买衣服的时候，有印象的大品牌，本身就胜了一大半。**能被消费者记住，就是硬实力。**

相似的情况，美国曾经也有一个登峰造极的案例。一家互联网宽带 ISP 公司，他们的广告是一只猴子在尖叫。极高的 120 分贝，从头到尾，尖叫 30 秒，响得人恨不得劈了电视机。人们至今仍在传颂这个例子。

讲完了“广告制作”三部曲，有心人会意识到，这里面并没有牵涉到“明星代言”。而明星代言是中国商家最最最关心的。花费数百万上千万广告费请明星代言的情况，屡见不鲜。事实上，在整个广告市场中，“明星代言”的份额是非常非常小的，可能连 1% 都没有。广告界的霸主是绝对的“BBC”——Beauty、Baby、Cat。**“女人、小孩、宠物”，这是绝对正确的。**只要一出现“萌萌哒”的宠物、“萌萌哒”的 baby，许多人心就化了，谁也不会说半个不好。

广告的制作成本和播放成本，有一定的比例，一般在 1∶5 左右。

广告学入门（三）

广告学第一定律：“购买尽可能少的广告”！

一、镂空与重叠

广告学的核心原则，是“保证大致效果的情况下，尽可能削减广告预算”。而采取的技巧主要是“镂空法”，镂空法也可称为“精准投放”。

前文，我们讲了一个时间上的“镂空”。你不需要每一天都烧预算，而是靠人类大脑的“记忆延迟”功能，一遍又一遍地刷新、提醒。最后给出的广告投放计划书，是这样一张表格：

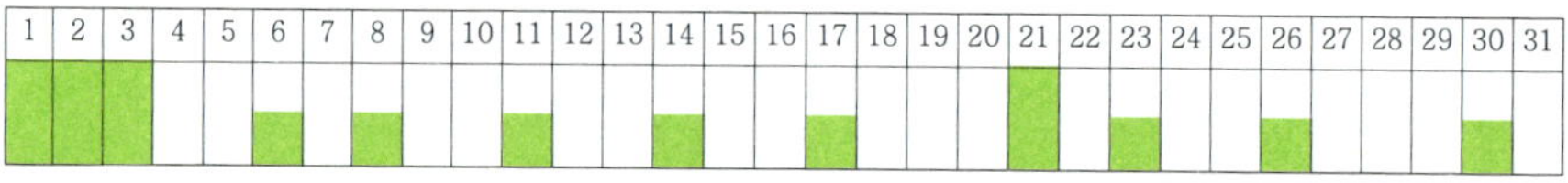

这一篇，我们要讲“空间”上的镂空。

首先，我们要问一下：什么样的人会在国家级电视台上投放广告？譬如，这里有一家“长隆水上乐园”，又或者是“王宝和大酒店”，请问这样的商家会在国家级电视台投广告吗？

答案是不会。哪怕企业有这个资金实力，也不会这样做。不是不能，而是不值。因为“水上乐园”和“大酒店”都是地域性非常强的企业。水上乐园可能仅仅覆盖一个城市；大酒店甚至只覆盖一个区，地铁交通的前后几站路。但是，如中央电视台这种“全国性”的媒体，覆盖了中国几亿人口，一旦发布广告，顿时就是“全国性”的影响。

外行们或许会以为，“出名”没什么不好啊，让一个青海人、西藏人都知道珠三角水上乐园的名声，正应了以前中国企业的老话，“誉满中华，走向世界”。但是，在内行人眼里，广告学整个逻辑是倒过来的。这种出名，如果是免费的就很好，但如果是付费的，就很不好了。

中央电视台可以覆盖到全国市场，因此它的收费也是全国级的。中央电视台可以覆盖到几亿观众，因此中央电视台的收费也是以“亿”为数量级的。上海电视台 CBN 的 15 秒是 10 万数量级。中央电视台的 15 秒就是 100 万数量级。但是对商家来说，它的利益并非重叠，远方的客人并没有太大价值。哪怕一个新疆人听到了你的广告，他也没什么兴趣。买张机票飞过来就为了吃你一碗 30 元的干炒牛河？

商家讲究“精准”。对面小区的夫妇出每人 10 元的广告费都愿意，隔了几百千米的消费者，出每人 0.1 元的广告费都不愿意。与其上中央电视台投放广告，还不如买两个路口灯箱，每个月 5000 元就够了。因此，中央电视台这种史前怪兽级别的广告投放平台，既庞大可怕，也不堪一击。虽然它们有几亿用户，有最庞大的收视率，但是“适合”它们的品牌商家并不多。前几年是白酒、洗发水、洗护类消费品牌，这两年汽车、保健品、金融类产品增加。但总而言之，“商家面”还是狭窄的。你挑商家，商家也挑你。

“广告学”的整个逻辑是倒过来的。“广告”并不是购买得越多越好，而是购买得越少越好。因为“媒体公司”一般是按流量收费的，越大的渠道越贵。现代广告学的要求是“精准”，也可以称为“重叠”。我的消费群最好和你的读者群高度重合。譬如说，我是一个卖相机镜头的，最理想的广告投放杂志是《摄影之友》。这种小众杂志虽然根本没什么人看，但相应的插页报价不会很贵，而且与我的产品精准匹配，这样的广告投放才有价值。同样道理，你是一家卖帐篷的、卖冲锋衣的，最适合的杂志是《驴客之友》《户外生存指南》。如果去《国家地理杂志》投放广告，效果也不错，但终究有一点偏了。

每位媒体经理都要高度勾勒出自己公司的“消费者”众生相，然后拿去与各家媒体一一对比，找出“重合度”最高的一家，好比饭店买下街口的两个灯箱最为划算。这样一项算筹业内称为 TARPS，即“精准客户到达率”。你投放任何一个媒体渠道，都要打折的，客户“重叠率”永远不会是 100%，TARPS 达到 80% 就已经非常高了。

二、媒体业的水分

和 TARPS 相关联的还有一个数据，外行人绝对难以理解，因此掉坑导致的斑斑血泪和学费数不胜数——这就是“媒体业的谎报”。学院派和实战派的一个区别是，学院派往往搞出来一个很漂亮的报告，闪亮的 PPT，然后说：“我们公司的产品和《汽车大户》杂志最为匹配，TARPS 高达 90%，建议购买该杂志扉页广告。”而实战派老总拿过来一看，几万元预算，总觉得不对，这份杂志听也没有听说过，真的有这么好的效果吗？

如果你完全遵循“学院派”白面书生的指引，他们会精心编制一个“媒体播放计划”，选择好几个投放渠道。但和国外完全不同，我们有很多游戏规则，主要表现在两点：1. 几乎所有的媒体都在谎报流量；2. 算法过时。

目前，最大的重灾区是“报纸广告”。业内懂行人开玩笑说是“最大的废纸回收站”。一些宣称四五十万发行量的大刊，实际能到流通阅读者手中的数量恐怕得砍掉一个零，差不多四五万。大量的报纸经过发行站中转一下，连书报亭都进不了，带着油墨香直接扔给了废纸公司。同理，目前上海的杂志市场，一本周刊的存活线大概是 5000 册发行量，但是对外宣称全都是 2—3 万册。如果你看某杂志快撑不下去了，那它的发行量就是 5000 册。你再拿“业内”宣称的发行量来对比，就知道水分有多大了。

第二个问题是算法过时。目前媒体界沿袭的算法，基本还处于 20 世纪 80 年代水平。以报纸为例，报社堂而皇之的口径是“1.2×2.3”。意思是说，一张报纸，到了读者的手中，读者会反复看，平均每篇文章阅读 1.2 遍。同时，一份报纸，会被两三个人抢着看、抢着传阅，平均是 2.3 人。然后报社理直气壮地按照“发行量 ×1.2×2.3”标准来收广告费。

我们可以发现，这个公式是极其不靠谱的。或许曾存在过，但一定是 20 世纪 30 年代，《无问西东》的新青年时代。今时今日，谁还把一份报纸看 1.2 遍？什么报纸还会有 2.3 人抢着看？以我做自媒体的实际体验，“纸媒业”的掺水量在 10 倍左右。**市场并不愚蠢。你通过各大“媒体中介”购买广告，都有很大的折扣。“广告采购”从来都是水很深、专业性极强的一个领域。不要迷信报价，狠狠砍价，“乱拳打死老师傅”或许比学院派更强。**

三、精准投放

中国的广电系统花费了大量的力气，终于把广播电视全部都改造成了 IPTV，也就是所谓的数字电视。数字电视在广告学上是一场彻底的革命。一方面，自有电视以来第一次，电视台有了“精确”的收视率数字，甚至可以精确到每一分钟，电视剧中女主角每一个镜头表情，足球射门、进攻、围攻时的收视率变化。而传统的“盖洛普”收视率调查，依靠 3000 个人上门填表，很不精确，成本很高，也不细化。另一方面，更革命的则是终于可以“差异性”投放广告了。前文说到中央电视台这种“恐龙”级别的广告投放平台，看似庞大无比，其实不堪一击。

因为它虽然流量很大，却是“铁板一块”。只有一些全国性的品牌，例如酒类、洗发水、脑白金，才需要在覆盖全国的电视台投放“一模一样的广告”。这两年招商银行网点多了一些，否则 CMB 也不会投放 18：59：55 的 5 秒广告。

但是，在电视数字化之后，媒体公司第一次可以在同一时间投放不同的广告内容。例如 19：30 放完了《新闻联播》，连续剧尚未开始。30 秒的黄金时段，上海观众是“老庙黄金”、北京观众是“五棵松足球赛”预售票、广州观众是“长隆水上乐园”、深圳观众是“华润银行最新基金”……哪怕你看同一个电视频道，收听到的广告内容也是不同的。我们常说，“广告预算中有二分之一是被浪费掉的”，但有了数字化定制，大型媒体就可以获得更好的收益。

“定制广告”是多赢之举。

以“水库论坛”为例，截止到发稿之日，水库大约36.2万个微信订阅粉，其中上海7.7万个、北京4.5万个、深圳2.8万个、广州1.6万个。前两天有一位“北京专业贷款”代理宋先生，第二次投放我的广告。我虽然收了他的广告费，但是心里很不安。因为我知道，他的广告费只有4.5万/36万=12%是真正有用的，其他的上海、深圳、广州客户，谁看你啊。

如果腾讯的微信后台支持，我宁可换一种模式：一篇文章发出，末尾略有不同，分别搭载北京、上海、广州、深圳四个不同的广告主。我哪怕给他们每人50%的折扣，我的总收入还是200%翻倍。目前部分互联网、电商、视频企业已经走在了前头，如淘宝、京东、头条等网站，算法更为复杂。它们甚至可以根据你的消费习惯，实时调整广告出现。“大数据”是一个深入的话题。

四、账号连接

大号依然比小号更有价值。

如果看“微信广告”市场，目前基本有四段：

（1）阅读量5000以下，1000元/篇。

（2）阅读量5000—10000，每个阅读0.5元。

（3）阅读量10000—100000，每个阅读1元。

（4）阅读量篇篇100000+，每个阅读2元。

从这个报价和市场区间，我们可以明显地看出，“账号越大越值钱”。为什么会发生这种情况？还是和广告学原理有关。

两个小号，是拼不成一个大号的。好比说，你想投放一个广告，想达到10万人的阅读量。你有两个选择：10万粉的大号，或者是两个5万粉的中号。而事实结果是，两个5万粉的中号并不能达到10万粉大号的传播效率。最终可能仅仅是7.5万粉的量级。因为粉丝之间是交叉的、重叠的，从而导致传播效果达不到预期。对广告公司而言，这往往就意味着“浪费”，同一个消费者被重复告知两次，意义不大。

更糟糕的是，随着“传播点”的增加，20 个 5000 粉的小 V 叠加，其效果就更差了，因为你没法计算 20 个小 V 之间的粉丝交叉情况怎样、客户深度怎样、广度怎样、再提醒效果怎样。到最后简直是一笔糊涂账，即使你想补救，追加广告预算，也很难有针对性地精确执行计算。

1995 年“秦池”拿下央视标王之后，有识之士眼红，于是搞了“地方台联盟”。把全国 31 个省台串成一个套餐，观众人数也有几亿，购买相同时段广告，同步播出。然而并没有什么用，最后无声无息，暗淡收场。一个有超 10 万粉的大 V，其广告效果远远好于 20 个 5000 粉的小 V。10 万粉大 V 提供了一个平坦而干净的市场，有助于进一步制订和开拓商业计划。

但是 V 也不能太大，太大了就缺乏“重叠”，找不到和你完美匹配的广告商。**控制规模，精选粉丝，都是生意。**根据会投广告的厂商，你可以反推出你需要设计的粉丝部落。

五、结语

广告这一行浩瀚如烟海，我这样班门弄斧，实在汗颜。任何一个业内人士来写，一定比我更好。

我只能说，我给各位提供了一个“框架”、一些基础原理，在辽远的黑暗中给你一点烛光，照亮前方，并告诉你几条支路科技树。

广告学的全部真理在于少买广告，尽一切可能少买，廉价买广告。框架才是最重要的。中国不乏有识之士，我告诉你一个大方向、几条基本入手科技树，剩下的事你自己摸索吧。

03

操作简便的投资手段

降维攻击

过往之事，再无新奇。

一、前言

我在刷帖时无意中刷到朱红之泪写的《过往之事，再无新奇》(上)，不由得拍案叫绝。他这一篇写得很好，我对长沙的分析也不用写了，因为珠玉在前。但是，我又觉得他的话讲得不透，至少可以从另一个角度再阐述一下，于是等我看过他的中、下两篇以后，写了这节内容。

二、降维攻击

什么叫降维攻击？如下图所示，请问：一个身处 A 点的人，如何进到 B 处去？

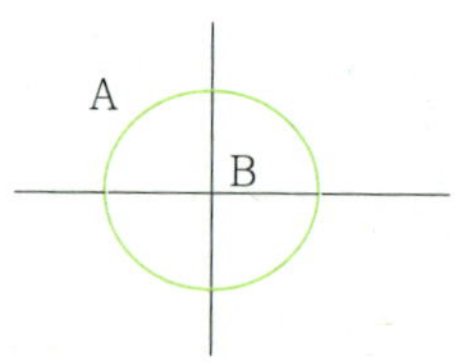

答案非常简单：跳进去。从原地跳起来，一个虎跃跳进去。这个问题的答案就在于把“二维”的问题转换成“三维思路”。在二维情况下，问题是无解的，A 永远到不了 B，有一圈“护城河”挡着，可是在三维的情况下，A 轻松跃过。

在北京待得久了，染上了北京私募股权投资圈、风险投资圈的一些坏脾气。奉行互联网思维的那帮人最喜欢讲的就是“降维攻击”。可口可乐作为一个知名度很高的老牌子，卖可乐我永远卖不过它，但是我可以卖喜茶，喜茶卖完卖丧茶，丧茶卖完了可以卖“丝袜奶茶”。

淘宝冲击了全国零售业，京东靠各种元素（主要是补贴）冲击了全国电商业，滴滴冲击了全国出租车业，靠的就是“不和你在一个维度竞争”，我们卖的是替代产品——三维产品。

为什么突然想起来讲这个话题呢?

因为房地产投资行业其实就是一个典型的“降维攻击”行业。最简单一点，假设你站在懵懵懂懂的 2005 年关头，我问你“房价是涨还是跌”或“现在要不要砸锅卖铁去买房子”，你或许会两眼一抹黑地说：“什么是买房子？妈妈关照我的事，最重要的是读大学、出国留学、混海外文凭、找个好工作、积蓄买余额宝。”

对于当年懵懂的你，或许不知道人类历史上“最大”的一次发财机会就在你身边悄悄溜走。在那个年代，哪怕别人告诉你，你也听不进去。

但在 2005 年，有一个特殊人群，他们是懂的。他们知道房地产全部规律，哪怕房价已经涨了 3 倍，房价还可以再涨 5 倍，合计 15 倍！什么人如此大胆，胆敢说出如此惊天预言?

其实说穿了毫不稀奇，他们是“经历过”的香港人，也包括部分对香港楼市、香港历史极为熟悉的内地人士。

对于香港人来说，人均 GDP 从 3000—12500 美元的历程中所发生的一切，他们全都经历过了。他们很清楚地知道，人均 GDP 3000 美元时，现代零售业、超市业开始逐渐起步，人均 GDP 5000 美元时，“吃”已经不是主要问题，家电消费成了热潮。人均 GDP 7500 美元时，房地产开始起步，而且雪坡漫长。

在香港，有所谓的“楼价学”之说。“楼价学”并不存在于任何大学，没有教授传授，它纯粹是民间智慧，市井口耳相传。其中很有名的一条叫作“升完仲可以再升”，哪怕五浪衰竭，专家信誓旦旦保证一切利好已经出尽，但香港楼市专治各种不服，无风无浪帮你再拉一波狂潮大涨起来。

香港楼市从 1960 年开始起飞，前前后后一共涨了约 200 倍。所以，你看到楼市涨了 3 倍，千万别尖叫，千万别说“泡沫”，因为后面还有 67 倍。

同样的道理，当香港人来到内地，看见内地的房价涨了 3 倍时，内地人纷纷叫嚷：“泡沫，要崩盘了。”香港人会感到很疑惑，他们会纷纷发出疑问：“真的会崩盘吗？”“按照香港的经验，好像不会呀！”

三、二线城市

同样的道理，当上海人来到二线城市，会感受到同样的降维预知。我曾经说过一句话：“上海就像 20 年前的香港，重庆就像 20 年前的上海。”各个城市的走势，乃至于各个国家的产业升级次序，都是极度相似的，因为游戏规则就这么几条，玩法套路也就这么几套。

上海从 2000 年开始启动的楼市行情，高度类似于香港的 1984 年，重庆从 2016 年开始启动的楼市行情，高度类似于上海的 2001 年。因为有历史和经验，使得我们对楼市的分析有了极大的裨益。

2000 年开始的上海楼市大涨，起因、阶段、结果，旁人看得云里雾里，我们看得脉络清晰无比。当年香港怎么走，香港人怎么呐喊，2000 年以后的上海与其相比，两个城市几乎是完全一样的，如出一辙。

从 2016 年开始，由于上海严格的限购，再加上上海房价已经非常高昂，和其他二线城市渐渐形成了 10 : 1 的价差碾压优势，上海人逐渐走出上海，跨入全国各地。一个普通的上海市民卖掉一套老破中房产获得 500 万，跑去其他省会城市，就是不折不扣的“钻石王老五”。有个几百万现金，在其他省会城市过生活真的很滋润，滋润得就像当年香港人进内地，个个都被当作富豪。

四、二线城市的碾压行情

相应地，上海人接触迈入二线城市，若稍许花点心思，应该可以比其他省会城市的人获得多得多的信息预判。当我在 2016 年 8 月开始写重庆房产形势的时候，后台留言就从来不乏“重庆中介”的冷嘲热讽。归纳他们的发言，不外乎以下几种：你们外地人不懂我们重庆的楼市啦；重庆库存这么高，涨不起来的啦；重庆特有的地票制度，每平方米永远只会卖 8000 元；你们外地人怎么专买南滨路、北滨路，重庆人不喜欢；重庆人喜欢买渝北新区，喜欢买商铺。

我冷眼旁观，笑而不语。

当京沪的资深投资者来到重庆时，他们相对于当地人的见识，几乎是全方位碾压的。什么“万年不涨”，你懂什么？疯涨起来吓死你！

什么 8000 元涨到 1 万元，就急着要抛，落袋为安。赚十几万小钱就捏不住，你懂什么？真涨起来，涨幅让你瞠目结舌。

什么购买力最多承接到 2 万元。你懂什么？过两年玩个每平方米 8 万元的房子给你看你信不信？

什么涨了一年就喊风险。你懂什么？你知道大牛市可以维持多久吗？

限购限贷之后，房价会涨还是跌？营业税之后，房价会涨还是跌？加息之后，房价会涨还是跌？这些问题二三线城市的小白们都不知道，或者会给出错误的答案，而大城市来的高阶用户们却开了金手指一样，无所不知。

每一次判断，你都会惶恐，都会输。每一次判断，我都有经验，都会稳。以先知对无知，就是碾压，就是屠杀。我毫不怀疑重庆本地中介未来还有无数次怀疑人生，每次涨了 50% 他们就要心脏病发作，怀疑是不是得赶紧抛，落袋为安，因为楼市快崩盘了。

对于人口 1000 万以上的特大规模城市而言，我们相信“运行”的规律都是类似的，至少脉络是类似的，当你携着“20 年上海楼市经验”来看待 CopyCat（盲目模仿者）的内陆楼市，自然会占尽信息和技巧上的优势。

五、二线城市和新区

同样道理，朱红之泪用三篇文章来写二线城市和新区，他取的题目是“过往之事，再无新奇”，而我想叫“降维攻击”。对于二线城市和新区政府的玩法，其实套路都是一样的，都是学上海浦东的，并没有太多的创新和革新见解。具体的做法都是“造新区，建新城”。所谓的新区五部曲：湖光山色、政府大楼、图书博物、规划展览、工业园区。①

而从“投资学”上讲，新区的任何东西一般都很贵。新区一开盘，房地产开发商就把价格提到了脖子口。鸟不拉屎的地方，和 N 年后建成的市中心价钱一样。当二线城市和新区等地“规划区”一公布，自然会有一群“新房瘟”连夜开车赶往这一片“希望的田野”。

土豪的钱好像是烧不光的，韭菜似乎永远也收割不完。东北、山东、山西等地，源源不断贡献着盲目的买家。

六、结语

投资是科学，在这一行，赚钱既很容易，又很不容易。容易的是，只要你认认真真去做，地方政府可选的套路是极其有限的。如果你有“一线城市”的记忆，“二线城市”大概率会复制一线城市曾经的走势，只不过时间拖后十几年罢了。**预知未来，赚钱不难。碾压“土著”，降维攻击。**

但是，投资是一门严肃的、专业的活，和工业工程师并无二致。那些头脑发昏、只知道买买买 CEO 盘、烧现金全款的土豪，仅仅是“贵妇流”。

亲，他们和我们真的不是一路人。

---

① 参阅朱红之泪原创文章《过往之事，再无新奇》（上、中、下）。

匪夷所思的房租贷款

贷款的本质是分期付款。

一、Ramdrive

话说很多年以前，在我上大学的时候，虽然我不是计算机系的，但是我有非常高的计算机水平。复旦每年出两个“系统分析员”，一个是计算机系的，一个是非计算机系的，非计算机系的那个人就是我。

当时，我看过一本《Windows 优化使用技巧》，书里介绍了一个核心技巧：你有 4M 的内存，你拿 2M 出来，Ramdrive 做一个“虚拟硬盘”，虚拟硬盘干什么用呢？E 盘拿来给 Windows 做虚拟内存，因为 Windows 会产生很多“页面映射”临时文件，放在硬盘上，远远不如放在虚拟盘上速度更快。

我当时就蒙了，暴走了，拿头撞墙了。

而且不是这一本书，你当时跑到新华书店里，会发现这是“主流”，你翻过 20 本、30 本，几乎所有的关于“Windows 优化”的书，都堂而皇之地有这么一个章节。后来我想了又想，觉得“虚拟的虚拟的虚拟”源头应该是一个人写的，天下文章一大抄，庞大的“计算机普及”类图书，就靠一份原始稿件，然后你抄我，我抄你，几十家出版社一通乱抄。

为什么我会暴走？你想啊，内存不够，用硬盘虚拟内存，硬盘太慢，用内存虚拟硬盘，于是得出结论——用内存虚拟内存。估计微软工程师要哭晕在厕所。你搞那么复杂，直接让 Windows 管理 4M 内存不就行了吗？得智商低到什么程度，才能相信 Ramdrive 可以优化 Windows，但当时的计算机类图书真的影响了整整一代人！

好了，以上是烟幕弹，是为了引出第二节。

二、租房贷款

如果你没钱买房子，你就分期付款。

分期付款的实质是把一笔一次性的大金额分拆成 N 个月支付，在时间上拆散。比如贷款 100 万元，月供 6076.11 元，供 360 期。天底下的贷款千变万化，但其实万变不离其宗，**贷款的精神就是“时间分割”**。开发商要求客户拿 500 万元现金出来买房子，这个价位工薪阶层难以承受，因为没有这么多的储蓄积累，但是一对白领夫妇，收入稳定，信用评级高，每个月月供 3 万元，是没有问题的。同样道理，**租房也是“时间分割”**，你让我买一套 500 万元的房子，我买不起，而且我可能不是一辈子待在这个城市，那我出每月 2 万元的租金租房子，这我付得起。分割成时间片，我付得起。

这时你说“房租贷款”是个什么东西？房租是每个月付一次的，贷款也是每个月付一次的，1∶1 的东西，为什么我还要贷款？既然你不能达到“时间分割”——360 个月分期付款的效果，我要你贷款何用？

“房租贷款”描述了这样一个画面：某租客去找房东，房东提出“房租不要每个月支付，一次性付 10 年”。某租客无力负担 10 年租金，于是向银行贷款。这我就看不懂了，某租客吃饱了撑的去和房东谈“10 年一付”，他直接谈“押二付一”，不就什么事也没有了？多付了一笔利息给银行，锁死了自己 10 年合约不宜迁移城市，增加名义负债毁坏征信，我真心看不懂逻辑何在。

贷款的实质就是分期付款，一月期的转换成多年期再转化成一月期再付银行利息，这个和“内存虚拟硬盘虚拟内存”有什么区别？

三、田骨权和田皮权

“租房贷款”话题出来以后，有人写了一篇文章，叫《租房贷款会将房子拆分成房骨和房皮》，这篇文章比较火，刷爆朋友圈。文章用了很长的篇幅介绍了“田骨权”和“田皮权”，重点描绘了“田皮权几乎和田骨权等价”，给人描述了一幅远景——“租赁权”也是很值钱的，“长期租赁”也能升值。

这篇文章写得云里雾里，给人很多误导。我们举个例子，最最典型的是美国帝国大厦的租约。帝国大厦是美国的骄傲，也是纽约的象征。1896 年，李鸿章访问美国，当时的纽约，整个市容市貌已经和今天很接近，而中国的内陆和北京城，还停留在清代后期。

帝国大厦的前身是华尔道夫酒店，也是在 1896 年建成。1929 年，华尔道夫酒店被拆掉，并在原址兴建了高 103 层的帝国大厦。摩天大楼的本质是钢筋混凝土，美国强横的钢铁业实力，尤其是建筑特种钢的突破，使得建造超高层摩天大楼成为可能。

1929 年，五大财团倾尽全力不惜工本，在世界普遍建筑水准仅 30 层的水准下，一口气造了 103 层，引起全球轰动。1929 年在美国历史上是一个非常特殊的年份。帝国大厦生不逢时，它虽然是美国的骄傲、纽约的地标，可是在财务上却是完全失败的。因为金融风暴越演越烈，帝国大厦的管理层在 1932 年犯了一个致命的错误，他们签了一笔 30 年的“长期租约”，并在 1962 年续签了一笔长达 114 年的“超长期”合同，租金被锁死，仅仅每年 190 万美元。这在当时不一定是笔坏交易，因为帝国大厦的建造成本在 4400 万美元左右，金融风暴之后，大量的写字楼空置，一次性包租 30 年，对大业主未必算是坏事。

但是，让帝国大厦持有人唯一没有想到的是，1973 年尼克松居然会废除“金本位”。“布雷顿森林体系”崩溃之后，美元急剧贬值，然后就是长达 50 年的“通货膨胀”。到了今天，190 万美元的年租金，别说买大楼，连买块广告牌都不够。

1991 年，帝国大厦作价 4200 万美元，卖给了日本商人横井英树。横井英树在日本的主要财产是位于东京皇宫旁的一座小旅馆，规格和档次类似于今天中国的“如家”“7 天”。这样一个小人物居然收购了纽约的地标，买下了美国的面子和骄傲。你知道，只看 IP 的话，光这样一个“面子”知名度，他就赚回了本钱，有兴趣的可以搜索《史密斯建造第一高楼 日本富豪收购帝国大厦秘史》这篇文章看看。

横井英树凭什么收购帝国大厦？因为帝国大厦身上还绑着 114 年“长期租约”。所有的牛奶和血肉都被“二房东”赚走了，他活得很滋润，一年白赚几亿房租。所以当横井英树表示要收购帝国大厦时，美国人非常开心。美国人重实利，帝国大厦估值才 2900 万美元，横井英树一开口就报了 4200 万美元，美国人还很绅士地挽留了一下：“横井先生，我们不明白您为什么要收购这样一项低回报资产。”哪怕买永续债，回报都不止这个数，美国人认为宰了日本“冤大头”。

这里面的诀窍，就是“大房东”和“二房东”的利益分离。除帝国大厦外，今天你如果想拥有曼哈顿任何一幢大楼，都是 10 亿美元的数量级。我们可以看出，**“租赁权”的价值来源、“田皮权”的价值来源，是签订长期、低价租约对大房东的压榨。两个关键词：长期、低价。**

首先你要长期。只有时间足够长，业主才会低估“通货膨胀”，才会傻乎乎地和你签一个 20 年前的价格。别的不说，哪怕如上海租赁市场这么萧条，2000—2017 年，四五倍租金涨幅还是有的。

其次你要低价。房产中介找上门来，开口就是“我长租 5 年，您打个折行吗”。这种家伙，你应该操起扫帚直接就打出去。骗老阿姨租金可以，骗到我头上来了！租金最多给你锁定两三年，每年都要涨 8%，否则房东就是白斩鸡。

中国古代的“田骨”“田皮”制度，来源于骨皮分离，“合约”多签在灾荒年份。荒年时大房东，也就是地主，要求佃户上交的粮食很低，每亩才 150—200 斤，到了风调雨顺的年份，亩产量大大增加，这块“增产”就都被二房东吞了，“田皮”自然值钱[①]。否则的话，你写个“年例租金”每亩 1000 斤大米，你去吼吼看，这个“田皮权”还值钱吗？

说回到“租赁带来美好生活”的话题，假设你幻想“租赁权”也能值钱，也能带给你幸福人生，甚至保值增值的话，你最好去找一个房东和他商量，按照目前每月 6000 元的房租价格锁死，一口气签 100 年的合同。你能找到这样的房东吗？

① “田皮权”的另一个经济学原理，是因为农业土地需要不停地施肥，才能逐渐从荒地变成良田。这和经营者的持续肥料投入是分不开的，也是“皮”字的来源。

你的房产证，不是你的房子

骆驼伸进一个鼻子，它就会整个身子钻进帐篷。

——阿拉伯谚语

这节我们讲一讲很基础、极端重要的“体”的问题。

一、谁的房子

以法律为依据，以事实为准绳。

我们要搞清楚法制的原理，真正决定产权归属的，凭借的是事实，而不是“房产证”。

开头说了两句没头没脑的话。但这两句话是有来由的，我们先从一个小故事开始。

2008 年，上海电视台的《案件聚焦》播出了一个故事，有一个上海的老阿姨找了一个“吃软饭”的男人。男人跟她混得熟了，就偷偷把老阿姨的房产证偷出来，再伪造了全套的身份证、委托书，偷偷去交易中心把这套房子以“婚内更名”的方式转到了自己名下。之后新的房产证办了出来，过了大约半年，老阿姨发现了这件事情，便跑到交易中心去闹，并起诉到法院，要求将房子改回自己的名字。

请问，这套房子是老阿姨的，还是“房产证”上的名字，也就是那个男人的？

不言而喻，房子肯定是老阿姨的，而上海的法院也是这样判的。这件事告诉我们的是，**“房产证”并不是终极依据，“事实”才是终极依据。**

1886 年，日本政府经过长期的准备，终于推出了“地券”制度。所谓地券，是指全日本地区统一换发中央政府印制、统一格式的“房产证”。

请问这是一件小事，还是大事？

绝大多数的人会说，不就是印个证吗，当然是小事。如果这么想，你就错了。在日本历史上，这是大事，甚至是大如天的事，当时日本报纸的报道是：“一举将全国土地收为国有！”

是不是感到很奇怪？我们想破脑袋也想不清楚，**因为我们从小到大所知的所有房地产知识全部都是错的。**你翻开任何一本理财杂志，都是动辄教导你“五证齐全”，只有证书齐全的房子，买了才放心。

错，全错，大错特错。

二、以事实为准绳

关于这件事，我们要从头说起。首先要澄清第一个概念，如果要问如何证明这套房是你的，中国人一般的回答是“看房产证”。**错，全错，大错特错。**

法制的精神叫作“以事实为依据，以法律为准绳”。一套房子到底是不是你的资产，并不是看房产证上的名字，而是看“事实”。比如你来到荒郊野岭，自己烧砖、烧泥胚，建了一座茅草房子，那么这座房子就是你的，跑到全世界任何一个国家都是这个规矩。如果这房子是你爸、你爷爷、你爷爷的爷爷建造的，一路传给你，那么这房子就是你的，谁也不能否认。如果这房子是隔壁张三的爷爷的爷爷建的，但是你花 50 万大洋买下来，那么这房子就是你的，谁也不可以否认。

产权是以事实为依据，而不是以证书为依据的。比如说，如果房地产交易中心工作人员输错一个名字，难道这房子就不是你的了，就是隔壁李四的了？绝对没有这个道理！

那么“房产证”，或者说日本的“地券登记制度”，是怎么回事呢？其缘由是民间的不动产交易合同往往十分复杂，这套房子你可以卖给李四，但同时又卖给了王五，如果一房二卖，纠纷就会非常多。

这一系列的纠纷最终演化出了“不动产登记制度”，**“房产证”在中国《物权法》上的实践，指的就是如果一房N卖，则持有房产证的人获得房子，其他N-1个人索赔金钱。房产证严格地说，有且仅有这一个功能。**

全国大量的房子是没有产证的。对于很多内地县城，办产权证需要交约4%的契税。全国的四五线城市，99%的物业都是“不办证”的，因为没有必要。农村也不会有人谋夺你的房子，因为都是乡亲。

三、地券的国有化

那么为什么日本的“地券制”实行后，居然使各地方大名噤若寒蝉呢？

一方面，各位，肉食者鄙，真正的谋略是远远超出你的想象的。日本上层社会的算计，对于底层民众来说，就如神仙般掐指。

中国的“房产证”最初办理的时候，都是在田间地头摆一张桌子，上面写着“免费办理房产证”。乡公所的工作人员费尽口舌劝说你们办“房产证”，因为这是为了老百姓好。防止一房多卖，是政府提供的一项惠民服务。

而另一方面，所有的小学生都要进村公所接受“义务教育”。当我刚读一年级时，我的老师就教导我们“办证”。房产证才是保护你产权的唯一办法，那些没受过教育的文盲不懂房产证，现在你们都是小学生了，文盲要被小学生笑话，买房要办房产证。听了老师的话，我心头热乎乎的。对呀，我也受过义务教育了，我是文明人了。

许多年以后，我才发现这是一个大坑，巨大的坑！！！为什么？因为这里面偷换了一个巨大的概念。**产权的基础在于事实，而不是产证。**基于事实是民权的体现。你拥有这套房子，是因为这房子是你爷爷的爷爷一路传下来的，事实正确无法撼动，而不是因为房产证上写着你是户主。如果你笃信“产证决定产权”，事实上你把产权的判断交给了国家，财产的所有权由国家说了算，等同于国有化。

日本“地券制”是一个埋线将近百年、深谋远虑的政治策略。在最初的时候，仅仅是在田间地头竖立一个登记处。渐渐地所有人都熟悉“房产证”，老一辈的人逐渐死去，年轻人从小接受“产证教育”，100 年以后，潜移默化形成“产权以产证为准”。

顺便说一下对限购的解释。限购的全称是：“符合以上情况的……房产登记机构不予登记。”请注意其中的措辞。也就是说，哪怕在限购的城市，比如北京、上海，我签合同买上 20 套房子，我的合同依然是合法的，这 20 套都是我的房子。

产权交易是你情我愿，第三方无权干涉。政府唯一可以做的是不给你办登记，也就是说，买卖可以做，不可以出房产证。因为房产证从本质上来说，并不是产权的代表，而仅仅是“辅助服务”的一项非必需文书，你的房产证不是你的房子，在这里就显示出了底层逻辑区别。

在电影《勇敢的心》里面，爱德华一世为了征服苏格兰，向苏格兰贵族颁布了“初夜权”法令。苏格兰的女性，如果想登记结婚，都必须把她们的“初夜”交给当地的封建领主，于是男主带着女朋友躲进了密林，他把十字架插入土中，说：“在上帝的面前，你我立下誓言，我愿和你结为夫妻。”在上帝面前你我见证——人，生而自由，做任何契约都无须受到盘剥。

目前在北京、上海交易一套房子，堪称“全宇宙最难”的事。你不仅要有 60 个月连续社保记录，外地人还必须结婚，单身还不能购买；不仅限购一套，还限贷；部分城市还限卖，而且要交 5.65% 的营业税、3% 的契税、2% 的所得税，以及其他杂费杂税。其实我只是想换一本红本本，工本费不到 20 元。

合伙买房手册

合伙买房，合约应该如何设计？利益如何分配？

一、案例

两年前楼主A和小伙伴B合伙买了一套房子，房价100万，首付30万，贷款70万。首付30万时，税费4万是A付的，每个月月供3510元都是B付的。收房时装修了一下，花了11万。装修是A主导的，花了很多心思，也做得很累。

从第6个月开始，房子租了出去，每月租金2000元。前三个月是A收的，此后都是B收的。因为限购限贷的各种问题，这套房子是挂在B名下的，A出钱，B出房票。买这套房用了B的购房资格和贷款优惠。

好了，现在这套房子以200万的价格顺利出售，请问A与B利益应该如何分配？

这是一个网友的提问，属于非常典型的“合作买房”事例，数字和时间已做匿名处理。传统上，我们见到的“合作买房”几乎全都是50%：50%。也就是说，两个人合伙，任何出钱出力的事情，都是完全平等、对称的。你出15万首付，我也出15万首付，每个月你出1755元月供，我也出1755元月供。之所以这么做，是因为合作买房的“利益计算”始终是个难题。你多出了点力，到最后分钱时，应该怎么分呢？因此需要“完全对称”。

在上面的案例中，A 和 B 的责任义务如此混淆不清，简直就是一笔糊涂账，没法算啊。一般小伙伴遇到这种情况，都是“人情解决”，也就是我估个数，分你 40 万元利润，你看合适不合适。至于分多了还是分少了，对方拿到后心里是满意还是欲壑难填，你不会知道，最终搞不好连朋友都没的做了。

二、算法

现在，我告诉你这一切都是可以精算的，甚至可以精确到小数点后两位，明确地划分股东和红利，让我们逐步从科学的角度来看。

首先，我们假设还存在一个人 C，C 和 A、B 都是没有关联的，纯粹是一个路人甲，你可以把 C 想象成一个钱庄。他铁面无私，做的纯粹就是银钱借贷生意，A 其实没投钱，所有钱都是 C 投的，投钱拿利息，款清拍屁股走人。B 其实也没投钱，所有钱都是 D 投的，投钱拿利息，款清拍屁股走人。

（假设年利率 9%，月息 0.75%）

（月息 0.75%）	C 借出（元）	D 借出（元）
第一个月	340000	
第二个月		3510
第三个月		3510
第四个月	110000	3510
第五个月		3510
第六个月	-2000	3510
第七个月	-2000	3510
第八个月	-2000	3510
第九个月		1510
第十个月		1510
第十一个月		1510
第十二个月		1510
第十三个月		1510
第十四个月		1510

续表

（月息 0.75%）	C 借出（元）	D 借出（元）
第十五个月		1510
第十六个月		1510
第十七个月		1510
第十八个月		1510
第十九个月		1510
第二十个月		1510
第廿一个月		1510
第廿二个月		1510
第廿三个月		1510
第廿四个月		1510
总计①	¥524669.92	¥53888.82

在上面这张表格中，将楼主的全部现金支出记在 C 的账户下，把朋友的全部现金支出记录在 D 的账户下。你说你给了本金，给了装修，如何如何辛苦，其实你的贡献就是 524669.92 元，你说你付了两年月供，如何辛苦，其实你的贡献就是 53888.82 元。

三、确认利润

第三个步骤是确认利润，100 万元的房子涨到 200 万元，其实你并没有赚到 100 万元。因为你是借银行的，有银行贷款，自然就被银行收走一部分钱。我们检查一下银行对账手册，70 万元等额本息贷款，还款 24 个月之后，还剩下 677555.90 元。

① 最后一栏的算法，是第一个月金额 24 个月复利 + 第二个月金额 23 个月复利 + 第三个月金额 22 个月复利……

售房获得	2000000
银行贷款	-677556
实得现金	1322444
归还 C	-524670
归还 D	-53875
剩余现金	743899

于是问题进一步简化为，两个小伙伴谁也没出钱，天上掉下来 743899 元，请问该如何分配？

接下来，两个小伙伴出力的部分为：A 负责装修，B 负责提供房票。和一般人想象的不同，“负责装修”这一块其实价值不高。虽然装修被公认为“脱层皮”的辛苦活，而且装修的确有几百个 SKU 需要采购，但是从根本上来说，“管理装修”并不是一件很值钱的事。

假设我们之前装修费为 11 万元，则“管理装修”最多再算 20%，价值两万元。而“提供房票 / 贷票”却是一项非常值钱的服务[①]。按照业内规则，一般是 10%—15% 的净利润，再加一个保底金额。以上面的案例为例，假设是 15% 的净利润，那就是 743899 元 × 15% = 111584.80 元。

售房获得	2000000
银行贷款	-677556
实得现金	1322444
归还 C	-524670
归还 D	-53889
剩余现金	743899
装修佣金	-20000
房票佣金	-111585
净利润	612314

① 京沪户口，如果能完全折算成货币，就超过 100 万。

好了，剩下的612314元才是真正的“净利润”，净利润该如何分配，以两个人事先约定为准。50%：50%也可，40%：60%也行，高承担风险高收益，低风险低收益。假设是50%：50%，则每人分配306157.02元。

	楼主	朋友
垫资	524669.92	53875.32
劳务	20000.00	
房票		111584.83
分红	306157.02	306157.02
合计（132.24万元）	850826.93	471617.16

四、合作买房手册

从理论上讲，一切“合作买房”都可以以上述框架精算清晰。

（1）所有的现金投入都以9%的年利率单独列开，取出。

（2）装修劳务算费用。

（3）房票算15%净利润。

（4）剩余收益，双方按比例分。

但是我要提醒各位的是：不要合伙买房！不要合伙买房！不要合伙买房！重要的事情说三遍。**原则上要尽量以“债权融资”的方式合作，阐明了我就是问你借笔钱，9%、10%、12%年利率均可，尽量不要以“股权融资”方式合作，因为到最后恐怕连朋友都没的做了。**

为什么？因为没有经历过的人不明白，“合伙买房”真正的软肋在于“决策仲裁流程”。比如说，一套100万元买进的房子涨到200万元了，要不要卖掉？一个股东希望落袋为安，一个股东坚决看好后市，请问谁说了算？比如说，一套价值 200 万元的房子，挂牌很久了，合伙人都想卖掉，现在来了一个买家开价 185 万元。请问：你卖还是不卖？

比如说，李四去和买家谈判，结果谈回来一个 188 万元的价格，大家一致觉得太低，但是李四坚持要卖，你心中怀疑李四是不是收了红包。比如说，房地产市场萧条，大家一致决定进行“凤姐变冰冰”，这样不仅平时可以多收房租，等出售时也可以卖出溢价。问题是“凤变冰”用多少预算？谁来负责这项工程？如果项目不符预期，谁来承担责任？搞到最后，恐怕连买水龙头是什么形状、窗帘是什么颜色都可以吵上很久。再比如说，政府的政策调整导致“房票”的含金量有所变化，税费有所增加，各个小伙伴之间利益分配如何继续调整？如何商议？

中国的房地产总体上是一路向上的。可是我见过有些城市，房价有过山车走势，高低起伏不断，当时六七个合伙的股东互骂，场面尤其血腥、惨烈。“合作买房”这种事，乃至于几个好伙伴合伙创业办公司，凡是一个团体活动，就一定要解决“决策仲裁流程”。这是一件非常复杂的事，绝对不是 51∶49，那仅仅适用于非常大型的公司。如果你看过《公司法》，就知道小型合伙人企业，这个满意度必须是 100%，否则两个合伙人联手起来，就可以欺负第三个合伙人，通过 66%∶33% 必胜。

“合伙买房”真正的困难并不是前面所述的“利益的计算”，利益的计算很简单，我只用 1500 字就写明白了，真正困难的是“利益的分配”。

五、决策流程

通过多年的内部实践，我总结出“合伙买房”主要有如下几种决策方式。

1. 完全委托式

由大神 A 牵头，B、C、D、E 入股，什么时候卖、什么价格卖、如何卖，完全由 A 说了算，B、C、D、E 完全没有意见。这种模式卖的纯粹就是 A 的信誉，参与者相信 A 绝对不会骗人，A 以自己的招牌担保，其他人全心全意依赖 A。

2. 强制收购模式

假设 A、B 两个人合作，有个买家出到 200 万元买房子，A 同意，B 死活不肯卖，说太便宜了，A 可以让 B 用 100 万元（或者 90 万元）把他手里的份额买下来。这个模式的缺点是只解决了“要不要卖”，而没有解决“要不要装修”“要不要出租”等一系列更复杂的问题。

3. 到价必卖

这个模式我曾在《众筹买房》一文中说过，意思是设立一个目标价，比如 300 万元。100 万元的房子，碰到任何一个肯出 300 万元的买家，立刻就卖，绝不含糊。无论牛市还是熊市，谁先出到 300 万元就卖给谁。这个模式的好处是规则十分清晰，缺点是也没解决“要不要装修”“要不要委托代售”“要不要挑租客”等问题。

4. 和稀泥，民主制

这也是目前最常见的一种方法。意思是什么都没有约定好，比如“利益”如何分配，“调控”的意外出炉，“好朋友”闹翻了……一切都到时候再说，反正大家都相信友谊天长地久。①

① 有人问代持，代持其实就是 100% ：0% 的合伙。

Hard 模式

这节内容极为浅显，只不过最近在“分答”“知识星球”连续不断有人问我类似问题，只好整理出来，做一个系统的回答。

一、Hard 模式

关于楼市，深圳是 Normal 模式，上海是 Hard 模式，重庆是 Easy 模式，北京是 Hell 模式，我们有如下表格。

	房票			资金		
	限购	贷票	二套	营业税	所得税	价格混乱
深圳 Normal						
上海 Hard						
重庆 Easy						
北京 Hell						

房产投资这种事，在历年调控的影响下，商品房不再是商品，**最终剩下了两条主线：房票和钞票。**有人私信问我：“能否去大城市配置资产？”我一般第一句话就反问：“房票有吗？”

商品房作为一种商品，而不是组织分房，其本质就是房产是商品，拿钱就可以买。也就是说，市场经济只认钞票。可是搞到今天，已经完全变了味了。大城市的土著就是特权群体，因为土著有房票可以买，外地来的土财主，单身没结婚还不能买，仅一个大城市的户籍身份，如果能折算成钱，就价值几十万上百万。

对于“房票 + 钞票”这个组合，还可以加上十几个细化参数。但是就总体而言，“房票 + 贷票 + 二套”，“营业税 + 所得税 + 价格体系”，我们列出了 6 个最主要参数，并且按照颜色深浅进行打分。

	房票			资金		
	限购	贷票	二套	营业税	所得税	价格混乱
深圳 Normal						
上海 Hard						
重庆 Easy						
北京 Hell						

一看到上面这个表格，是不是顿时被北京一连串的“hell”晃花了眼睛？但我今天想讲的不是这个，我想说买房是分“模式”的。

二、Easy 模式

重庆的房子就是 Easy 模式，对于投资新手来说，简直就是天堂。首先，重庆没有“60 个月社保”的限制，这就为投资新手免除了最难的一关。其次，重庆“价格体系有序”，这个也是非常重要的，对于北京、深圳的市场，潜力靠猜，这是我们不喜欢的。

北京的房地产市场是“点状”的，好比一块大饼，零零碎碎撒了芝麻，有芝麻的地方，就是平地蹿起一个个每平方米 10 万元以上的楼盘，可是周边大块空地呢？对不起，没你的份。北京是不存在“地段”的，北京纯粹是一个“点”状市场。

北京地产逻辑，简直可以说“土豪驱动”。土豪看中某一块地方，直接几千万砸下去。对他们来说，买房也就是买个大玩具，不需要考虑横比、竖比、性价比。北京有钱人不是身家几千万的人群，而是零用钱几千万的人群。

某一个地块，一旦崛起一家互联网风口期公司，顿时鸡犬升天。股票、PE估值千百倍地增长，公司一夜之间多出来几个营的千万富翁，然后把附近楼盘全部买空。而过了几年，风口过去，一切又回归平静。西二旗的互联网公司渐渐竞争不过望京，整个土地地段估值也瞬间转移。所以，在北京，"地产"是非常难做的，它根本没有"地段"的概念，你不知道土豪下一秒会青睐哪个位置，也不知道哪家互联网公司会崛起。

同样道理，深圳整个城市基本是"带状"分布，政府一路向西，从最初的罗湖、香蜜湖、南山，到深圳湾、前海、后海、宝安、宝中，永远都在开发新区，老地段永远都没有情结。

前两天我去看了华侨城，深圳曾经最早的地标性顶级豪宅，整个城市的名片标杆，富豪云集，万金买邻之地，20 年来，保值了没有？

相对来说，重庆就是 Easy 模式。它依然保持着完整的"市区—郊区"结构，市中心就是比郊区贵，人口密集度也远超郊区。尤其是南滨路、北滨路一带，由于有着不可替代的"大江大河"自然景观，更显得标锚得恒久。①

我们要知道一个基本结论：**目前的房地产市场，大概率是上涨的。只有买贵，没有买错。**尤其是那种单价一万、八千的房子，贴近成本线也不远，又是 1000 万以上人口的大都市核心区，亏钱的概率微乎其微。对于房产投资者来说，重庆简直就是一个金矿，只要你涉足，轻易就可以掘金。

三、上海和深圳

相对而言，深圳可以说是 Normal 模式，上海可以说是 Hard 模式，深圳破限购，主要是"移民入户"。在中国目前所有一线城市中，**深圳是唯一没关上户籍大门的。**不仅没关上，而且很欢迎，大学生入户，深圳甚至还有补贴。深

① 参见"重庆楼"文章《重庆江景价值分析》（https://mp.weixin.qq.com/s/n7aOBEnYDTlop5z4gJyX7Q）。

圳目前对人才基本只有两个要求：大学生和 45 岁以下。

由此可见，要获得深圳户口是非常容易的，作为一线城市，这也是我在分答上一再推荐的。如果你住在内陆省份，那无论如何，也要至少移“一个亲人”去深圳，不仅仅是为了多一张深圳的房票，而且只要有“一个亲人”在深圳，你就多了一个“钩子”。以后哪怕深圳的户籍收紧，只要你有一个“钩子”在，你自然就可以想办法慢慢办父母的投靠，父母投靠了，再办小叔子、小姨子的投靠。就好像美国只要通过了一个巴基斯坦人的移民申请，他就可以把一整个村庄的人都扯过去。

上海已经连续 5 年 GDP 全国增速垫底，上海目前有很多隐忧，但今天我们不是来分析深圳、上海的，先讲到这里。

四、Hell 模式

我们讲了 Easy、Normal、Hard 和 Hell 模式，想表达什么意思呢？是不是 Easy 模式的城市更容易赚钱呢？抱歉，并不是这个意思。Easy 和 Hard 模式，都不过是打怪通关的一种，你见过有人因为 Easy 模式就不玩 Hard 模式了吗？Easy 模式难道真的比 Hard 模式好玩吗？道理绝不是这样的。

如果我们看真实世界的话，会发现人们在小地方赚了钱后，最终是要向大城市走的。在外省赚了钱后，最终是要向首都走的。京沪的房子始终要比重庆、武汉的体面。所以，在 Easy 模式赚了钱后，最终是要向 Hard 模式走的，为什么？这里面有几个原因，一个最直观也是最浅显的原因：池子。重庆的池子非常小，在 A6（人民币 10 万元）数量级。

一般一套重庆的房子，每平方米 1.2 万元已经算是很好的品质了，哪怕买小三居，总价也不超过 150 万元，这是什么概念？在京沪买个厕所都不够。北京人、上海人一到重庆，顿时就看傻了，首付三成，每买一套重庆的房子，才消耗现金 40 万元。

在知识星球里，经常有人问我：“手握 700 万元现金，请问如何配置？”

对于这种问题，我只有苦笑道：“大象只能待在京沪。”因为重庆是一个很小的池子，仅适合新手练手，大象跳进池子，水就漫出来了。700 万元现金足可以购买十六七套重庆房产，无论如何银行也不会批这么多笔贷款给你的，你也找不到这么多贷票。因此，你只能待在京沪，只能耐心地和 Hard 模式格斗。

另外，谁告诉你 Hard 模式赚得比 Easy 模式少的，不仅仅是体量问题，哪怕单套也不遑多让好吗。

我曾说过，“调控之后，房产投资者的利润率会急剧升高”，可以拿美国“禁酒令”颁布之后，酒贩子迎来了赚钱的黄金时代做参照。如果真的哪天不调控了，房产投资者反而会销声匿迹。

经济是一件很玄妙、很复杂的事情，和大部分人的直观感受完全不同，投资房产从来没有这么赚钱过，尤其是 2012—2015 年限制最严的时段，也是最赚钱的时段。Hard 模式的背后，其实是竞争对手的极大削减，正如在广袤无垠的大草原上，只有稀稀拉拉几只孤狼；又如青霉素杀死了 99.9999% 的细菌，却让 0.0001% 的细菌独享美食。[①] 市场上的房产投资者越少，则笋盘必然越多。

Hard 模式只不过意味着赚钱方式的转变，AK47 用完了，开始用狙击枪了。世上没有难赚的钱，只有不思进取的人。要说赚钱，北京其实才是最好的市场，哪怕北京杠杆率最低，限购最严，板块最混乱。北京是 Hell 模式，可是北京钱多啊。**你在钱多的地方容易赚到钱，还是钱少的地方容易赚到钱？**

① 参见《恒纪元和乱纪元》#F840。

楼市的生命周期

大约在一个月前，有人在分答上问了我这样一个问题：欧神，为什么重庆的房价一直这么低？重庆为什么不限购呢？重庆的房价没有启动，是不是跟土地供给、人才结构、人口流动都有关系？

我觉得这个话题很有意思，可以展开好好阐述一下。佛家说，世间万物都有“生、老、病、死”，都有生和灭的过程。而一个城市，乃至于一个国家的房地产市场，也是如此。

对于很多投资小白来说，他们喜欢以波段论形容楼市，以为价格围绕着价值上下起伏，这是大错特错的。

楼市的演化阶段其实很像人的成长过程，有幼年、壮年和老年阶段，而且这些演化是不可逆的，同样也是没有轮回的，下面就根据楼市的每个演化阶段进行具体分析。

一、懵懂阶段

楼市的第一个阶段是懵懂阶段。谈论楼市，有一个话题是无论如何也绕不过去的，那就是“谁睡在马路上”。大城市并不缺房子，没有任何一个人睡在马路上。从来不存在“刚需”的说法，没有人会因为房子过不下去，因为房子不是水、食物，不是每天都要消耗的必需品。老房子稍微凑合凑合，继续住下去也是可以的。

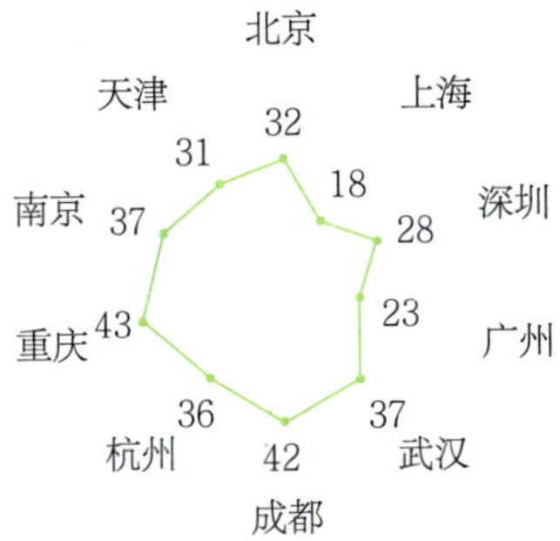

全国各大城市人均住房面积（单位：平方米）

在这样一个“不缺房子”的大前提下，就养成了三四线城市（渝蓉）人口的一种观念：买房子干吗，房子本身是不值钱的，一点点折旧就不要了，坚决不买二手房，老破大没人要，买房不如买车……

2016 年重庆人民看待房产，如果用两个字形容他们当时的心态，那么应该是“绝望”，真心的绝望。房子怎么可能涨得起来呢？那要多大的购买力、多大的拉力啊。2016 年你和重庆本地人讨论房子，他们当中的那些所谓“高手”会真心劝阻你：重庆这个市场，你们外地人不懂；重庆的房子太多了，永远不会涨；重庆人不缺房子，人人都有房子……另一方面，成都的“朱红之泪”同学，长篇累牍地控诉成都人都是“处女座”。

因为房子太便宜，所以消费者都被侍候成了大爷。小区人行道的砖是马路上人行道的砖，喷水池不够大，车位要涨价……诸如此类的问题，都值得旷工一天跑过来维权，在京沪消费者看来，这日子也过得太惬意了。

二、启动阶段

楼市的第二个阶段是启动阶段，其具体的特征是部分楼盘已经有了翻倍的涨幅，但并不是全部的楼盘，火车头轰鸣，但时速还不高。

在启动阶段，主要的特征是“怀疑和希望并存”。一方面，肯定有人啃了一口大葱，喝了一罐啤酒，吐了一口唾沫，狠狠地骂道：“泡沫，肯定是泡沫，怎么样上去，怎么样下来，得有人跳楼去了，全都是外地人在买，一群巴子不领行情。”另一方面，肯定有人买买买买买。例如，武汉一口气爆了114个“日光盘”，一直到旭辉御府，才因为性价比实在太渣，没有连续爆出第115个日光。

行情就在犹豫和争议中产生。

启动阶段的特征是，人群开始分化，分为“觉醒者”和“傻空者”两种。我们会发现，市场上存在一股非常强大的力量，哪怕把价格节节推高，从8000元买到1.1万元、1.2万元、1.4万元也在所不惜，价格翻番仍然买买买。而另外一种人，他们的人生观和10年前一样，觉得太阳照常升起，认为往昔熟悉的生活永远不会被打破，一切规则都会和昨天一样，只要出现任何新的、他们看不懂的东西，他们就会惊慌失措地大喊：“泡沫，泡沫！”

在楼市的所有阶段中，启动阶段是最重要的，因为它几乎是唯一可以踩刹车的阶段。

我们曾经把房价比作“火车头”，如果你想让一辆5000吨的火车启动，那是千难万难，需要极大的动力，而火车一旦启动，运行在铁轨之上，它需要的能量却又不是太多。等到你想刹车了，也不是件容易的事，动辄需要两三千米的长度来让火车慢慢减速。这千万吨的庞然大物想把速度降下来，也需要吓死人的动力。

楼市的道理也是一样，让一个3亿平方米存量的超级大城市楼市启动，那是千难万难。天时地利人和，缺一不可。你听着这个庞然大物嘶吼着、挣扎着，甩去身上的枷锁，一点一点尝试着爬行，慢慢加快了速度。例如，现在的重庆，楼市只能算是“小涨”，表现最亮丽、最耀眼的是南滨路、北滨路，尤其是拥有一线无敌江景的所谓“婆罗门”区域。

在过去约一年的时间内，“婆罗门”区域从8000元单价，一口气涨到1.8万元单价，部分楼盘下一期报价已高达2.2万元。

区域	组团	项目	业态	推出套数	认购情况	
					成交套数	套内定价（单位：元）
北部新区	九曲河	远洋九公子	洋房	130	130	15731
北部新区	照母山	龙湖舜山府	独栋	30	27	31230
北部新区	中央公园	鹏润悦秀上东	洋房	20	17	15257
江北区	江北嘴	紫御江山	精装高层	262	241	22183
江北区	大石坝	保利江上明珠	洋房	76	54	16827
江北区	江北农场	华美斐丽山	洋房	32	25	13215
渝北区	新牌坊	碧桂园嘉誉	公寓	680	644	17328
沙坪坝区	双碑	融创滨江壹号	洋房	38	38	16553
南岸区	茶园	金隅大成时代都会	高层	293	95	12481
巴南区	龙洲湾	中交锦悦	高层	176	170	9459
巴南区	李家沱	珠江城	洋房	66	18	10352
合计				1779	1480	16419

但是，在这一片“猜对走势”的庆祝声中，我们还要清楚地看到，整个市场仍然存在“乌云”。对于整个市场来说，依然存在“没涨上去”的物业类型，这就是渝中区的老破大。没涨上去，原因依然是启动阶段。启动阶段，一股强大的力量扫光了“南滨路、北滨路”所有的江景豪宅。

但是“土著”是迟钝的。对于老重庆人，那些住了十几二十年的人，他们觉得太阳照常升起，丝毫也没有紧迫感，也没有要买房子的意思。针对他们的物业类型，或者他们抛出的物业类型，价格就上不去。设想一下，四居 160 平方米，每平方米只要 6000 元，总价才 100 万元。100 万元，在未来楼市意味着什么？

1.45 万元 ×70 平方米，稍微像样点的房子，只能买两居。2.2 万元 ×45 平方米，有名有姓的豪宅，只能买一居。2.5 万元 ×80 平方米，楼市再涨上去，只能买厕所。所以你现在四居只卖 100 万元，显然是极其不合理的。①

三、成长阶段

楼市的第三个阶段是成长阶段。如果说房价从 8000 元涨到 1.6 万元是启动，依然唤不醒“沉睡的人”，则楼市再翻一个跟头，1.6 万元涨到 3.2 万元是成长阶段，再再翻一个跟头，3.2 万元涨到 6.4 万元也是成长阶段。目前重庆处于启动阶段的话，武汉则处于成长阶段。

成长阶段有两个特征:(1) 楼市开始有赚钱效应;(2) 开始有人买不起房子。重庆人的收入大约是上海人的一半，但是 2016 年 8 月，重庆房价只有上海房价的一成，比例完全不对等。重庆人买房子，其实一点压力也没有。一套房子 80 万元—100 万元，小夫妻一年也有二三十万，因为生活太安逸，所以不是不买房，是买得起而不买。

但是，在楼市从 8000 元涨到 1.6 万元，又涨到 3.2 万元的过程中，就逐渐产生了“财富效应”。你 8000 元买进，1.6 万元卖出，每套房子就有了“近百万”元的利润。以小夫妻每年 20 万元的收入，这也相当于 5 年工资。于是有中介打出了如下的标语口号：

“工作再忙，别忘看房。毕竟涨 100 万比挣 100 万容易多了。”

而如果楼价能有幸从 1.6 万元涨到 3.2 万元，则很多人就非常幸运，一套房子就价值三四百万，比所有的工资储蓄还要多。这就产生了更大“财富效应”。一旦产生了财富效应，那就非同小可。

有句俗话叫：“杀头的事情有人做，亏本的事情没人做。”A 股、君子兰、比特币……

一项投资哪怕再无情、再糟糕，只要它能赚钱，老百姓就会削尖了脑袋拼

① 有人谈论昆山、嘉兴房产。从字面上讲，嘉兴去年也涨了一倍。但其实你们对于重庆“吹毛求疵”，若按同样的标准，嘉兴简直处处毛病。嘉兴的涨幅严重集中在一手房。嘉兴的老大楼、整体二手房，90% 的存量房都没有涨幅。

命向里面钻，怎么堵都堵不住。如果楼市让人看见真金白银，那整个民间顿时就“爆炸”了，怎么拦也拦不住。

1990 年，深圳卖认购证，人们排三天三夜的队，为了防止出现插队和抢购问题，每个人都紧紧抱着前面一个人的腰，不管前面是大老爷们，还是妙龄少女。所有陌生人就这样贴身抱着腰，一连抱了 3 天。

在成长阶段，势头是无可阻挡的，一旦过了第一个 200%、第一个 300%，有了赚钱效应，那么人们一定会快速狂奔，这时调控是无效的。因为火车头一旦启动起来，就肯定奋力狂奔，楼市只要可以赚钱，就一定有人前仆后继冲进来，哪怕你把交易完全锁死掉。

在成长阶段，真正受益最大的是“老破大”。因为你开始会“买不起”，只有当你真正买不起时，你才会收起那么多的挑剔，那么多的矫情病。你想一想，假设房价每平方米 5 万元，20 平方米的主卫（套内 15 平方米），价值就要 100 万元。对于绝大多数工薪阶层，100 万元已经是好几年的工作积蓄。对于你的父辈来说，如果是农民，可能一辈子都没有积攒过 100 万元。

中国依然是一个“新房癌”极其严重的国家，造成这种现象的原因就是房价还不够高。你还有那么多的挑挑拣拣，说明房价还是不够高，还没有高到让人绝望。

随着房价越来越高，人们逐渐感到“吃力”。买套房子再也不是闲庭漫步式轻松，而是集中全部财力，一生能供完一套就不错了。这时人们逐渐会放弃“挑剔”，而转向“实惠”，大家会把目光转向“老破大”，因为关起门以后，“老破大”住得和新房没有区别，而且得房率和水泥标号甚至更好。

我们看到，重庆目前市中心，每平方米 2 万元的江景豪宅与每平方米 6000 元的老破大，大约是 1∶3 的价差，这是极度不正常的。在上海市中心，如果一手豪宅每平方米卖 10 万元以上的话，则同地段的老破大每平方米也要卖到 6 万元—7 万元元的样子。

最初的时候，外地“移一代”也是看不起“老破大”，甚至有外地 IT 白领用不屑的口吻说："谁会住这样的房子。"然而润物细无声，"老破大"在不声不响中也涨到了六七万元的样子，涨幅傲然卓立，而你买浦东的部分一手新房，恐怕还没有这个涨幅。

四、泡沫阶段

楼市的第四个阶段是泡沫阶段。我曾说过，我并不认为每平方米 10 万元以上的房价是合理的，而认为它是有泡沫的。**但有泡沫不代表不涨，**2000—2013 年是上半场，2013—2026 年是下半场。如果楼市产生了"赚钱效应"，老百姓就会前仆后继地拥进去，今天不买，明天就再也买不起了。别和我说调控，我买来是自住的。

问题是，这样一股热潮到什么时候终止。答案是：当人民再也买不动的时候。像目前的上海房产市场，就有一点"涨不动"的感觉，因为房价真的已经很高了。大宁金茂府、四方锅炉厂，传统上很中环的位置，开出每平方米 12 万元的价格，80 平方米需要 1000 万元人民币。这真的是很贵了，这个价钱在其他城市足以买下一家中型工厂。

在泡沫阶段，如果还想维持房价，那就需要逆调控。每当房价摇摇欲坠的时候，就需要发动限售，把供应全部打掉。**泡沫阶段最重要的一个特点，就是"供应"一定少。**不仅每一年的供地只有少得可怜的几十公顷，而且所有供地还都在非常偏远的郊区，这就保护了市区的每平方米 10 万元以上房价市场，使之不至于崩溃。

然而，仅仅控制"一手"市场还是不够的，因为业主们的手中还有"二手"抛售出来。如果真的是北京西城区老破小可以卖 1200 万元，很多人不介意把学区房卖了，然后移居到四川去过逍遥的日子。因此，泡沫阶段还要设置非常苛刻的规定，把二手供应也打掉。一开始是高额的税负，到后来则干脆 5 年限售。

五、死亡阶段

楼市的最后一个阶段是死亡阶段。如果说，香港的高房价、高地租已经严重影响到了香港的工商业，损害到了香港经济的发展，给香港市民带来非常大的痛苦，香港想改变这一点，该如何改变?

香港特区政府也采取了一系列措施，比如政府开闸多建公屋，但供应量却始终上不去。症结出在哪里？是万恶的六大地产商吗？当然不是，**商人是降低物价的**，问题的症结出在立法会。

每当香港推一块土地时，立法会就发言了："环保通过了没有？环保工作小组先评估三五年吧。""预算在哪里？预算工作小组再评估三五年吧。""遇到拆迁工作，拆迁是件大事，一定要圆满解决，不惜耗费三五年。""哎呀坏了，渠务署说他们没有现成的水管连接，供水供电工程就慢得很了，得先开会出方案，您回家等着吧。"于是，当香港特首想推几块土地供应时，他发现他在和整个公务员系统"做斗争"。几乎所有人都是不支持他的，只要每个人做事都慢上个三五拍，就足以使他的任何计划都完不成。

为什么会有这么多人反对？因为他"得罪"的是整个中产阶级。房价过高，你别以为"草根叫得欢"，他们并不代表人民群众。对于香港来说，更有分量的是一两百万已经买了房子的中产阶级。香港房子这么贵，一套房子动辄上千万港币，人家祖孙三代身家性命都押在上面了。

下到渠务署的技术员小官，上到立法会的大牌议员，每个人都关心房价，每个人都与之利益攸关。表面上真正不肯增加供应的是立法会，其背后站着的是整个香港的中产阶级。

一个城市走到这样的地步就算是走到了死亡状态，就算是"锁死"了。在可预见的将来，香港的楼价还会继续升，因为立法会收紧了供应。2017 年整年，香港新增住宅只有 10000 套，这是什么概念，还不如北京一个小区，还不如上海半个月销量！如果楼价还不升的话，立法会完全可以再削减供应，削减到 5000 套。而香港楼价财富的上升，其背后却是整体工商业的沉沦、城市竞争力的沉沦。如果一直这样下去，香港最终会沦为珠江口一个毫不重要的小城市，甚至是深圳的一个区，而且这个过程是不可逆的。

六、生命周期

楼市的生命周期并不像某些投资小白想的，价格围绕价值波动涨涨跌跌，楼市的生命周期其实是一个“不可逆”的过程。**这里面贯穿着一条主线，就是“认知”。老百姓从完全不懂“楼市＝财富”到完全懂得，就好比小孩子成长为老人，其知识和经验、其对社会的理解，都是日益增加的。你绝不可能再把他塞回娘胎，再抹去所有的记忆。**

在最初的时候，田园牧歌，民不知有饥，鼓腹而歌。其后，M2 急速增长，降维攻击者冲进楼市，寻求保值。接着，财富效应显现，金融属性人人皆知。再次，楼市超过合理范围，靠调控防大跌[①]。最后，所有人的所有财富都在房子上，大家绑着一起死。

整个周期有可能长达三四十年，许多人终其一生可能也就是其中过客，而不能跳出棋局。

至于解法，确切地说，没有。如果哪一天上海房价涨到每平方米 50 万元，然后因为“日益高涨”的中产阶级势力，没有谁敢减调控，谁减调控谁倒霉[②]，那就抱团一起死。

在长江的北侧，启东，或南通，或泰兴，有可能崛起一座“新上海”。拥有宽松的土地政策，拥有宽松的自由经济，然后再造一座奇迹之城。老人不会变年轻，返老还童，老人只会死去。城市也不会变年轻，城市亦会死去。

---

① 参见《假设调控取消》#1100。

② 参见《减调控》#940。

空置税可以降低房价吗？

前段时间刷朋友圈，无意中看见名为《××看经济》的一篇文章，该“经济学者”居然支持对房屋收取空置税，不禁掩卷叹息。

科学尚未普及，真理仍需捍卫。

一、空置税

关于“空置税”，首先我们要讲一个故事。

如果你看上海地铁线路图，注意一下深蓝色的地铁 8 号线。假如你尝试坐一下 8 号线，从沈杜公路出发，那么你会“怀疑人生”的，因为地铁里空空荡荡，真心没什么人。无论是早上还是晚上，上班高峰还是下班时间，地铁 8 号线始发站（原航天博物馆）几乎是三个人一节车厢。

这时你恐怕忍不住怒吼了：“低效工程，为什么要造 7 节编组？”7 节编组，这么惨淡的人流量，那不是浪费吗？6 节不可以吗？4 节不可以吗？这难道不是资源的极大浪费吗？那怎么办？于是就有人要求征收“空置税”，遏制地铁公司的空置浪费行为。

难道地铁公司老总不懂运营？

就在争执的关头，M8 地铁又开了几站，开过了江月路站、芦桓路站，一直到了杨思站。进了浦东中环以后，人流量一下子猛增，源源不断如沙丁鱼般挤进来，而经过了成山路、耀华路的摧残，加入大华锦绣华城的人流，你已经完全被挤得说不出话来了。

地球上有什么地方人可以不借助外力四肢离地腾空？那一定是上海地铁6号线和8号线。这时你一定又会怒吼："地铁公司为什么只有7节编组，为什么不是17节编组？"我们知道，上海地铁M8，全程一共有30座站台，横跨南北，路径长达37千米。在上海所有地铁线路中，客流量有幸排在第三位。所以，M8是一定需要大编组的，而且紧锣密鼓地正在准备升8节。

那么请问："沈杜公路站"征收空置税合理吗？当然不合理。

对于房地产，它的道理是一样的。房地产是"耐用消费品"，对应的含义就是房产的"使用期限"是非常长的，长达70年。从2017—2087年，这是多么漫长的时间段。地铁线路最初的两三站客流量稀少，要紧吗？不要紧，完全不要紧。它只要在比较核心的区段，如地铁成山路到翔殷路之间，客流量比较大就可以了。

这个道理用在房地产上，也是同样的。

古代有个富人，看见朋友的楼阁十分漂亮，便令仆人也照样修一个。过了几天，他去视察工地，发现仆人们正在打地基，于是大怒，说："我只要三楼，你们造一楼二楼干什么？"

关于房地产的逻辑也是一样。望京热的时候，租赁市场一房难求，可是10年之前，这里是一片荒地，没有什么人住。难道你可以说："只有2015—2035年，望京需要有大量住宅。"那之前的2000—2015年望京可以是荒郊野岭，之后的2035—2085年同样也可以是荒郊野岭，这可能吗？

天底下本没有十全十美的东西，何必苛求每一刻都效率最大化。航空公司起飞，从来没有坐满的，难道要征收机票"空置税"？大剧院看电影，从来没有满座的，难道要征收"空置税"？飞机大炮军舰，很多直到退役，都没有发过一弹的，难道要征收"空置税"？

有些东西终其一生，一次都没有使用过，但依然是我们所必需的。

二、空置降房价

可能有人会说："我们知道，整个生命周期中，不可避免有空置现象，我们不否认空置，只想让你降租金，因为既然是空置，鼓励你降租可以吗？"

在绝大多数人的脑容量里，他们是把"空置税"和"降房租"直接画等号的。**我要告诉你的是：空置，是降低房价的。我们整个社会应该支持空置，鼓励空置，理解空置，这样才能把房租降下来。**

经济学是一门很玄妙的科学，在经济学里面，+ A 不是 A，+ B 不是 B，你倡导 A，往往会导致 - A。《× × 看经济》的撰写者所提的问题，根本就是经济学课本上有的，是《宏观经济学》这本书背后附的课后习题。

习题：古典音乐或戏剧等文艺演出，一般很难达到满座。为何不强制戏剧公司降价，既增加了剧组收入，又丰富了人民娱乐生活，岂不是一举两得？

经济学的题目看似简单，其实极难，因为越简单的题目越难，只有智商极高的人才可以研究经济学。当年我在"课后习题"上卡了足足一年，从马基雅维利的角度看，是应该这样做，但经济学本能又告诉我们总有陷阱，到底应该怎样解释？

当你经济学上有难题时，就去看看现实社会，因为真实世界的答案会让你大吃一惊。首先，"尾票打折"并不是通例，典型例子诸如演唱会的黄牛票。周杰伦的演唱会票价 2000 元，开场 15 分钟后，黄牛票价直线下跌到 1500 元，因为黄牛知道，再不把票卖掉，他的票就"过期"了，一旦演唱会结束，他的票就一文不值了。

另外也有一个反例，比如航空公司对于最后一刻才买票的客户，不是打折，而是加收几倍的费用。如果你提前 6 个月买票，往往有各种折扣，飞美国可能只需要三千多元。但如果你赶到机场，匆匆忙忙在机场柜台买"当天票"，基本上都是全价了，跨个省都要两千。

第三个例子则是“雷打不动”。真正的簪缨世家才知道，有钱人看戏是从来不去 VIP 看台的。如果你看“都市言情”小说，霸道总裁拉女主去 A 区看球赛，那作者一定是底层人士。真正的上流社会都是在“中缝”看球的。在上层看台和下层看台之间，有一圈中缝，里面有几十个包厢，包括直播室、演播室、明星更衣室，都在这一带。每个包厢都有冷气空调，贵宾服务员，座位在 20 个左右。而这些包厢采取的是“卖断制”，分属于数十个公司大豪门，要说“浪费”，这才是最浪费的。无论再如何烫得发紫、一票难求的球赛，“包厢”里的人数从来都不到十分之一，绝大多数时间是空空如也，一个人也没有。大型体育馆采取“卖断”制度，一次性把包厢卖给豪门，这是他们对“空置”利用率最低的方式，为什么?

这许许多多的问题困扰我很久，想得我头痛。到最后得出结论，当然是：以上全错。

显然这三种模式都违背了“管制原理”，你真想管制，指定了 A 规则，B、C 肯定不适用的。

真正的经济学解释，应该是“运营方拥有一切权力，随便他们采取何种收费模式”，只要他们最终的总收入最大化。剧院如果打折，就会得罪“买正价票”的客户，最终总收入甚至会减少。黄牛开场打折，航空公司急客加价，体育馆打包卖包厢，其实都是为了“收入最大化”。**不管业主采取哪种商业模式，它最终能让收入最大化就可以了。**

而“收入最大化”是什么？在经济学上叫作“消费者剩余”，它的含义不仅仅是消费者剩余，同时也是生产者剩余，意思就是需求越大，供应越大。航空公司有更多的销售额收入，他们才会去买更多的飞机。体育馆运营公司有更高总收入，才会建更多体育馆。歌剧团卖最多的营业额，才会出现更多剧团。你别总盯着现有几架飞机利用率，你要想公司又买新飞机了。凡是不涉及生产者的分析，统统都是耍流氓。

回到“空置税”的分析，房屋所有者有权采取他们认为合理的任何方式去最大化他们的房租收益。房租的收益越高，就会有更多的人去买房子，就会有更多的人去建房子。

什么叫作浪费？物资处于黄沙、水泥、钢筋的状态才是最大的浪费。而造成房子，无论利用率多低，都比黄沙水泥更不浪费。**所以，空置是降低房价的，空置使得我们整个社会的财富更多。**

三、哲学和正义

不知道“空置的必然性”是无知，不知道“空置降房价”是无良，而我们讲的第三个道理，则是无耻。下面这些言论，是不是很熟悉？

“买不起房子，是因为房价太贵，开发商不肯降价卖给我。”

“租不起房子，是因为房租太贵，房东不肯降价租给我。”

“娶不起老婆，是因为礼金太贵，女孩子都贪财爱富。”

“赚的工资不多，是因为老板剥削，不肯给我加工资。”

上面这些言论的核心论调是：“我永远都是对的，错的都是你。”这种论调我曾在一篇文章中提过，叫作“无限民权”。一些懒汉，只要给自己戴上一顶“我是人民、我是大多数、我坚持政治正确”的帽子，就敢寡廉鲜耻地“永远正确”，就敢扮演舆论上的铁金刚，刀枪不入，为非作歹，这是极恶劣的行径。

事实上，稍微有一点生活常识的人，完全可以反过来吐槽的，就像下面这样：

“为什么我的房子一直卖不掉，懒汉不要脸，死活不肯加钱。”

“为什么我的房子一直租不掉，懒汉不要脸，死活不肯加钱。”

“为什么美女一直嫁不掉，懒汉不要脸，赚不出聘礼。”

“为什么从来不加工资，呸，我还想减他工资呢。”

解决“无限民权”的方案很简单，征收“不买房税”。大学毕业一年不买房，没收工资 20%，口头警告，禁止提干。大学毕业两年不买房，没收工资 50%，没收一切娱乐电子产品，限制旅游吃喝出境。大学毕业 5 年不买房，没收 100% 银行存款。您看，为了去库存，提出的“不买房税”不也一样能做到嘛。

懒汉从来没学会尊重人，没学会把对方摆在同样平等的位置，浑身土匪习气。A、B 买卖不成，A 有错，B 也同样有错，为《× × 看经济》留言点赞的人，这辈子注定悲苦。

租售同艰难

希望在远方。

一、租售同权

2017 年楼市的眼球焦点，毫无疑问是广州“租售同权”。我统计了一下，当时这个问题我大概被问了 20 次，其中“分答付费社群”8 次，“知识星球”8 次，隔壁邻居的知识星球 4 次，微信群杂七杂八的就不算了。

我也回答了一些，但总觉得自己想得不大对头。

有一天中午我在剥碧根果，一边剥一边想，猛地一拍大腿：“哎呀，全错了。”我知道我错在哪里了，知道热心的网友为什么不惜叨扰问 20 次了，也知道痛点错在哪里，如果不纠正的话，肯定还会被网友再问第 21 次。

因为我实在太质朴少年了，网友们真正问的其实是：有没有可能用 3000 元的租赁价格解决 800 万元的学区房问题？

二、学区房

北京什么房子最贵？是国贸 CBD 的黄金地段，还是金融街那些金融白领的发财之地，抑或是藏在深山密林里的别墅霄云路 8 号？都不是。**北京最贵的房子是“学区房”**，甚至有 30 平方米 1200 万元的天价成交，论单价远远秒杀一切 CBD，论总价也差不多。而且学区房不仅仅贵，还是“刚需”。在北京，如果你找不到门路，就只能千军万马走公立，因为北京民营教育特别少，所以如果你想在北京待下去，你就乖乖地认㞞买学区房吧。

在北京，有一个说法叫“任何生物均有天敌”，譬如滴滴、阿里、ofo 单车。靠风口你是可以赚很多钱，甚至一些 IT 公司批量产生了“千万级富人”。可是没用的，别以为那钱是你的，你只不过是一个过路财神，这些钱归根到底是房东的。你终生奋斗，通过创业和好运，最终以首付和按揭的方式在望京买了一套房子。你的全部财产，你的全部奋斗，你在地球上的一切成绩，最终结算为：望京一套房子。

另外，绝大的讽刺是房租从来都不贵，从资产回报比来说，房租简直低得吓死人。譬如万柳一套学区房吧，按每平方米 12 万元来计算，怎么说总价也得 1000 万元。房租呢？能收 1 万元就不错了，年租金回报率不到 1%。所以住房是压力，房租远远不是压力，因为房租始终便宜，房价始终还不是太大的民生问题。

因此，我写了 500 字的废话，网友们问的其实是：“可不可以以廉价的房租形式解决房价捆绑的教育、医疗、养老补助金等大城市福利？”也就是，可不可以就付 3000 元就把这些“大城市的福利”全部都给我打包兜售了？比如孩子按学区上学，租售同权；社保养老金租售同权；顶级医疗租售同权。我从外地来到北京，付 3000 元包吃包住包医疗，你把我所有的终身福利都给负责了……

这个才是提问人的核心诉求！

难怪网友们对我之前的回答不满意，难怪网友们问了一遍又一遍，他们不就是指望从我嘴中听到一个“Yes”吗？

三、人生苦难

如果你觉得自己活得很滋润，岁月静好。

那一定是有人替你把压力扛掉了。

——欧蒙

人活在这世上，谁都不容易。香港几乎没有什么税收，但是香港的地价很高，明眼人都知道，这是一种“隐性税收”，维持了政府的运作。房价运行的规律与此类似，普通人如果吃吃喝喝，那肯定卡路里过剩。天天晒美食、晒旅行，生活美滋滋好似文青，唯独在买房这一关上被卡住了，也是一种“隐性税收”。既然是税收，最多能漏网几只小鱼小虾，大部分是必然会被卡住的。愿望是美好的，现实是残酷的，指望“租售同权”卸掉你头上的房价压力，简直就是“痴人说梦”，这钱省不了。

从技术的角度来说，北京的学区房其实是可以租的。中关村一小、二小，学区每 6 年产生一个名额，则 6 年的租费按目前行情计算大约是人民币 100 万元。你付上 100 万元，总有种种操作手法，让你享受“学区房”的名额。但房东也像人参果一样，虽然不是 3000 年一开花，3000 年一结果，但也要熬 6 年结一枚果实。

回到广州“租售同权”的政策，如果“租赁”真的有效，而且没有任何歧视，相当于把北京的“六年人参果”公开售卖了。我们知道，北京的“天价过道学区房”其实是没什么“使用价值”的。“学区房 = 房屋价值 + 学票价值”，房屋价值接近于零，你要租此房，每个月一两千元就可以了，但一旦“租售同权”，就意味着“学票的出租价值”，“学区房租金 = 房屋租金 + 学票租金”，按照 6 年 100 万元的学票行情，再加上公开交易，总有溢价，你看北京文华胡同 6 平方米，却要卖 380 万元的房子，租金 2 万元行不行啊？

另外分析一下“买卖”和“租赁”之间的关系。假设政策导致租赁很不流畅甚至违法，则购买力会涌入“买卖市场”，推高买卖价格，降低租赁价格。

反之，如果租赁取消“管制”，则买卖价格会下降，租赁价格会上升，“买卖租赁比”会回归均衡利率。因此，如果“租售同权”彻底贯彻执行的话，那么学区房中“学票”的溢价会降低，学区房更贴近普通住宅价格，租赁费会上升，由每 6 年 100 万元升到每 6 年 150 万元。

四、实战之关注

对于“租售同权”这种事，还需要问一下：究竟是真同权，还是假同权。相关政策的一丝丝摇晃，都会波及学区房的估值，都会波及资产价格的变动。比如说，业内一直心知肚明，哪怕在北京算“入学资格”，实际上也是排队的。第一等：人户合一；第二等：人户不合一；第三等：工作居住证；第四等：租赁关系。

北京根本不谈什么“租售同权”，因为北京早就是租售同权了。租客享有同等的法律定义，只不过在实际操作中分为一、二、三、四等，而大家都知道，三等、四等就不用等了。如果我们拉一条线的话，就是下面这样。

（房东有权，租客没地位）	⟷	（绝对的租售同权）
学区房贵，租金很低	⟷	学区房便宜，租金高

而实际的执行应该介于两者之间，是 0—100% 之间的一个数字。

五、咸鱼翻身

最后还有一些篇幅，我们讲讲“咸鱼翻身”的常见问题。

直接给结论吧。妄想不劳而获，通过某一种政策一把翻身的咸鱼，都是痴心妄想。

我要说的是，这个世界上的事，99% 都是“细水长流”的事情。如果你从 2003 年开始看空房产，是连错了 14 把；如果你从 2008 开始看空地产，就是连错了 10 把。如果你错了 14 把，那是很难追上的。你妄想“一把翻身”，一把抵 14 把，这很难实现，而且也是不公平的。就好比人家是十几代的老牌贵族，而你妄想一把就成为王侯将相，这是不现实的，而且也是对累世积累的不公平。

房地产问题可以用四个字来形容：“积重难返”。种种问题的缘由，是十几年累积下来的。市场出了问题，价格有了泡沫，病去如抽丝，需慢慢调养。别的不说，“新增供应”难道是一朝一夕的事吗？我们对于“断崖论”向来嗤之以鼻。什么“北京下跌 30%，上海下跌 50%”，那是坏蛋在骗傻子。调控既然已经持续了 10 年，那么任何让房价“速跌”的方法都已经失效。任何一个政策都只会起到轻微的渐进式的效果，鼓吹速效的都是骗子。

可以做空房产吗?

有人在“分答付费社群”问了我这样一个问题:“可以做空房产吗?”我感觉十分有趣，可以展开讲一讲。

一、房地产股票

第一个方法，是做空房地产股票。如果你经常访问某些咸鱼社区的话，你会发现，对于做空房产的需求是非常非常大的，但如何做空房价，咸鱼们讨论来讨论去，好的办法却是不多。第一重最先被想出来的，是做空“地产股”。股市是经济的晴雨表，如果股价低迷，往往也就意味着产业低迷。如果能像电视剧《大时代》中的刘青云一样，翻云覆雨，转手把地产股打到万劫不复之地，甚至收购，岂不是咸鱼们也能扬眉吐气?

可惜的是，想法是好的，但这套逻辑却是完全违反经济学的。首先，股市并不容易被操纵，不说有《证券法》之类法规严禁恶意买卖，哪怕你可以无法无天，股市也有自身经济规律。股票最终与企业的赢利、利润增长等“内在禀赋”挂钩，**一只非常好的股票，你再怎么打压，也难以把它的价格削去一半，而且价值总是要反弹的，不可能无限降低。**

再进一步说，A 股和港股有很大不同，股权非常集中。比如李嘉诚的长江实业集团，李氏父子在其中的股权仅有 13% 左右，时刻面临攻击。而 A 股绝大多数都是“国有股”，部分看似股权分散的公司，其实还是“国有股”。例如，万科几乎没有第一大股东，股权长期分散，但实际却是内部人控制。你去收购，最终只能撞得头破血流，因此“收购”“控股”这条路也走不通。

那好，大家一起抛售地产股，劝说身边所有的朋友统统不要买地产股，咱们一起“饿死开发商”，房价能不能降下来？股价长期低迷的坏处主要是难以再融资。股价不振，上市公司就难以配股、定增、高转送，开发商就被迫去借高利贷，最终把利润都吐出去，落个两手空空，这里面就到了最讽刺的位置：**开发商其实是降低房价的。**

某些人最悲哀的是他们根本就不懂经济学：**生产者和生产者竞争，消费者和消费者竞争，生产者和消费者从不竞争。开发商并不是购房者的敌人，开发商是购房者的朋友。**因为开发商的“企业合作”成本比“自主建房”便宜，因此才有了企业管理，开发商彼此之间的竞争会进一步降低价格。**针对开发商的迫害，或者“地产股”的做空，事实上是增加了成本，推高了房价。**

二、CDO

传统的金融工具不能满足目标，于是有些人又把目光转向了“衍生产品”。传说中，美国有一种复杂的 CDO（Collateralized Debt Obligation，担保债务凭证），宛如神话一般。“次贷危机”的原理是什么，这些人不大清楚，也说不清楚，我曾写过一篇《手把手教你做次贷》，倒是可以看一看。

但是，这些人要的并不是科学，人家要的是“希望”。就像电影《大空头》里的主人公一样，含辛茹苦，坚定信仰，相信房价一定崩盘，最终获得了百倍千倍的回报。

要强调的是，这部电影传递的信息是错误的，其中关于次贷的一切分析都是错误的。次贷根本不是那么回事，你跟着“大空头”做，大概率是赚不到钱的。而“大空头”整个团队，也并没有赚到如此高的回报，只有两三倍而已，并且在之后几年很快地就亏完了。

首先，我们要解释一下，“大空头”团队并不是做空房价。他们没有做任何事，也不可能做任何事，使得整个“美国房地产崩溃”，他们仅仅是买了一个金融产品，一个名为“如果金融崩溃之后可以赚钱”的产品而已。

举个例子，如果你预期房价即将崩盘，则你应该去买“搬家公司”股票。因为楼市崩盘，肯定会有很多人被扫地出门，失去住所，因而需要搬家，你提早买入“搬家公司”股票，等金融风暴来临时，自然赚得盆满钵满。但是，你持有“搬家公司”股票会导致楼市崩盘吗？绝对不会，因为这在逻辑上属于“关联关系”，而不是“因果关系”。老人一定有白头发，把白头发染黑，你并不会变年轻。逻辑是一门大学问。

其次，“大空头”并不意味着看空美国楼市。如果我们平心静气，抹去一切谎言和喧嚣的话，想一想这 9 年的美国楼市，然后回答下面这个问题：“美国楼市真的跌过吗？”

美国楼市目前已经创新高了，不仅是大都市圈，连乡村平均都刷了新高，随着通货膨胀，楼市每年都有一点的涨幅，不仅美国的楼市，就连加拿大、澳大利亚、英国、新西兰等国的楼市，都体现了这样的规律。站在 2017 年回头去看，所谓“2008 大跌”只不过是长线 K 图上的一个小波澜。

美国楼市最糟糕的时候，也不过是局部地区的一些小麻烦。真正贵族精英居住的地区，你过去让人打折，人家正眼都不瞧你。所以，美国楼市并没有崩盘过，真正崩盘的是 CDO、CDS（Credit Default Swap，信用违约互换）的价格，“大空头”团队只不过是发现了算法上的一些 bug，要指望美国楼市崩盘，靠 CDS 显然也不现实。

三、楼市期货

真的要真金白银地看空做空，恐怕只能实打实地搞“楼市期货”了，就好比石油期货、橡胶期货，期货和现货是联系在一起的。期货市场崩盘了，现货市场一定崩盘。反之，期货市场看对了走势，做空就可以赚钱。像中国香港这样以金融、地产立足的亚太都会城市，早在 20 世纪 80 年代就开始搞“恒生指数期货”了，而一直到今天，始终没有“地产指数期货”。纵观期货市场，你会发现全世界石油期货、煤炭期货很多，但是钢铁期货却很少。为什么？

因为铜只有一种，石油有两种，煤炭有五六种，钢铁有几十种，而房产有几千种！

假设以 2017 年 7 月 1 日上海房价为准，起价每平方米 6 万元，我们搞“房价期货”，期货交易一个月，双方互有买卖，互有拉锯，到了月终结算的时候，收盘价每平方米 6.1 万元。如果你对这个价格不满意，你就要进行“实物交割”，假设我们交易的单位是“平方米”（不是房产专业那个“平方米”），你说你交割内环线 1 平方米，老破小和汤臣一品都算 1 平方米吗？楼层户型朝向怎么计算？别墅怎么算？中环边的房子可以交割吗？外环外的房子怎么折算？对于折算比例不认可，怎么协调处理？

同样道理，有人实物交割，就有人实物提取。提取哪一套实物，如何估价？两个人同时看上，如何分先后？手里只有 5 平方米持仓，如何整取？房屋维修养护，如何出租？房产这种千奇百怪的东西，怎么能做到整齐化标准期货呢？

对于房产期货，我给出的答案是：可以做。天底下没有两块一模一样的煤炭，没有两粒一模一样的小麦，可是我们照样有煤炭期货，照样有小麦期货，**其中的原理是：忍受轻微损失。**比如动力煤，因为其内含能量的不同，分为很多档次，但在郑州交易所统一为 TC，如果成色不足，则按大卡打折计算。美国和加拿大生产的小麦，质量也有好有坏，芝加哥商品交易所统一以“蒲式耳”做计量单位，谷物质量相应换算。在整个期货世界，交易量和最终结算的量超过 100∶1，因此只要游戏规则透明，结算反而是不重要的。

我想了很久，对于“平方米期货”的设计可以适当调整，基于完全市场化下的某一些大数据算法，可以获得非常近似、几乎所有人都接受的折扣计算方式，如果真心想做这件事，“平方米期货”还是可以上市的。

具体的细节，我就不展开了，太琐碎技术化，因为我摩拳擦掌，马上要写最后一段话了。**最后一段话的开头显然是“以上全错”。**

四、对赌

我讲了好几种通俗的“做空房产”方式，其中两种是不可行的，一种是勉强可行的。其实我想说的是，“做空房产”这种事，从理论上就是不可行的。不是技术上的事，是理论不可行，不涉及技术细节设计，理论上就说不通。

做空的核心是对赌！金融的核心是风险！你看好一项资产，有人看涨，有人看跌。你摩拳擦掌，信心满满想从“对赌”中赚取 200 万元。但是，任何工具都是一柄双刃剑，你看错了走势怎么办？房价并没有如预料般的下跌，反而大涨了怎么办？到那时，你辛辛苦苦开了一个期货户头，却不是护身符，而是催命符。

各位，房子上涨 200 万元是非常快的，你“看空”对赌，承担风险敞口，就意味着损失。

一旦房价三四个月就涨了 200 万元，你拿什么来输，而且你有能力拿出 200 万元来赌吗？拿不出就别胡乱说了，因为你连进场的资格都没有。

楼市秘籍速成法

一、前言

（1）首先，你需要一份工作。

（2）工作至少维持六个月，工资不重要，但一定要让公司帮你交“四金”。

（3）在公司中结交一帮好姐妹。

（4）开始养流水，每个月固定入账，三个月可取走一次整数。

（5）在每个银行开设借记卡，办超级网银。

（6）开始养社保，纳税证明。

（7）开始扫街，假装买家，看房 200 套。

（8）对筹盘形成自己的判断体系。

（9）板块轮动，判断下一个热点。

（10）对重点区域 30 个楼盘必须做到完全熟悉。

（11）避开“处房情结”，专注于二手房，不推荐学区房。

（12）了解 Marketing，市场客户分类，口味趋势。

（13）理解当前形势。

（14）选择两个有能力的御用中介，建立私交。

（15）认识至少一个贷款中介。

（16）工作三个月后开始了解信贷，找到低成本的资金。

（17）累积一些（ > 50 笔）小额消费。

（18）信贷目标 200 万元额度。

（19）请小姐妹吃饭。

（20）开始练习“空当接龙”。

（21）初次接触私人拆借。

（22）准备两张房票。

（23）房票 A 开始“凤变冰”，全款买老破小。

（24）买房的时候带现金去，增加震撼力。

（25）四字大法：“哭晕，认㞞”。

（26）老破小交易周期尽量缩短。

（27）优先使用老人房票。

（28）熟悉交易流程。

（29）熟悉建材市场。

（30）熟悉买卖，租赁实战。

（31）迅速抛售，赚取第一笔利润。

（32）第二次“凤变冰”循环，更熟悉流程。

（33）三到四次“凤变冰”，积累原始资金。

（34）房票 B 开始大面积低单价。

（35）大面积交易周期尽量拉长，拖六至八个月以上。

（36）选择 30 年期等额本息。

（37）先不要用公积金。

（38）简易装修，分割成单间出租“民宿流”。

（39）制造赚钱效应，获取家人的支持。

（40）获得家族资金。

（41）获得多核。

（42）帮多核开始申请各种银行借款。

（43）59 岁之前，资源一定要榨干净。

（44）目标 500 万元银行借款，500 万元私人借款。

（45）继续买入，组建航母编队。

（46）对于多核可以用抵押证控制，记得保留全套文件。

（47）房产开始升值。

（48）依靠抵押、截断、高评、对敲等方法获取资金。

（49）用低成本资金替换掉高成本债务。

（50）“无限房票大法”，破限购限贷。

（51）循环 2N。

（52）增加朋友圈。

（53）拓展私人借款渠道。

（54）涉足成本更昂贵的资金，直到扩张边界。

（55）逐步打造团队，开始伙伴分工。

（56）绘制现金流量表，预估未来缺口。

（57）在中介处挂牌，涨价顶帖。

（58）假装买家，了解卖房行情。

（59）春节前最淡，春节后最旺季。

（60）有秩序地在三重顶卖出房产，优先卖充分成熟的。

（61）开始考虑全职，投资房产比工作更重要。

（62）主要的时间以融资、扫笋盘为主。

（63）按照 1：10 的比例，逐步有计划将资产兑换转移到重庆，保留胜利果实。

（64）花 50 万元给女人买个包。

（65）构建以“娃本位”为核心的资产组合包。

这段文字我刻意将规模维持在 1000 字以内，越短越好，下面我将对这段内容做个注释，详细解释为什么要这样写这段内容，会有 6000 字规模。

二、速成

首先，我要解释一下什么叫作“速成”。真正按照严格意义上讲，是没有“速成”这个说法的。人类社会经过千锤百炼，真正能够保留下来的那个方法，一定是最有效率、最迅捷的方法，这才是所谓的“正道”。而其他所有的“速成”方法，无一例外都是有各种各样的缺陷，就比如你要学知识的话，老老实实地念完四年本科，这才是最踏实的，也是最迅速的，而如果你要一年或两年就毕业，则多半是技校、大专。

我们这节所说的“速成篇”，其实是通用件和专用件的区别。学问之道，分为“体、用、术”。“体”为根本，奥派和经济学的大道理才是演化以后一切的基础。而大道理并不能转换成“钱”，有时候你看“体”，洋洋洒洒写了几十万字，可是没一款能帮助你赚到钱，未免显得太过憋屈。

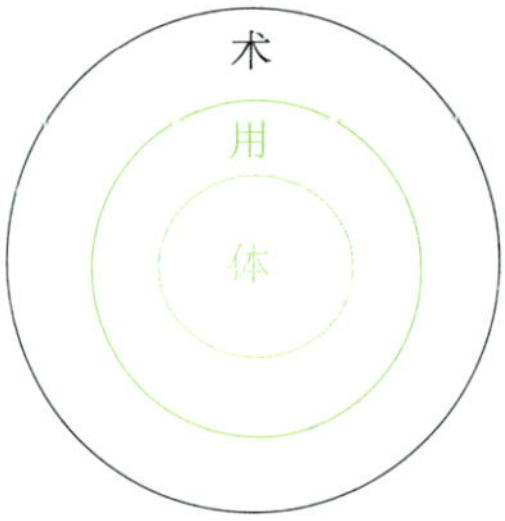

“速成篇”则侧重于“术”，基本上市面上所有的“速成”，讲的都是“术”。任何教你快速赚钱的方法，多半是一门手艺。一个熟练的技工培训三五天就可以上工了，而培养一个大学生却需要四年。

“体”和“术”有什么区别呢？区别就在于“通用件”和“专用件”。学习“术”的人，好比一台专业刨螺丝钉的机床，你让它加工螺帽，则效率极高，成本也节省，可哪天你想加工一个曲轴，它就完全不能胜任了。

我们的时代在变迁，社会在变迁，更要命的是政策也在变迁。环境和政策一天一个样，这导致我们今天学的“整套手法”，到明天可能就没法用了，就好比在上文提到的第 24 条、第 25 条，我们说我们需要“两张房票”，其中 A 用于“凤变冰”，积累原始资金，B 用于大面积低单价流派，这就是 2016 年 11 月 28 日上海楼市“新政”之后的新改变。在这之前，只要“首房无贷”（没有贷款记录也是可以认首套的），你只要 A 这一房票就够了。

如果说这还属于“小改动”的话，则随着“水库论坛”的普及面不断扩大，目前市场上“凤变冰”也越来越难找。“凤变冰”的特点在于“凤姐”，不在于“冰冰”，“凤姐”才是你可以赚取的利润。而“冰冰”溢价少，最多使你卖得快一点。随着“水库大军”越来越多，“凤姐”都快被挖光了，洼地也是越来越少。整个逻辑链上，“凤变冰”也属于很重要的一环。但是，失去了“凤变冰”，资本原始积累如何走？如何获取家人的信任？

这个问题，光靠第一部分的内容是无法回答的。1000 个字可以速成，但速成的是“专用件”，只能用于特定时期、特定场合、特定人群。而只有把“体”“用”都学会了，从头开始学，把基础打好，把整个逻辑理顺，当外部环境变了，你才能够自己顺着逻辑推导，想出对策。

三、小抄

在《射雕英雄传》里面，铜尸陈玄风盗得半部《九阴真经》，他放在哪里都不放心，最后把原文毁了，刻成刺青，缝在自己的胸口，后来被剥下。八卦的读者看到这里，不由得会问：“在古代又没有打印机，您最小用几号字体？”人的胸口皮肤面积十分有限，在这么小的范围内，你怎样抄下半部《九阴真经》？能写多少字？结论是很少，不到 1000 个字。

当我们读大学时，我们就心怀一个梦想，读了那么多的武侠小说，哪天让我也撞见一本武林秘籍，修炼以后变得非常生猛。这时，睡在上铺的兄弟偷偷地凑了过来，拿出一本发黄手抄本，说：“少年，我看你骨骼清奇，面相不凡，必是一代学武奇才。”然后你接过来对着昏暗的灯光一看，是“水库论坛”。

“水库论坛”如果是“投资秘籍”的话，那么我就出一个“速成手抄本”。字数不要多，就 1000 个字左右，足够做成小抄，在青年人之间流传，所以才有前言的内容。那部分内容经过大幅的简化，凡是讲调控的逻辑，讲经济学原理 dT>0 的，一概不录入，最终勉勉强强凑了 1009 个字。但其实还是很偏向“用”的，介于“用”“术”之间，比较偏向理论化。因为真正要写“速成版”的话，终极格式我只要 43 个字就够了——七成 30 年按揭，去买上海康城一楼带地下室的户型，按照 2017 年 1 月的价格闭着眼睛买，即买即赚！

四、工作

好了，现在我们具体展开，前言里的 67 条究竟都写了些什么东西。首先你需要一份工作。工作，绝对不是让你去赚工资的，更不是让你去拼搏升职加薪。事实上，既然是“速成版”，那么时间是非常宝贵的，一般在 36 个月内就要结束战斗。36 个月，靠工资根本攒不了多少钱，升职提干也就是小组长，毫无意义。

上班的主要用途是为你交“四金”，交四金有非常重要的意义，尤其是在申请房贷、信用卡时，会有很大的帮助。所以你只要有一份体面正当的工作就可以了，工资多少无所谓。

“上班”的第二个含义是结交一群“小姐妹”或者“小兄弟”。赚钱再快也比不上借贷，对于一个初出茅庐的年轻人，如果他要靠“工资→积蓄”积攒起人生的第一个 150 万元，那可能需要五六年，甚至更长的时间。而借贷的话，则是根据信用而定。也就是说，你的那群小姐妹，一个个都是人形金矿，只要你挖掘得好，四五个朋友一凑就是 300 万元的启动资金。

五、流水

一般银行的需求是让你打 6 个月的流水，有些管得严格的城市甚至要求你打 12 个月的流水。所以无论如何，你在公司里得待 6 个月，在这段时间内，你也不能闲着，你需要“养流水”，你要严格地做到“收支两笔账”，甚至可以说，同一家工行开两张借记卡。其中所有的“支出”走一张卡，比如月供、信用卡还款、分期付款等。所有的“收入”走另外一张卡，比如工资、房租、定期收入等。等信贷主任管你要“流水”时，你的“收入卡”才会好看。

而对于初入职场的年轻人来说，工资不会太高，“流水”也十分难看，这时你也可以“养流水”。也就是说，每个月固定有一笔23456.78元的进账放在卡上，暂时不要取走，每3个月可以集中取走一笔6万元，按照谨慎的原则，银行应该集中监督你“工资”项目下的每月定期收入，但我们实战体会，只要你每月固定日期存入一笔钱，非“工资”类目其实也是很有用的。

总而言之，你的流水得养起来，万一哪天真用上贷款时，谋而备就可以用。另外，社保和纳税证明也可以养，这里不展开讲解。当你看见职业房产投资者唰唰唰地“万箭齐发”时，却没看见人家其实两年前就开始准备了。

六、扫街

在这6个月内，除了养流水，另一个可以做、必须做的事情是“扫街”。天底下本没有捷径，也没有速成法，一切都是无差别的人类体力劳动。扫街，我们一般的要求是**“看房200套”**。

对于一个房产投资小白来讲，你会有太多的疑问。但是说了你也不听，听了你也不懂。在这种情况下，我给你的建议就是**“看房200套”**，你不用质疑，先自己去看房200套。

随着你皮肤被晒黑，脚底被磨破，晚饭今天没有吃，明天没有吃，后天忘了吃，你自己的经验值就会上涨，就会有实战心得体会。“谋而寡断”是男人最令人厌恶的品质之一，“杀伐果断”是可以后天学的，其最佳的办法就是长期泡在第一线，经历足够多。

七、人脉

培养两个御用中介，培养一个御用贷款中介，就像我曾在《信息不对称是伪科学》一文中所写的，凡事皆是资源，信息不是免费的。

八、借贷

“四金”社保大约交了三个月以后，征信系统已经有了足够记录，这时候可以开始申办信用卡。由于银联偷偷地规定了“个人总授信”有上限，因此办卡有很多的讲究，比如工行卡最优先、56天卡优先、继续办付费白金卡。当这些卡发下来以后，你还要进行“养卡”。因为到了后期，你根本没有精力干养卡的活。你要为每张卡刷50笔小额消费，笔数要多，商户要杂，类型要全面，这样你的信用卡统计报告才会好看。最后则是开始请小姐妹吃饭，真心诚意地告诉她们你要投资房产，要借她们的名字办信用卡，千万不要撒谎。

九、“凤变冰”

好了，差不多到了四五个月的时候，你手里的卡也有一些了，房子也看了一百多套了，对市场有了初步的了解，这个时候，你要“实战”一把。

我们对于“第一笔交易”看得极重，对于第一单，赚钱多少和年化回报率完全不重要，权当练手。关键点是“赚”，哪怕年化回报率只有10%。千万不能亏，切记切记，因为买房的第一套、第六套、第十六套是最重要的。

你买房之前，有两到三个月的漫长时间可以扫楼，只要你看的房子足够多，你总是可以找到笋盘。“凤变冰”的关键是“凤姐”，利润是在买入的一刻就已经产生。关键要确保成本远低于市场价。

对于第一单，第一次“凤变冰”，你不用追求高利润，只要能摸索着把“整套流程”走完即可。我们的目的也主要是让你熟悉“买入、装修、卖出”的整套流程，知道是怎么回事即可。最后，你盘算利润，可能利润很薄，但是再薄，只要能跑赢定期存款利息，就足以让人精神大振了。

在第一套的基础上，一般我们建议你再做第二轮“凤变冰”，和第一轮的青涩相比，第二轮无疑会少走许多弯路，少交许多学费，这时利润会大为增加，你可以挑战一下获利的上限。此后，还可以做第三轮、第四轮。

“凤变冰”本身不是一个成功的流派，房产投资者动辄谈论 500 万元以上的利润，以“凤变冰”单趟 20 万元的利润来算，足足要做上几十笔，所以不必留恋。

“凤变冰”主要是三个目的：（1）小规模实战几回，长长经验，交交学费；（2）赚 100 万元启动资金；（3）给家人留下一个赚钱的印象。

十、富二代

通过这段内容，你就可以看出自己和口含金汤匙出生的“富二代”之间的区别了。我们假设的主人公始终都是“赤手空拳来到上海，无存款，无人脉，无资源”的三无人士。他很能干，很拼，想出人头地，但 22 岁时一无所有。

对于这样的年轻人，他才需要“借贷”“凤变冰”这两棵科技树。信用卡可以通过“空当接龙”的方法虚空幻化出几百万，尽管其中的过程苦不堪言，“凤变冰”获得 100 万元启动资金，并获得家人的支持。

不管是谁，起步的时候都不轻松，而你没有爹可拼，你就必须更拼命。你从零起步，就必须冒更大的风险，吃更多的苦。值得欣慰的是，房产投资相对其他投资来说，还算是轻松的。

十一、多核

我们一般认为“凤变冰”赚得并不多，一年时间循环四次，也不过赚 100 万元左右。信用卡办 200 万元额度。如果“凤变冰”失败的话，此路不通。那你就办 300 万元信用卡，无非是更辛苦、更痛苦、风险更大一些。

当有了这些启动资金，赚到第一笔、第二笔钱的“示范效应”，你才可以回到家族里“满地打滚”，获得你整个家族全面的支持，这会使得你的实力大大增强，因此这是很关键的一步。

当你满血满魔浑身披挂，集家族之力再次回到战场时，你应该会有 500 万元信用卡额度和500万元资金，这会使得你的战斗力大大加强，然后你再按照“航母编队”，分为成长型/防守型、收益性/流动性、长期项目/短期项目、大型标的/中小型标的。和所有的财务类“教科书”一样，以资产配置的眼光搭建你的整个资产包。

十二、筑巢引凤

上面说的所有事情全部都做完了，也就是“蓄势待涨”，就像我所有的准备工作都已经做完。手里的600万元现金，变成了“2000万元房产的三成首付，1400万元负债”。在这个时候，有一个最关键的步骤：房价必须大涨！

理论上来说，600万元现金和“2000万元房子的三成首付”在会计上是等价的，两者的唯一区别在于“房价是否按照预期大涨”。你已经“筑巢引凤”，结果房价没有大涨，那你就是埋坑自己躺。

而房价会不会涨呢？这不是“术”里面的问题，而是“体”里面的问题，是基于奥派经济学、货币经济学、宏观调控、土地政策、人口大数据等一系列分析的结果，要把“房价是涨是跌”的道理说清楚，要写100万字，因此这是“速成篇”不教的东西，**您记住结论就可以：“涨”。**

十三、中级阶段

先让我建仓，把“600万元转化为2000万元房产三成首付”，然后房价必须“如期大涨”，恭喜你，你可以进入中级阶段，这个阶段钱财是来得极快的。初级的时候，为了100万元信用卡额度，为了20万元的“凤变冰”利润，你被折磨得痛不欲生。而在中级阶段，也许一觉睡醒你就赚了几十万。

一般而言，上海楼市好的时候，2000万元房子一年可以赚600万元，也就是本金翻番。这还是考虑到本金可能也就是200万元，你还有大半不是自己的钱财。也就是只要一年的时间，你就可以脱离赤贫、脱离苦海、脱离小康，稍微超越中产！

在“水库论坛”里，常有“一年时间1万到1000万”的故事流传，其实前半截都在建仓，建仓后楼市一冲就千万了。

十四、2N

中级的后续做法是2N，也就是每年投资两套，持续扩大，顺着这条线，最终可以一直做到A9。至于2N的具体做法，“水库文献”中已经有了详细描述，不再赘述。

值得一提的是，除了抵押、截断、高评、对敲等各项手法之外，还有一个极重要的选项：“卖出”。因为楼市也和桃子一样，存在一个“成熟”的概念，一个地段从潜力、青涩、成长、发展，最终会达到成熟和过成熟这两个阶段。其中“成熟”阶段，该板块已达到热炒顶峰，继续成长可能性不大。到了“过成熟”阶段，该板块已炒完，产生审美疲劳，此后只会走下坡路。

所以，当手中物业接近“成熟”时，要尽早安排出售，而物业“过成熟”时，要坚决全力抛出换筹。比如说，1997年的田林、2003年的徐家汇、2004年的莘庄、2009年的联洋，都属于热到巅峰而衰弱的。2016年的大宁、唐镇，也处于“成熟水蜜桃”即将腐烂的状态。当投资者盘算好“出售计划”，一心一意想抛时，突然遇见相关调控政策，那定是非常愤怒的。

十五、高级阶段

高级阶段主要是守，“一切附加值都不保值”，既然如此，“上海”这两个字也是不保值的。我宁愿逐步地按照1∶10的比例，把资产转移到重庆去。

十六、终极阶段

对于终极阶段来说，富贵如浮云，都是白云苍狗，不仅“上海”两个字不保值，就连“财富”二字，本身也是不保值的。财富并不能抵抗战争、政策变迁、社会动荡，甚至科技发展……

像某些富豪拥有几千亿财富，他的下一代、二代、三代……再要维持他在全社会的财富水准，那是非常难的，几乎注定要降阶。相对而言，如果富豪有几千个儿子，而每个儿子均分 1 亿元，并且散居在全国各地，则他整个家族将堪称是根深蒂固，几乎不可撼动。因为几千个人的财富总量增长，一定会超过一个人的速度。**孩子才是终极财富。**血脉的传承，就是自然界的终极意义。而你要做的，**就是构建以“娃本位”为核心的资产组合包。**

全款的请向里走

我曾经收到过“吴晓波频道”发来的一封采访函，他们问了一个很尖锐的问题。

吴晓波频道致 yevon_ou 老师采访函：

打扰了，我是吴晓波频道的编辑李梦清。想采访您一个关于房产的问题，不知道是否可以，十分感谢！

近来，杭州、成都、武汉、广州、无锡等城市买房难，甚至形成了所谓的买房“鄙视链”，有人编成了一个段子：“全款买房的往里走，按揭的不要堵门口，公积金贷款的请把共享单车挪一挪。”

1. 一个很奇怪的现象是，开发商的要求很高，许多楼盘需要全款才能买到，但开盘后依旧分秒售罄，这是为什么？（买方：哪来这么多付全款的？刚需多还是投资客多？卖方：房源太少？政府限价？急着回款，要求全款者优先买房甚至直接要求全款才能买，这样的做法合理吗？是否违反规定？）

2. 在这样的局势之下，再加上另一个背景：全国首套房贷平均利率升破5%，为连续第 8 个月上升，这对于真正的刚需来说非常不利。那么，刚需在当前的状况下，到底该怎么办？

3. 相比前几年，今年的形势是不是不太利于房产投资客？投资客该怎么走？

4. 您的其他观点。

关于“吴晓波频道”提出的这个问题，非常容易解答。**主要就两个字：限价。**

一、全款

按照普通的买房流程，在“下定”之日，支付20万元—50万元不等的定金，约定3个月过户，过户之日付足30%首期，贷款70%。对于开发商来说，他的资金成本是有利息的，而且还很高。中国的房地产市场，普遍“资金成本”都在两位数以上。

“诸神围剿绿城”那年，宋胖子掘地三尺，最低的资金也要28%，当真是十面埋伏，走投无路，当时就是众人联手做局，非要趁你生病拿你控股权。历年来，关于开发商“高利贷”的传闻不绝于耳，小白们一直指望着“付利息”能压垮无良奸商。

简单点，我们就取12%的资金成本，或者月率1%，以一套500万元的房产为例。第0个月付定金50万元，第2个月首付付清100万元，少得利息2万元，第4个月贷款结清350万元，少得利息3.5万元 ×4 = 14万元。由此可见，如果消费者以“贷款”方式买房，相对于“全款拍在桌子上”的土豪行径，开发商的确是少赚钱的。这个数字，从金额上讲，是16万/500万 = 3.2%。

我们出门买房子，常常喜欢讨价还价，拉着售楼处经理说：“小弟啊，我全款付，可不可以便宜点？”其中的原理，就在于“全款拍在桌子”上，开发商可以提早拿到钱，节省利息。相应地，售楼经理也会故作肉痛状，再让利1%—2%。

我们出去买卖二手房，也喜欢问：“付款方式好的话，能不能再便宜一点？”只不过“民间”利率一般远远低于12%，余额宝不过4%出头的利率，因此民间“全款”或“贷款”，房东砍价余地不大。

二、限价

上一段说到了，在 T + 0 日，就一口气将“几百万拍在桌子上”，相对于开发商节省了利息，大概是 3.2% 的样子。接下来第二个现象就是“限价”。限价是部分政府制定一个“最高”指导价，比如武汉汉江这种地方，每平方米只许卖 2.8 万元，再高就不发预售证。

限价这事，其实是很没有道理的，而且对国家商业秩序危害巨大。我明明可以卖 500 万元的房子，答应卖给李四，你情我愿，你非得限制我只能 300 万元卖给村口的泼皮王五，这有道理吗?

假设一定要“限价”，那开发商就不乐意了，你们这个地方的投资环境这么差，以后商人都不来了。而在短期之内，已建成 / 在建项目则要想办法脱身。第一种办法是“不卖了”，300 万元卖给泼皮王五，我不卖还不行吗? 例如在 2017 年 9 月 9 日，成都某房地产公司发出通知，告诉消费者：我的预售证丢了，房子卖不了，不好意思。具体什么时候能卖，等我找到再说吧。

你看，预售证这么严肃的事，居然让临时工给弄丢了。按照工商管理条例，预售证补办需要半年的时间，而且作为“惩罚”，工商局半年内都不会再让卖了。

第二个办法是收“茶水费”，比如说 2017 年 9 月 5 日爆出武汉“长江凯旋城”77 万元的房子，首付 88 万元。为什么会有这样神奇的事呢? 因为 77 万总价的房子虽然首付 23.1 万元，但需要捆绑每平方米 2000 元的开发商精装修、25 万元的“品牌家具”、7 万元的“俱乐部会籍”，这么算下来，其实是一套 127 万元的房子，被限价到 77 万元，购房者满怀雀跃地去买 77 万的房子，结果发现除了“少贷款”，他们什么也没捞到。当然，在政府一再地“严厉执法”重拳下，“茶水费”现象已大为收敛。

第三种是最惨的某一类开发商，他们不是国企，所以毛利就是身家性命。他们资金链也不雄厚，所以耗不起，一定得开盘。想收“茶水费”，结果被严打。对于这类开发商，他们就是“实打实”地损失了。当然，在这最后的战役中，开发商还是可以想一点办法，挽回 3.2% 损失的。相信您也知道是什么了——“全款买房的往里走，按揭的不要堵门口，公积金贷款的请把共享单车挪一挪。”

三、刚需

Q：要求全款者优先买房甚至直接要求全款才能买，这样的做法合理吗？是否违反规定？

Q：全国首套房贷平均利率升破 5%，为连续第 8 个月上升，这对于真正的刚需来说非常不利，到底该怎么办？

对于某些人来说，他们总以为全世界都是欠他的。当别人辛辛苦苦啃白馒头喝凉开水读《高等数学》时，他们出去浪浪浪和买新衣服。当别人踏踏实实认真工作攒月供时，他们在享受“诗和远方”，转眼还嘲笑你土。玩了十几年，现在快 30 岁了，抬起头来一看，差距大得不得了，别人都开始买第二套房子了，你的存款还没有超过五位数。

对于某些“诗和远方”的文艺青年，他们自己不勤奋工作，却去对政府吼“房价太高”。政府已经很尽力帮他们了，连“限价”这种反噬力很强的政策都出来了（破坏投资环境），他们还哭诉“抢不到”，他们的逻辑链是：首付少→穷人→应该帮助。是不是这样的思路？

遗憾的是，**经济学是一门“反直观”的科学，经济学原理和人类的第一反应并不相同。**经济学认为：一个人肯出 500 万元，一个人只肯出 150 万元。请问哪个人对房子的“需求”更为强烈？谁没房子就活不了？答案当然是出 500 万元那个。

经济学的逻辑在于，“这 500 万元并不是从天上掉下来的，而是牺牲别的换取来的”，你有多大的需求，关键不是看你喊得有多响，而是看你为此付出多少牺牲。为了这 500 万元，你每天要上班 8 个小时，你要忍受你的顶头主管整天大放厥词，你感觉简直是一种巨大的折磨，可是这一切你都忍了，因为你需要这每月 2 万元的工资，你要养家糊口，你要攒钱买房子。

而那些小文青呢，每天睡到 11：00 起，去街道工厂打工三天，借口说太累，不肯去了，天天宅家里打《王者荣耀》，存款永远不超过五位数，看见一支 YSL 的唇膏就忍不住买下来。这种人嘴上喊得响，拍个访谈痛哭流涕，其实都是演技。就比如女孩子如果要选配偶，你绝不能看凤凰男嘴上吹得天花乱坠，爱你到海枯石烂，你要老老实实地教育他，给你买 100 天的早餐，每天早起，风里来雨里去，看看他能否坚持再说。

因此，买房这种事，“肯出 500 万元”就是比你“肯出 150 万元”要真心，人家才是急需这房子，为此不惜大学搏斗《高等数学》，职场忍受差劲领导。

“限价”是一种对市场的扭曲，“预售证遗失”“收取茶水费”都是对限价的反应。哪里有压迫，哪里就有反抗。因为你开始了一条扭曲，你就必须再叠加 100 条扭曲，就好像漏气的气球。如果我们不能阻止“限价”，至少我们不应该赞赏“第 101 条扭曲”。dT>0，市场化在任何角落都是好事。

买卖贵，还是租赁贵？

一、隔离墙

去年发生了很多事。第一件事发生在北京的西宸原著和玉璞家园。

这两个小区原本是同一个地块，开发商拍下来了以后，在当中筑起了一堵墙，一边是豪宅商品房，每平方米卖 12 万元，一边是政府规定的限价回购房，每平方米卖 2.2 万元。有些人的特点就是特别能闹，觉得应该按闹分配，没事搞事情。于是这帮人吃了政府的肉汁，还要给政府添乱，跑到政府那里投诉："凭什么我付了 3 元物业费，享受不到隔壁 10 元物业费的花园绿化？"

这件事孰是孰非，法律权责，不在我的讨论范围，我也不感兴趣。我想问的是另外一回事。假设相关部门已有公论，非拆不可，请问会对楼市造成什么影响？这个问题很少有人真正想过，长篇累牍的分析也没有人写过，但是用经济学原理 dT>0，却很容易解释。

你设想一下，如果你是一个"汽缸发动机"厂商，专为奔驰牌轿车设计 4L 以上高容量高科技内燃机。"发动机"向来是汽车行业的核心技术，欧美厂商拥有非常大的技术优势，每一点点功率的提升，都是迭代的技术难题，需要经过无数的风洞实验。好了，现在相关部门来了，他们强制要求："你那个发动机啊，必须装一个隔板。"分为 2.5 升和 1.5 升两个舱室，设计师们必然大跌眼镜，因为这样做必然导致"燃烧"效率大大降低，热机性能跌一个数量级，造成汽车工业倒退十年，这就是"dT>0"。

当一个工程师拥有完全的自由、完全的施展空间时，他才能做出最好的产品，发挥最大的性能，而每层约束，每个限制条件，都会降低发动机的功率，最终退回石器时代。

好了，现在来看“北京隔板”事件，当开发商拥有自由，他才能设计出更符合消费者需求的产品，因为“隔板”的存在，才有小桥流水，才有仙鹤花园。如果“广场舞”大妈入侵“大观园”，则一切文明和礼遇都将不复存在，还可能将满地都是垃圾和痰渍。

强制拆除隔板，会降低社会的总财富。以前开发商可以用 100 亿元来拍一块地块，以后该地块就只值 80 亿元了，因为生产不出价值，会造成生产力的损失，会造成财富的损失，会增加无中生有的成本。

二、不可售

第二个故事，参见新闻《超级重磅：上海再推 6 幅黄金地段 100% 不可售住宅用地！距离黄浦江仅仅一个路口！》。

黄浦区是上海 No.1 的地段，绝对的大区领袖，旁边的耀江花园目前二手房价格每平方米在 11 万元—12 万元。这个地块若拿去拍卖，至少是百亿数量级。结果这么大的一块土地，如今却拿去做了“租赁住房”。租赁需要装修，装修需要折旧，算上有些企业的低效率，整个装修折旧约等于租金，几乎相互抵消，上海市政府净损失了 100 亿元。

据说这样做的原因是为了“抑制房价，降低住房负担”。算上之前拍的四块“只租不售”郊区地块，上海市政府在土地市场的减收已达到了 600 亿元之巨。

国家政策有其宏观的考虑，我们无法评论。但从经济学上讲，只租不售，能否降低住房负担？

答案是否定的，到时房价依然会大涨。

三、租赁贵，还是买房贵

逻辑十分简单，一个公式：dT>0。生产的方式和组合是否减少了？消费者的选择是否减少了？买房子贵还是租房子贵？关于这个问题，99.99% 的人都回答错了，或者说身体更诚实。

目前中国大城市的房租已经跌得惨不忍睹，北京、上海每年的租金在房价的 1.2% 左右，省会城市在 2%—3%，四线城市在 4%—5%。越是大城市，租金回报百分比越低。目前的“超大城市”房租已经跌到了如此地步，以至于房产以 70 年计，不算复利，70 年的总房租都不到 100%。于是一些人立即得出了“租房更便宜”的结论，你卖了房子去做理财，每月付完房租还有剩余，岂不乐哉？

这 99.99% 的人都没有受过正统的“经济学”训练，**经济学的精义是不要看一个人说什么，而要看一个人做什么。**如果大家嘴上都骂房价高，最终却是售楼处几千个人抢一套房子，售楼处挤塌掉，那房价就是不高。

真实的“市场”是怎么样的呢？真实的市场“买卖”占据绝对大头，人群份额在 90% 以上，选择“租赁”的人群连 10% 都不到，而且其中很大一部分是买不起，在攒首付，一旦攒够了，还是要毫不犹豫地冲去买的。嘴上说不要，身体却是诚实的，真相只有一个：**买房比租房更便宜！**

市场经济是一件很玄妙的事，市场永不犯错，如果市场错了，那多半是你的三观错了。虽然大家都在喊：“房租回报率”只有 1.2%，哪怕房租再涨几倍，都难以覆盖财务成本。但事实的真相就是：“听其言观其行”。所有人的内心深处还是深深相信“买比租划算”，真正铁定了心肠和你死磕三十年的，一个都没有。

为什么？因为这里面不可测的，主要是一个“失控”风险。你在房产上的头寸是负一套，你迟早要买的。看空的最大收益是 100%，而“踏空”风险 10000%，上限是天空。

房租的确很低，房租过去几年的增长率也很低，房租未来几年的增长率也很低，任何财务模型计算，租房都便宜，可是万一“失控”，万一房租涨 10 倍呢？市场是聪明的，市场永不犯错，买房比租房 70 年更便宜。

四、租赁房

说回“只租不售”房源的话题。从经济学上讲，存在三种档次的效率：最高效率是开发商可以选择出售、出租，甚至干脆捂地；中等效率是开发商建房出售；最低效率是开发商只出租。

最高效率的时候，“房价”最低，和一般人的直觉相反，经济学是支持“捂地”的。开发商可以自由捂地的时候，房价最低。dT>0，同样一块猪肉，又能做糖醋小排，又能做鱼香肉丝，饭店如果可以自由选择，则饭店的收入可以达到最高，食客也最幸福。同样一块土地，开发商可以选择建房出售，可以选择建房出租，可以选择捂地，可以选择合作、合伙、拍卖、上市融资，则这时候这块土地的生产力最高，社会最富裕，人们购房负担最轻。

如果限制为“只租不售”，其实是“效率和选择的损失”。对消费者来说，租赁比买卖更贵，如果强制消费者只能付 70 年的房租，则他们最终的总支出会超过房价 N 倍。

五、租赁狂潮

从 2016 年开始拐弯，中国目前总体的“房地产调控”思路可以说是“强推租赁”。自最初的“雄安新区”建设，所有不动产买卖一律停止，雄安所有房产只租不售。大力发展租赁被视为一个撒手锏，调控破局的思路。

知乎的“工业党”工程师们，完全没有经济学和金融学的复利常识。他们自以为“租金便宜”，因此想要大力发展租赁市场。妄想以 3000 元的房租解决 800 万元的学区房困难。被这些“工程师治国”鼓吹出来的“租赁狂潮”，其实是一场灾难。你迟早会发现，租赁比买卖更贵。

当你心安理得花 3000 元租了好几年之后，房东会突然找到你，要求你每月付 6 万元的房租，然后你会狠狠给自己一个耳刮子，后悔当年哪怕 800 万元买套房子，也比现在划算。从来没有任何人保障你的租金不会“失控”式上涨，就像没有任何人保证你的退休金可以养活未来的自己。

一块猪肉，既能做糖醋小排，又能做鱼香肉丝，才算是物尽其用。请记住：70 年房租的总支出，将远远超过房价！

双鱼座为什么不能投资房子？

追求完美是你一生不幸的根源。

一、别人家的孩子

我们时常看到“别人家的孩子”。每当深夜，你家孩子发嗲打游戏了，看看隔壁窗户，书桌台灯还是亮着的，别人家的孩子正在用功读书。我们还常常看到一种“大理石优质员工”。这种员工做事一丝不苟，永远正襟危坐，皱着眉头，看着电脑屏幕，处理着和工作 100% 相关的事情，而你上班总是有偷懒发呆的时候。

结果呢，“别人家的孩子”成绩一直在全班中游，他的父母唯有叹息，这孩子很用功，可惜“天资”所限。“大理石员工”简直是公司的毒瘤，这种人每天工作 8 小时、10 小时、12 小时，可就是没有产出。就好像日本人一样，每年都有无数日本人过劳死，但日本企业生产力之低令人发指，在 G7[①] 七国集团之中垫底，连以懒散著称的意大利人都比不过。

为什么会这样？在房地产中有一些非常“冷门偏科”的问题，如果将房地产视为一棵巨大的科技树，则科技树大致是长下面这个样子的：

---

① G7 Summit，七国集团首脑会议，是由美国、日本、德国、英国、法国、意大利和加拿大七个较发达的工业化国家的国家元首或政府首脑就共同关心的重大问题进行磋商会晤的机制。

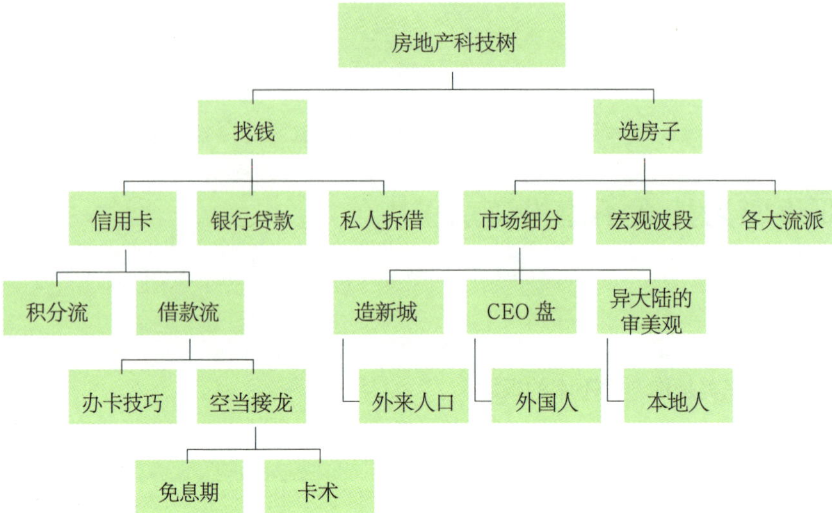

我们在前面《楼市秘籍速成法》那篇主要讲了两部分，一部分主要讲选房子，另一部分主要讲融资，而其中又分为信用卡、银行贷款、私人拆借三大渠道，信用卡再分为积分流、借款流，借款流再分为办卡、用卡，用卡里面。而关于中国银行的三张副卡会不会损伤征信，那是细节的细节的细节的细节……

二、大理石员工

在分答上就有一位“大理石员工”，穷追不舍地问我“中国银行的三张副卡会不会损伤征信”这种细枝末节的问题。在这位“大理石员工”的不懈追问之下，如果我不把她的话紧急切断的话，她肯定还会再往下问个四五层。例如：刷多少金额、刷几笔、刷怎样的商户才不会有麻烦。相对应的，则是枝节第八层、第九层、第十层……

我们不禁要问：“你这样不懈地问下去究竟有什么意义？”天底下的知识无穷无尽，你这样问下去，究竟是想解决自己实际的困难，还是想装出一副很勤奋好学的样子。我有极大的概率怀疑，她是左耳朵进，右耳朵出。

在我们的生活中，在周边的人和事物中，并不缺乏这样的例子。所谓“滥竽充数”，这样的人就是最擅长“充数”的。苏格拉底曾经说过：“人类最辛苦的劳动，是思考。”劳心远远比劳力累十倍。而对于某些人来说，他们是天生的“职员”，他们一辈子就只适合做一个按部就班的中层干部，你让他们去独当一面，那是万万不可能的，因为他们的大脑是空的，对整个事物根本没有通盘的思考，也缺乏实干的经验和冒险的勇气。你以为她在工作，其实她在梦游。

三、“双鱼座”

这里的双鱼座，指的其实不是具体的星座，而是之前的“大理石员工”。在我看来，“双鱼座”有几个性格是非常不适合投资房产的，推而广之，他们也不适合干其他活。

（1）抓不住重点

学问之道首在“框架”。整本书最重要的是目录，知道了大致的框架，远远比知道细枝末节更重要。框架再加上一两个核心环节，整本书看三遍，精华就可以吸收 80%。这就需要人对于“轻重缓急”有非常明确的看法。推而广之，如果你掌管一家企业，推进某一个项目，你一定要知道哪些事是重要的，哪些事是不重要的。

对于投资这种事，房票是重要的，筹款是重要的，征信是次要的。房票在手，钞票在手，事情就成了大半，而细节再完美，也没有意义。

（2）追求完美

追求完美是“双鱼座”全部的苦难源泉，人生最糟糕的事就是追求完美，基本上可以说是“谁碰谁死”。人生的真谛是什么？真谛就是“苦难”，人生就是一场又一场的放弃。从高中开始，你要选文理科，读了文科就不能读理科，高考报名不能面面俱到。

到了大学里，你就要选专业，选了专业，就意味着你的人生是“残缺”的，此后再也不能像中学生一样，拥有着无限的可能。任何一个专业都意味着放弃另外 359 行，眼睁睁地看着别人站在赚钱的风口。

但是“双鱼座”不这么想，“双鱼座”是一群追求完美的人，追求完美的背后也意味着他们分不清主次，分不清重要性。只有你把细节和整体看得一样重要，你才会追求完美，力争每分钱都不要浪费，一张单子赚到理论上限的钱。这绝对不是“纯爷们”的做法，真正的汉子应该是不停地损失的，我知道这张单子没做好，有很多缺陷，少赚很多钱，但是与其停下来优化，我不如继续扩张做第二单，赚得更多。

拖延流

一、拖延流

首先要搞清楚什么是“拖延流”。拖延流是一种技巧，**指的是“尽可能拉长交易周期，来缓解融资和筹首付的压力”。**那么，为什么要“拖延”呢？很多人完全不能理解其中的意义。

对于许多人来说，他们觉得买房子就是“拿钱去售楼处”排队抢号，手里有多少钱就买多大的房子。别和我说“买房技巧”，我连贷款都不怎么用，我是全款！比这些“菜鸟”进一步的，则是有基础的理财概念，知道“构建以房贷为核心的资产组合包”，他们往往会算一算账，比如我手里有 350 万元，留一点钱付契税，则可以买 1000 万元的房子。

比这批人更进一步的，则是“连首付都没有却也想买房子”的人。你手里只有一成或者一成半的资金，剩下的资金在途，但是笋盘已经出现，或者市场启动在即，你心头热火燃烧，知道这是一个搏命的单子，咬咬牙冲了，抢到就是几百万的利润。这时怎么办？就要靠一点点的技巧。

二、远期合同

“拖延流”的第一个技巧是远期合同，指的是在今天签订，但一直到八九个月以后才执行的合同。一直有人问我，例如很看好明年春季的行情，也的确可以体会到市场蠢蠢欲动，贴近第一线的脉搏。问题是购买资格还没有，比如仍然在迁户口，还需要好几个月走流程。又或者是社保“满五年”还差几个月，又或者是业主产证一年八个月，面临高额增值税。这时候，你最理想的解决方案就是“远期合同”，今天就把这事定下来，拖到九个月以后再过户。读者们可能要问下面的问题：

Q1：远期合同合法吗？

A：完全合法。中国任何法律都不限制合同的交割期限。

Q2：远期合同可以网签吗？

A：不可以网签，因为你没有购房资格，仅可以签订中介格式“三联单”，这种合同模本也可以淘宝买，10 套 20 元。

Q3：远期合同有风险吗？

A：有轻微风险，主要是在这九个月内，房东继续把房子卖给第三人了。克服“一房多卖”的方法是你既然下了 20 万元定金，那就约定 40 万元赔偿。如果房东真的“违约”，你就索性和他打官司，赢的概率是 99%。投入 20 万元，九个月时间赚 20 万元，这样的投资回报率可以做，标的小，房东一般都有钱追赔的。

Q4：远期合同执行中，需要注意哪些方面？

A：远期合同最大的麻烦是在这九个月内房价大幅上涨。从合同的本身来说，买卖合同，哪怕房价大涨，也不影响执行。但在实际操作中，就会发生房东“一百个不配合”，而且你也无法再做进一步的操作。因此，如果九个月内房价超级大涨，一般得“追加”补点利益给房东，提价五万十万，还是你的损失。

Q5：远期合同最长可以拖到多久？

A：理论上是没有上限的。在实战操作中，因为相关的政策变化得非常快，哪怕你签了合同，多拖一年半载，“限购限贷限售限价”一连串炸弹就扔上来了，往往你就不符合限贷政策，不能够享受优惠成数了。因此实战操作中，我们见过最长案例是 20 个月，那真是把房东家的门槛都跪穿了。

三、合同的拟定

对于合同的拟定，也需要花一番心思，原则上我们建议采取“3 + 3 + 3”方式。比如说，正常的房产交易流程是“付定金→网签→审限购→审税→办贷款→过户→银行放款→交房”，整个流程大约持续三个月。你先直接去和房东说：“亲，这笔交易我想拖九个月。”有可能成功吗？绝对没有任何成功的机会。

要想成功，你首先要让中介去和卖方说：“我的客户是一个非常小心谨慎的人，他很怕交易流程有什么意外，造成违约。因此，客户希望把流程写得尽量宽松一点。”传统的房产交易，审购买资格、交税、办贷款，一般是预留 2 个月时间，你可以要求 4 个月的时间。

在付款的资金途中，比如 300 万元首付，你可以拆成先付 100 万元，过半个月付 50 万元，再过半个月付 50 万元……光付清首付就拖了两个月，银行又要等首付资金齐全才开始审核贷款。这样就有理由把合法的交易流程拖延 4—5 个月。

有人问：房东又不是傻瓜，会接受吗？答案是，房东大部分情况下是会接受的。因为“买家”是职业的，而房东并不是，房东绝大多数时候只有有限的一两次售房经验。只要你放下身段，苦苦哀求，将心比心，将普通的交易流程由 2.5 个月拖长到 4.5 个月，一般还是在合理容忍范围。

合同的第二步，和很多人想法不同，是“违约”，因此第二步是有损失的，也就是说，你一开始就想好了，要赔一笔“违约金”给房东。

我们经历的商业文明洗礼太少，很多人不明白“合同就是合同”。**“合同的每条条款，都是不可分割的一部分”，“撕毁条款，赔偿条款，都是天然权利的一部分”**。最初的时候，我们和他人讲述商业文明时，甚至有被抢劫逻辑洗脑的学生对于“退出条款”大发雷霆，质问合同都签了，怎么可以不执行。我们耐心地解释，告诉他们只要约定了赔偿，就可以不执行，否则全世界的期货市场、权证市场，都没有存在的可能了。

同样的道理，关于“拖延流”这件事，它最主要的“拖延点”在哪里呢？

主要是以下两条：

（1）截止到 × 年 × 月 × 日，首付资金必须到位 ××× 万元，否则按利息赔偿。

（2）截止到 × 年 × 月 × 日，交易过户，滞纳期最多 60 天。

其中最核心的是这个“60 天”的约定，你去拿现在任何一本“官方版”的房地产交易合同来看，里面写的全是 60 天。意思就是“拖晚”了 60 天，属于轻微违约，购买方只要赔利息和违约金就可以了。而“拖晚”了 61 天，就犯大错了，业主可以没收你 20% 的购房款，把合同取消，惩罚是十分严重的。

这句话反过来的意思，则是你可以合法地违约 60 天，以金钱换时间，如果配合违约金写低，效果更佳。目前网签的标准合同，赔偿金是每天 0.04%，折合年率约 14.6%，这样的“利率”依然是太高了。所以当你和卖房者谈合同时，你可以不经意地随手指出两个合同细节，例如，“哎呀呀，违约金万分之四太可怕了，能不能写成万分之二？”这个时候，要看卖方是不是十分较真的人。如果卖方好说话，又或者整个签约谈判流程已经持续了四个小时，所有人马筋疲力尽，则你有非常大的概率蒙混过关。

设想一下，你把滞纳金改为每天 0.02%，年利息 7.3%。运气好的话，甚至可以把“宽限期”改为 90 天，拖两个月，大概多付了 1% 的房款作为利息，这是一笔非常划算的生意。要注意的是，最后结算时，你一定要极度诚恳地亲手将这几万元“滞纳利息”交给房东，并且对一路上贷款的不顺利、银行的刁难深表歉意。对于房东来说，7.3% 也算是一个很高的利息了，而且又实打实地有现金拿，房东自然会很高兴，也就不会为难你了。

“拉长交易周期 + 赔偿滞纳金”，双管齐下，可以将交易流程拖长到 7 个月左右，最后一个关节是延迟放款。银行放款是可以人为控制的，目前上海的房产市场租金回报不超过 1.5%，而银行贷款一旦发放，就要付利息供楼，利率 6.5%，每月填几万月供。这时可以在银行放款上做手脚，和信贷员很熟的话，把你的名字拖到最后一个放款，房东千等万等，贷款就是不下来，就又拖了一两个月。

我们说过，“拖延流”最主要的目的是让你喘口气流血筹款，笋盘来临之际，一口咬下，以后再慢慢补巨额窟窿。因此拖延放款意义不大，而且也太损，能搞定前两条，拖延 7 个月已经不错了。

四、拖延流的价值

你费尽心机，拖延七八个月完成交易，有什么好处？能赚多少钱？问这种问题的人主要是对房地产“现金流”模型理解不足。买房子的钱不是赚的，而是筹的，在我们眼里，这不过是一个“现金流游戏”。

笋盘来了，就要抓住。行情来了，就要抓住。把 4 月的价格锁死到 12 月再进行交易。2017 年 4 月的重庆、成都、武汉、杭州、郑州、南京、石家庄，无论任何一个城市，只要买了，12 月都赚了很多。投资房地产是一个和时间赛跑的游戏，资金是可以“筹款”的。严格地说，这无非是一个“代价”的问题。

友情提示：技巧越复杂，风险相应越高，请谨慎！

证券化的威力

“你有多久没打开股票账户了？”

“好几个月，你呢？”

“10年！”

一、中国股市

近日家母咯血，我赶回上海侍奉汤药。伺候母亲的间隙闲聊起来，谈到最近的股市行情。我母亲说，她把证券账户的密码给忘了，想登录进去看看年终报表，却登录不了。我父亲说，他把开户行给忘了，忘记是哪家证券公司了。

我说，我没开户。

昨天我问了一下微信群里的5个人，有3个不知道2017年“上证指数”收盘在几点，有一个说3300点，有一个说3307点。仔细想想，股票这玩意儿，从20世纪90年代到20世纪末这段时间，绝对是“理财配置中心”，却没想到今天沦落到如斯地步。

如果时光回溯到10年前，情况不是这样的。当时每天16：30，第一件事要看《谈股论金》的盘后解析，到了19：00，往往还要加看一场。当年一个极瘦的帅哥叫边风炜，本来是营业厅里的小弟，第一财经（CBN）录节目临时叫他凑数，没想到录成了大咖，一下子粉丝几百万，此后出场费、讲座费收到手软。

如果放在10年前，我一定可以说出“今日股市”的收盘点数，不仅如此，还可以说出前两天、最近两周的主要行情、行业动态、要点新闻。

那大概是从什么时候开始，我们整个家族再也不关心股市，再也不收听CBN节目的呢?

二、邮币卡

我向来喜欢胡思乱想，思路飘啊飘，又从股票飘到另一件遥远的事："邮币卡"。家里还有几张猴票，J票系列，T票系列，小型张也囤了一些，最贵的有一联"红楼梦"。如果说和股票例子类似的话，那么家族里是从什么时候开始不再谈论"邮币卡"的呢?我父亲曾经倾注了很多的心血在集邮上面，珍品也搜集了不少，现在邮票放在哪里都已经不记得了。

中国的"集邮热"盛行于1980年，以"猴票"为龙头带动，产生了巨大的赚钱效应，此后的鸡票、狗票就不那么值钱。1990年年初"熊猫"小型张发行1亿份，彻底砸死了这个市场，此后就很少听父亲再谈起集邮。如果我们把"邮币卡"市场和"股市A股"做一个对比的话，中国A股是不是正在重蹈邮票的覆辙?

在亚瑟王电影《终极魔法师》(*Merlin*)中，魔手梅林对抗邪恶的异教女神，始终无法取胜，全剧的最后一句话是：**"我们无法击败你，但可以遗忘你。"**神灵依靠"信仰之力"而存活，亚瑟王时代的邪恶巫神无法被击败，但人民可以将其"遗忘"。随着英国人普遍地信仰基督教，再没有人信仰德鲁伊，女神黯淡于她自己的神国中依然完美，却已无法对人间造成任何影响。

据说茅台近期创了新高，坦白说，我不知道A股现在市值多少，茅台股价多少，P/E多少，近期行情由哪些龙头股拉动。但是，无论多么波澜壮阔的大行情，**我无法做空你，我可以无视你。**在我的朋友圈里，没有任何人在谈论股市，争论点数，研究茅台。大伙关心的都是吃吃喝喝、买房子、ofo小黄车或者比特币之类的。A股的客户基数在不断萎缩，按照2017年的数据，目前A股"月活"人数在2000万人左右。很多年以前，我们对这个数字没有概念，一直以为A股是“庞然大物”，惶惶不可面对。可是很多年以后，经过了无数年互联网经济的洗礼，我们反而要问：“2000万月活”很高吗？你如果见过了9亿的微信、3亿的微博、腾讯游戏的1亿日活，哪怕已经倒闭的“钱宝网”，都有500万真实交易客户。相比之下，A股的2000万人基数很高吗？

大家还记不记得“邮币卡”市场是怎么崩溃的？价格并没有崩溃，但客户不断远去，**人们将其遗忘。**最初的时候，邮票“热炒”，处在顶尖风口的时候，有五六百万人在集邮，各地集邮小组不计其数，“首日封”都能炒到高价。而此后呢？**邮币卡市场的死亡来自用户的不断流失，人没有了，你这个市场就只剩下自拉自唱了。**同样道理，股市正在日益萎缩，萎缩成2000万人自拉自唱的一个小团体，你可以把茅台拉高到每股697元，总市值8700亿元，但关我什么事？我最多买两瓶茅台，零售涨一点点价，甚至过几年，年轻人连“酱香白酒”都不愿意喝了。

当你沦为一个小众市场之后，你内部发生的悲欢离合，外人不需要知道，你无论把茅台炒到多高，就像把猴票炒到无限高一样，关我什么事？股票用户如风吹岩沙，岩石一阵阵吹去，用户一层层流失，“月活”越来越少。设想一下，股市玩到最后，如果月活只剩下200人，那么整个股票市场还有何价值呢？

三、证券化的威力

知乎上有个帖子叫《商业史上有哪些降维打击的经典案例？》，我一边看一边笑。最近很流行一个段子：2017康师傅方便面销量大减，是什么击败了它？是另一个品牌的方便面吗？不是，是“美团外卖”。同样道理，是什么击败了中国股市？是IPO增多，是股改，还是八项意见？

都不是，是P2P！

“钱宝网”崩溃之后，你知道人们是怎么评论的？他们说：“张小雷成功地把理财软件做成了证券软件。”因为“钱宝网”一直有各种各样的投资项目，你可以切换了去投，但是提钱很不友好，也不建议你提现。因此，你每天都可以看着“账面”资产又涨了多少，“钱宝网”又给了你 40% 的回报，硬生生地把“虚拟资产”做出了炒股的感觉。

世界上很多股市一文不值，抛去坏账累累的银行股，中小股平均 PE = 80 倍。任何一家年赢利两三千万的公司，一旦上市就是百亿市值。这样的股票，你还去买，你傻呀？但是，为什么股市在 20 世纪 90 年代可以“红红火火”，甚至成为万民瞩目的焦点呢？**因为人民真实的需求是博彩的需求，而不是投资的需求。**真需求在哪里，千万不能搞错。

我们知道，人们对于“博彩”的需求是非常大的。澳门的博彩业每年几千亿的收入，哪怕所有人都知道，这是一个负和游戏，但并不妨碍他们兴高采烈地去博彩。买股票的人全部都是冲着“涨停板”去的，长持分红，持有一年，红利不足 0.6%，甚至连“买卖一次”的印花税手续费都不够，不会有人去投。虽然每个人嘴上都说“价值投资”，但股市真正的用途是“博彩”，每个人都是冲着博差价去的。所以，全世界范围内的证券化，就是某种赌场的合法化。股市看 K 线图，技术好的赚技术不好的钱。所谓技术分析，就是赌博。

IP 因为唯一而集中。

进入 21 世纪以后，首先人们发现京沪的房子“资产性”浓厚，凡是买了房子的人，这辈子再也不会回股市这个“不公平赌场”了。接着，强二线四小虎又开涨了，机构发现国债期货打开了。再然后，也就是 2013 年之后，神州大地 P2P 遍地烽烟，P2P 核心就是一个合法的“博彩业”。每个月一个涨停板，资金放在“e 租宝”里，只要不崩盘，一年就翻番。问题是，你知道庞氏骗局能维持几个月吗？

博主 @ 财上海说：

现在玩理财的，大致是两种人：

一是纯粹受骗的老年人。

二是赌客，赌他几个月不会倒闭，撸一把羊毛。以前玩理财的温州人，算过一个公式，一般情况下，开业 6 个月不会倒，开业前 3 个月是安全期。很多人就玩两个月。后来，有几个庄家被他们气得恼火了，29 天就倒闭，一个也不放过。

对于博彩“需求”我们一定要理解清楚。首先它是一种生理需求，其次它是有限度的，就像“采矿”一样，矿是会被采光的。十几亿国民，不会每个人都好赌，好赌的人也有分寸，整个市场的容量是有限的，而力分则弱。

四、结语

2017 年的风口，或许是 Cryptocurrency，即数字货币，而数字货币的鼻祖是比特币。比特币有强庄，一年之内把单价由 1000 美元拉高到了 2 万美元。相应地，也带动了一批“山寨币”，整个数字货币总市值由年初的 200 亿美元，暴涨到 5700 亿美元。对于数字货币的估价，我态度一直明确——$1，1 美元一个，可以做成装饰品，卖给旅游纪念网点。

数字货币可以走到今天，其实质也是“不受监管的证券化”，价格炒高也是因为“证券化”。只要“证券化”可以买卖，就可以博差价，就一定会兴风作浪。天底下任何一个赌场只要能开张，就不愁疯狂。所有“币圈”的人，哪有几个懂技术细节，还不是冲着涨跌去的。

数字货币是一个很好的试验场，正好可以看见在彻底没有“监管”的环境中，泡沫可以成长多少倍。因为它是“指数涨”，因此将来跌的时候，也不是跌 50%，腰斩就止步，而是要跌去 99.99%

我对股票，尤其是 A 股，持悲观态度。随着技术的发展，“赌场”总是越来越多，“老赌场”也就没人去玩了。

04

一些闲话

什么是最大的不道德？

一、道德

在朋友圈看到一句金句：**“道德就是最大的不道德。”**觉得很有意思，值得展开写一篇文章来论述这句话里边的道理。

上初中时，我的初中数学老师说我“不讲道德”，并最终逼得我转校（当时我拿了全校三分之二的奥数金牌）。她的理由很奇葩：“你明明什么都懂，却不踊跃举手，像条哈巴狗一样争做‘三好学生’，而是趴在课桌上睡大觉，竟然还流口水。你是一个不道德的学生，你必须在全校年级组做广播检查。”

听了老师的话，我愤怒地回击：“你才不道德，你全家都不道德。不做哈巴狗违法吗？不违法你凭什么整治我！”

后来，我花了很长的时间思考“道德”的问题——道德究竟是什么、道德和法律的关系、道德和君王的关系。

“道德”究竟是什么？我们知道，“道德”的主要功能是约束人的行为。一个人的举止令人满意，大家就说他“有道德”。一个人的举止让人不满意，大家就说他“没道德”。正面的例子如扶老奶奶过马路、节约用水、维护祖国统一等等。反面的例子如随地吐痰、上完厕所不冲水、买红枣一个个用手捏。

但有一个问题：我们不是已经有法律了吗？有法律保护我们，有法律判断是非，为什么还需要“道德”？道德和法律又是什么关系？如果我的行为“不违法”，我还要受到指责吗？如果我的行为“不违法”，你有资格说我“不道德”吗？此外，道德和法律万一起了冲突怎么办？这许许多多的问题，我在苦思冥想后终于恍然大悟。

所谓道德，其实包含两个方面：一方面，道德是法律的一部分，有些事因为太细微，法律管不过来，才需要道德维系；另一方面，道德是一种风俗习惯，一种约定俗成的大众喜好。比如说，“不道德”的行为可以明显区分为两类：一类是随地吐痰、乱闯红灯、随地大小便、大声喧哗等，按照《中华人民共和国治安管理处罚条例》，这些行为都是违法的，只不过因为太细小，无法达到有效管理。例如，2006 年 4 月轰动全国的“海归女硕士闯红灯”案件，女硕士就是不服罚款 5 元的规定，这么多人都乱闯灯，凭什么不抓别人只抓我？[①]

对于第二类，道德是一种风俗习惯喜好。比如，老师说，看见老师要敬礼；老人说，看见老人要让座……

而真正的逻辑悖论，错在第二类。

二、灰色规则

道德和法律的区别，在于道德并非总是正确的。我们必须清楚地明白道德的局限性。

有一些“公认”的法则，几乎得到 99.999% 的人赞同，所以才能被写下来，成为“法律”。如不能杀人、不能放火、不能偷盗、不能抢劫……对于这些行径，每个人都知道是不对的。

但是，在社会“规则”之下，还有一些灰色地带，这些条条框框不足以成为“法律”，但是又有通行的规则。而我们的社会又是迅速变迁的，社会制度和价值观规则日新月异，这些“灰色规则”提供了一定的弹性，不像法律一样条文化，更改缓慢，这才是“道德”的天然土壤。

① 参阅 https://wenku.baidu.com/view/738bc600b52acfc789ebc948.html。

例如，在公共交通上给老人让座，这就是一个灰色地带。从道义上讲，中华民族是一个尊老爱幼的民族，让座给老人本身是广受好评、普遍拥护的行为。但是“让座”不足以上升成为法律，不可能立法，不能强制年轻人一定得给老人让座。尤其是随着时代的变迁，事情有了新的变化。目前的情况是，住在河北燕郊的小白领们，每天 5：00 从床上爬起来，坐 3 个小时的公共交通去北京国贸上班。而有一些老人，精力体力旺盛，由于老年人坐公交地铁优惠，他们每天坐十几站公交，就是为了每斤菜省 0.2 元。[①]您说我都快累趴下了，您来凑什么热闹呢？我们上班是去创造生产力的，每小时几千元的 GDP，您拎着满手的廉价青菜，来和我们抢座位，您说是我让您座呢，还是您让我座更合适呢？

道德有时候是一个巨大的嗜血兽。在古代，对一个女子的最高评价标准是“贞洁”。恨不得女子未过门就守寡，然后一辈子青灯古佛，最后立个贞节牌坊。但是按照现代人的眼光，这都是对个人的苛责，是不讲理的评判标准。在印度迄今仍然有“烧死寡妇”的传统。几乎村子里所有的人都同意把不幸的寡妇烧死，才是“最有道德”的。你说这种“道德”需不需要维护呢？所以，**“道德”是一片广袤的灰色空间，它最主要的特点就是它不是 100% 正确，而是介于 1%—99%。**

三、对待道德的态度

道德这种“不完全正确”的特性，决定了我们不可能像对待法律一样来对待它。

道德因为其特性，决定了我们只能用它来约束自身，而不可以用来强迫他人，天下只有法律才可以约束双方，道德不可以。

人类既然是多元化社会，对于道德的评价自然更为不同，甚至在不同的群

① 参阅《如何评价“福州公交车上，老人辱骂不让座女生”一事》(https://www.zhihu.com/question/47437399)。

体之间，会有不同的道德。对于爱狗人士来说，不吃狗肉才是最大的道德，而对于素食主义者来说，不吃肉才是最大的道德。很显然，我们可以看到，整个社会如果完全依靠道德是无法运转的，因为所谓“道德”，本身就是相互矛盾，乃至相互冲突的，**能维系我们这个社会的，唯有法律。**

四、道德帝

我们这个社会为什么会有些乱七八糟的现象呢？为什么会有圣母婊、女权者、猫狗怜悯党、用爱发电小清新……因为这些人都不明白这个道理——**道德应该是用来约束自己的，而不是约束他人。**

在 2016 年，有一个著名的网络事件——“北京地铁渣男殴打地铁创业扫码女孩”。事件里的两个扫码女孩，她们先自我定义了一套“你是不是男人啊”的女权理论，然后拿着这套“谁都不承认”的理论，要求全世界男人都给她们扫码，无条件让她们骚扰，支持她们创业。拜托，我只要遵守中国法律就行了，女权理论只能适用于女性自身，您自尊自强，但不能用您的理论来约束男人。

再比如说，爱狗人士不吃狗肉，自以为牺牲很大，很崇高。拜托，您不吃狗肉，道德感爆棚，您自己玩也就算了，您干吗来干涉我吃什么、穿什么。

目前欧美国家的困局就在于小清新们搞不清“道德”的边界。道德应该是像王阳明的“心学”，内圣外王，是对自己内心的追求，千山万水，不忘初心的坚持。而欧美国家的小清新们却要把“道德”扩展到公众领域。我不吃狗肉，我也不许你们吃。犀牛快灭绝了，大家必须爱护犀牛……当我把“我的道德”扩展到公众领域，所产生的危害就非常严重了。

五、结语

你没有资格说别人“道德沦丧”，如果他违法的话，自然有法律来制裁他。如果他没违法，人与人就是平等的。你唯一可以做的，是“歧视市场化”，你可以不与他做生意、不与他来往、不与他联姻，并鼓动你身边的人一起来抵制他，但这仅限于“非暴力”的市场化。**这个世界真正不道德的，是强制别人遵守你的“道德”**。应该说，这是最大的不道德。

大国崛起，孩子才是未来

当你放弃买房子，你会发现自己的钱还很多；当你放弃结婚，你会发现自己的时间用不完；当你放弃生小孩，你不光钱跟时间都很多，甚至连健康都会嫌多。

一、花钱

很多年以前，我一直在思考一个问题：为什么我总是没有钱？我采了很多矿，转手造了一个电厂，又造了一个雷达，最后还建了一个研究所，结果没钱造坦克了。

嗯，我说的是在游戏里。

其实在游戏里我并不是没钱，反而是赚得很多。虽然赚得多，但花得也快，哪怕赚再多的晶石，游戏开局也是不够花的，因为有太多的建筑需要建造，有太多的科技需要升级。你可能要说，那我不花钱总可以了吧。做个守财奴，把所有的金币都攥在手里。答案是不可以。因为这些建筑是你必须造的，雷达、电厂等都是基地必不可少的物件，你开局不升级，后期就被人暴打。由此可见，并不是我的收入低，而是我的固定基础建设太大。

同样的道理，如果观察现在 27 岁左右的年轻人，你就会发现，他们可以很清晰地分为两类：一类潇洒得像神仙一样，一类忙得像狗一样。

对于第一类人，他们平时戴着酷酷的太阳眼镜，潇洒地四处旅游，不是在珠穆朗玛峰，就是在南迦巴瓦峰。他们的爱好是摄影、音乐、诗和远方，他们似乎有永远也花不完的钱。最重要的是，他们似乎有永远花不完的时间。

第二类人关心的永远是北京五环外的房价，关心 CPI 指数，煎饼果子又涨了一元，关心公司里的马屁精、白骨精，升职加薪背黑锅。他们的钱包永远是瘪的，钱要用来吃饭、还房贷、赡养 80 岁的老娘、抚养 3 岁的娃娃、买车、买尿布、买理财、买保险，支撑起一整个中产阶级的家庭。对于他们来说，像什么“登山”“骑行”“去西藏洗涤心灵”之类文青的事，早在上一个时代就已经扔到脑后了。诗集的封面蒙尘，许多年未曾打开，理想也只能潜伏于心底。

最奇特的是，这两类人还有可能是同事，并且工资收入也差不多。

二、积累

当上面两类人成为同事后，他们的月薪都是 2 万元。第一类人吃光用光花光，2 万元月薪纯消费，日子自然潇洒。第二类人，供楼供车养小孩，1 万元纯消费，当然痛苦。

至于每月花 8000 元、6000 元的那些人，这里就暂且不提了。

钱去哪里了？供楼供车供学费，存钱定投养老金，凡是有积累的日子，必然会过得更加痛苦。

但要记住一点——**处理天底下的所有事，一定要有经济学常识。**

当你在玩的时候，别人在干什么？当别人的爹在拼的时候，你爹在干什么？当别人的爷爷在拼的时候，你的爷爷在干什么？当我们仔细把这条“逻辑”链条研究下去，深入对比下去，才发现远不是这么一回事。那些“活得像狗”一样的人，才是生存竞争的赢家，才是真正“酷”的人。其中的道理就和我游戏开局是“造电厂、造雷达”，还是胡乱挥霍浪费钱的原理是一样的。

那些看似很酷、很炫的事情，其实一点难度也没有。骑行西藏，诗和远方，已经越来越沦落为“职场失意者”的代名词。[①] 如果一个人辞职 3 个月，去追求

① 参阅 http://115.159.211.105/forum.php?mod = viewthread&tid = 19719。

“个人价值”，那么他多半已经 loser（失败者）化了。

三、孩子

如果说前面两节还仅仅是老生常谈，讲的是一些大家都知道的事，那么这一节我就要问一个尖锐的问题：放大到一个国家的层面，孩子少了怎么办?

众所周知，过去的 40 年，是改革开放的 40 年，是中国飞速崛起的 40 年，是中国国力快速增长、社会积累快速增加、GDP 飞速发展的 40 年。中国的 GDP 增速长期保持在 8% 以上。40 年的时间，中国从一个落后的农业国，一跃成为全球最大的工业基地。这无疑是一件极其伟大的成就，也渐渐实现了鸦片战争之后好几代人梦寐以求的追求——中华民族的伟大复兴。

可是，我们要接着问一句——孩子呢！一个 40 岁的丁克家庭，有 500 万元存款，难道真的比一个 40 岁的家庭，有 3 个孩子，有 50 万元存款更加富裕吗？一个 40 岁的丁克家庭，心无旁骛，可以拼命加班，在科研事业上做出非常大的成就，每月存款花也花不完。而一个 40 岁的普通家庭，带 3 个孩子，每天忙得焦头烂额，工作效率肯定不如丁克家庭，这是不是说丁克才是胜利者呢?

当然不是，当我们统计 GDP 时，我们把人力资源生产算进去吗？“人力资源”这种产品是非常昂贵的。有一种说法，京沪任何一个小孩都相当于一辆 T-96 主战坦克[①]。从怀孕开始算起，生产、雇育婴嫂、胎教、小学中学大学、兴趣班……每个小孩都是一部不断烧钱的机器。

对于最普通的家庭，一年 5 万元成本都是打不住的，稍微体面的中产家庭至少是每年 10 万元起，而对于富豪家庭来说，一年几十万都可以砸进去。而且，这样一种“没有产出”的过程要一直持续到孩子 22 岁那年。

从出生到 22 岁大学毕业，从“会计”角度来看，小孩子都是净消耗，没有

---

① T-96 主战坦克售价约为 480 万元人民币。

任何产出。俗话说“半大小子，吃穷老子”。抚养一个孩子的开支足以使中产家庭财富大大削弱，至少得减少一半财富。

由于特殊的原因，在过去40年中，我们最起码“少生产”了1亿孩子，因此也不用生产那么多尿布、奶粉，也用不了那么多婴幼儿教师的人力资源。虽然父母们可以有更多的时间加班工作，但这笔买卖是划算的吗？我们把这些“人力物力”转而投放在“工农业”上，创造了中国崛起，创造了工业化的奇迹，创造了每年GDP增长8%的奇迹。可是，真要计算的话，难道“人力资源”不是产出吗？

假设现在凭空多出1亿婴儿，中国需要消耗掉多少资源？假设每个孩子在22年里花费220万，把这1亿婴儿培养成人，整个社会要消耗掉220万亿，相当于中国3年的GDP。把这220万亿算进成本，我们的GDP还有每年8%吗？

我们常常说，“污染”减分GDP，通过对生态水源的破坏，掠夺性地发展高污染行业，这个GDP数据在计算的时候要扣掉污染的损耗，所以绝不能走先污染、后治理的道路。那么，“人力”的损失呢？我们少生了1亿人口，在孩子身上少花了220万亿的抚养费，那么这部分的GDP，是不是也要扣掉“少生孩子”带来的损耗呢？

四、结语

一位美国政治家曾经说过：**“当我们崛起时，我们投资于未来，为婴儿尿布付费。”**一对夫妻，如果40岁的时候坚持丁克，全心全意投身于科学，可以有非常大的产出，但这样的发展模式是在透支未来的收获。所以，一对40岁的科研骨干，他们应该赶快回家，关起门来尽快生孩子，削减工作和加班的时间去带孩子。**人口才是长线投资，孩子才是万世不易的财富，“娃本位”才是真正的强国之路。**

从包粽子机说起

你有神功，我有科学。

一、前言

最近睡眠不佳，昨天深夜翻知乎，发现去年的一个帖子《如何评价今年端午五芳斋花 1000 万征集裹粽机器人》[①]，最精彩的回复是下面这段。

先讲个自己的经历，我们教研室的老板曾经受邀考察宜宾五粮液总厂，厂方也是向全国征集全自动拌料机的解决方案。

五粮液的拌料极其复杂，每半个小时一次，连续 48 小时以上，手法也很复杂，抽、翻、抹等一系列动作，工作环境也极其糟糕，拌料室长期维持 50 摄氏度的高温。

在听完厂方兴致勃勃的介绍后，我们老板问了两个问题：

1. 拌料的复杂工艺是否都是有效的？哪些步骤可以省略？比如能不能把这些工序简化成横向抖几下再翻面？

2. 拌料的效果是否允许性状与手工拌料的效果有所差别？比如颗粒大小、产出的酒料密度等。如果可以，允许多大的差别？

---

① 参阅《如何评价今年端午五芳斋花 1000 万征集裹粽机器人》（https://www.zhihu.com/question/58809930/answer/163191937）。

当时厂方代表就愣了，在他们看来，拌料工艺是古法传承，一步都不能省，省了不知道会有什么影响，产出的酒料也必须和手工产出的一致，因为后续加工流程都是依照原有标准设计的。这个项目我们最终没有接下来。

二、茅台

下面我们就来讲讲机器的事情，2017 年有人在小密圈问了我一个关于茅台的问题：茅台酒值得收藏吗？我的观点极为明确——茅台酒没有丝毫的收藏价值。

我不是说茅台的股票是垃圾，而是说茅台酒作为瓶装酒本身就缺乏价值。为什么这么说？因为茅台酒其实是一件“70 年没有改进”的商品。茅台今天还能卖，无非是有些遗老遗少的情结掺杂在里面，作为产品本身，茅台是缺乏竞争力的。

到 2017 年，茅台所有生产工艺、生产流程，依然几乎和 1949 年没有太大差别，从选料、发酵到酿制、勾兑、冷链等等，都没有太大的进步。

众所周知，中国有一种著名的饮料叫作“崂山白花蛇草水”，它之所以如此有名，是因为它被网友列为“五毒汁”第一名。它发明于 20 世纪 60 年代，由于特殊的历史原因，那时的中国贫穷且落后，物质很贫乏，商业文明更是无从谈起，所以产品也难喝得要命。

茅台比白花蛇草水还要早 20 年，由成义、荣和、恒兴三家酒厂合并而来。在民国时期，一个极度贫穷的省份，一群没出过村镇的农民，一家家没见过世面的作坊，能有什么商业文明，有什么针对消费者的优化，有何德何能可以知道现代贵族的喜好？大象公会有篇文章《哪里才是产出工匠精神的最佳环境》[①]，大家

① 参阅《哪里才是产出工匠精神的最佳环境》(http://mt.sohu.com/20170426/n490726802.shtml)。

可以看看，奥派经济学有篇《工匠精神不如市场经济》[1]，大家更应该去看一看。

三、你有科学，我有神功

熟悉我的人都知道，我是 Marketing 科班生出身。东南亚人做一件 T 恤，只能卖 1 美元，而法国人一件 T 恤，可以卖 100 美元。东南亚再怎么努力，也只能在产业链的“低端”挣扎，其中的核心竞争力差异，其实是“营销”。

框架胜于勤奋，框架和模式不对，就是碾压性的降维攻击，就像马克沁重机枪对刀枪骑兵[2]。

对于“茅台制酒”这个话题，我从一个 Marketing 科班生的角度讲一讲。如果你是西方国家的 Marketing，那你会“怎样经营一家公司”？

> 白酒的香味，主要是醇类、酯类、酸类、醛酮类化合物、缩醛类、芳香族化合物、含氮化合物和呋喃化合物等。
>
> 醇类除乙醇外，最主要的是异戊醇、异丁醇和正丙醇。
>
> 酸类主要是乳酸、乙酸、丁酸和己酸。
>
> 醛酮类化合物包括乙醛、2，3- 丁二酮和 3- 羟基丁酮等。
>
> 缩醛类，乙缩醛含量最多。
>
> 芳香族化合物包括 4- 乙基愈创木酚、苯甲醛、香草醛和酪醇等。

但是万变不离其宗，人类加工物质世界的物理化学方法，无非就是蒸馏、萃取、过滤、蒸发、冷凝、冷轧……许许多多的手法看似复杂，其实完成的都是最基础的物理工作。比如将拌料混合，其实就是把味道混在一起。翻料，让材料更多地接触空气与日光。抹，增加表面积、干湿度。目前餐饮界最流行的

---

① 参阅《工匠精神不如市场经济》（http://finance.ifeng.com/a/20170515/15375811_0.shtml）。

② 参阅《人类现代武装力量所构筑的防线对大量丧尸种群是否有效》（https://www.zhihu.com/question/58472303/answer/157647160）。

是把零下196摄氏度的液氮机搬到厨房，有些中餐师傅会问："天哪，那是什么东西？"

中国古人在千百年"劳动实践"中，逐渐总结出一套酿酒的办法，但是这些"土"办法未必科学。很多技法在搞清楚了其科学原理之后，完全可以用机器操作，很多技法在搞清楚了核心物料之后，完全可以只添加一味主料，而避免杂质污染。

在电影《红高粱》里，酿酒厂怎么也酿不出好酒，于是姜文就在酒里撒尿，却意外地让酒味大增。只要学过高中化学的人都知道，这是需要添加"凝固剂"。时至今日，难道你还希望买到"含尿"的酒吗?《舌尖上的中国2》里介绍过著名的"厦门古法酱油"①。一群人坚持要以200年前的古老工艺"古法"酿制酱油，但这种露天曝晒的方法会积累很多灰尘、鸟粪，其中可能还有苍蝇等的寄生虫卵繁殖，不建议食用。

对于西方现代化的酒厂来说，他们首先要做的是"逆向工程"。红酒的主要成分是单宁，那么消费者喜欢怎样的单宁，"高中浅"三个市场比例各占多少，是市场调研部门要做的事。在这个基础上逆向倒推，生产工艺要如何展开，才能保留"尽量多""均衡""清淡"的单宁含量。然后在这个基础上，再进一步倒推——能否用机器取代人力，能否加快频率与简化流程使得供货周期缩短，能否复用SKU、中间产品削减库存成本。其中的每一步都是微不足道的一小步，但是每一步都在削减着成本，提高效率。

一家现代化的酒厂看似岁月无毁，其实在Marketing的操刀之下，它每天都在进步，每天都在改良机械手，每天都在研发新配方。靠瞎蒙是不行的，对于"我们正在做什么""我们为什么要这样做"一定要有清晰的想法。整个产品

① 参阅《晋江82岁"守缸人"60年"酱"心坚持以古法酿造酱油》(http://mt.sohu.com/20160515/n449537576.shtml)。

一定是掌握在你手心的，而不是老祖宗的黑匣子里。①

而茅台呢，它在干什么？

"为什么需要蒸？"

"不知道。"

"为什么需要抹？"

"不知道。"

"为什么需要抽、翻、晒？"

"不知道。"

"那你们知道什么？"

"我们只知道，这配方是祖宗传下来的。"

"配方一寸都不能改？"

"过去70年，我们是这样做的，未来70年，我们还是这样做。"

茅台是一家没有"Marketing"的公司，百年老店就是官僚化的代名词。科学是管理的前提，如果"研磨"的原理解决不了，凭什么把50摄氏度的高温车间降下来？"减员减效，以人为本"都是一句空话，没有科学，学习再多精神也是白浪费的。

在历史上，我们是一个很厉害的民族，"尼布楚"战役，康熙皇帝用刀马骑射，与俄国人的火枪打了平手。到了1800年英国特使朝拜乾隆皇帝，依然认为中国科技实力不错。可是到了1840年鸦片战争，列强已经把清朝人摁在地上揍了。1894年，哪怕后起之秀的日本海军都把北洋水师打得全军覆没。1900年，八国联军入侵北京，清朝的颓败之势已经是排山倒海，完全不可

① 中国人买发动机，也一定要"逆向破解"，把所有的原理和工序都吃透，这样才可以国产化，并进一步改良产品。

阻挡。

为什么会这样？**因为 Marketing 的精神是“continuous improvement（不断改良）”，每天都在改良，每天都在进步。框架重于勤奋，现代企业架构是适合于“不断改良”的。**而传统企业根本没有“产品原理”的概念，根本无法改良。当年美国学者深入蛮荒，拿到一个 16 世纪的印第安人制作的陶瓷罐和一个 19 世纪印第安人制作的陶瓷罐。两者完全一样，300 年来竟没有任何进步，美国学者忍不住泪流满面：“这样的民族，你不灭亡谁灭亡。”

四、结语

世界是向前进步的，当前美国股票市场市值最大的是 Google、Apple，最热门的是 AlphaGo、AR、VR，有人却说中国市场最高估值倍数的股票是“贵州茅台”，这让我大为震惊。茅台酒的产品无论香味、口感、杀菌、健康、包装，拿到国际市场上，竞争力我们心知肚明。

现代综合格斗 MMA 经过几十年的不断改良，从每个环节一点一滴地提升着训练效果，战斗力越来越强，反观一些传统武术，几十年时间没有竞争，没有改良，大家互相吹捧，一起说是武林宗师。结果一旦跟现代格斗对决，被人啪啪啪揍得像猪头。

有价值的教育

一、作业

有一天晚上吃饭剥螃蟹，蟹膏和蟹黄早早被我的千金取走，然后她跑到楼上书房，开始写她的家庭作业，我继续留守处理无数的蟹脚。

过了一会儿，女儿拿着她的数学作业下来了，我一边继续处理蟹脚，一边翻阅她的两位数乘法。

7×4 = 28	4×4 = 16
4×7 = 28	4×10 = 40
4×1 = 4	2×4 = 6
4×5 = 20	3×4 = 12

发现错误后，我拿过一支圆珠笔，用沾满醋的手反手夹着，随手打了一个叉。当我又剥了三个小蟹钳、一个中蟹钳，开始处理大蟹钳时，女儿发现了她的数学作业，然后发出了一声惊天动地的嘶吼声——不要啊！

女儿激动得浑身发抖，跟我怒吼道："你为什么，为什么用圆珠笔打叉？圆珠笔擦不掉的。周一交作业，老师就会发现这个叉，老师就会批评，按规矩作业上是不允许有圆珠笔的。这样我就会拿不到本周的五角星，月末就会拿不到Star of Month。"

请问，遇到此情此景，应该如何教育？谁对谁错，又应该如何安抚？

二、对错

我让她吼了足足两分钟，继续耐心地剥了两个小钳、一个中段、一个大钳，然后让她好好听着——

今天我来给你上人生中的重要一课——什么事重要，什么事不重要。你的作业根本不重要，因为你的作业交上去，老师根本就不会看。老师即使看，一个班 20 个学生，他也不会注意到你的作业。就算老师注意到了，让他打电话给爸爸。

我今天费尽心力煮了一个三斤的小龙虾、一个两斤的大龙虾、七只螃蟹、一条鱼，忙了两个小时，就是为了伺候你吃好，仅仅这顿饭就花了我一千多元。相对于你爸爸这么庞大的付出，你有没有露出过笑脸？吃光了所有的蟹膏蟹黄，你有没有搂着爸爸脖子说“谢谢”？你知道什么才是珍贵重要的吗？

现在，你为了这么一张一文不值的破纸，为了少拿一个 Star of Month，为了学期结束后的一枚勋章，你对着你老爸大吼大叫，你知道什么是真正宝贵的财富吗？如果我纵容你，岂不是将来父母的恩情在你心中还比不上升职加薪？我今天教育你是为了让你记住，在这个世界上，什么事情真正重要，什么事情毫不重要。你能判断这一点，才是我对你真正的教育，才是你未来成就的分水岭，这远远比那些 2×3、7×8 的数学教育重要得多。

我今天是想让你知道，在学校的整个处理流程是怎样的。教师一般很忙，学生作业由于不记入 KPI，有时会被忽略，你要学的第一点是“作业不重要”。

另外，即使老师发现了作业本上打了一个“叉”，这也并不意味着什么，有可能是小孩子在玩耍的时候胡乱涂抹的，也有可能是猫狗的爪子印。完美主义是人生的大敌，我们经常看到一些读书好的人，他们最终的人生却是彻底失败的，一辈子都没有什么出息，更不适合做创业者。因为他们的人生太“完美”

了，一辈子没有犯过什么错误，就如同你这本作业本，完美无瑕，完全符合学校的要求。

这个世界**真正需要的第一重能力，是“评估不良后果”的能力**，评估我这个作业本，画上一个叉会不会对我的学业带来灾难，会不会导致我退学、留级、记大过，还是仅仅在学校老师的一个哈欠间忽略？这是一项巨大的能力，任何赞美都不能评价它的无穷威力。

当你熟知了“缺陷 / 代价”之后，你才算掌握了游戏规则，从而进击急退，游刃有余。就比如袁绍用兵，方正圆熟，不肯损失一兵一卒，曹操舍得弃子，善用诡道，最终袁绍被曹操打得大败。

第二重能力是“补救”的能力。我不过在你的作业本上画上一个微不足道的小叉，即使我画个大叉，把作业本涂花，甚至把作业本撕得粉碎，天就塌下来了吗？值得你对你父亲大吼大叫吗？事实是没事的。我们做最坏的打算，把你的作业本撕成粉碎，蝴蝶状片片飞散在空中，最坏的结果也无非是家长写一篇“情况说明书”，说作业被家里的狗咬碎了，无法恢复云云，这种芝麻大点的事值得惧怕吗？

第三重能力是“寻求补救”的能力。作业本如果被污染，你首先要想的是“解决问题”的方法。实在不行，可以让老师打电话给爸爸。学会了这三重能力，你才是一个厉害的人。

三、真正的教育

而事情的相反面呢？你现在算是在一所“名校”上学了吧，一年也要小几十万元学费。你在学校里学会了加减乘除、英语单词、汉语拼音……你以为这是“教育”吗？No，这仅仅是扫盲。我们见过很多“悲剧级”的家庭，家庭中的父母养独生子女，买学区房，奉行“求精不求量”的错误政策，然后把孩子完全交给学校，就置之不理了。

当你的吼叫发作时，奶奶第一时间就把你搂到了怀里，说：“是爸爸不对，爸爸不该用圆珠笔。大家一起想办法怎样涂掉。”这就是完全错误的教育，奶奶完全是错的，因为“你不可以对着父亲大吼大叫”。**疏不间亲，读书不能读到没人性。**

在这个世界上，许多事情是不重要的。父母们挖空心思，横跨半个上海，带你去逛迪士尼，花费千金试图哄你一乐，而带给你的欢乐可能还不如几张小马贴纸。在你心中，一个玩偶、一幅连环画、一支彩笔，价值或许比头等舱、海陆大餐、行政套房更宝贵。学校里并没有教育你甄别珍贵的本事，在你的心目中，你觉得拿到一颗“红五星”是天大的事，你觉得奋斗一个学期，最后获得一个虚幻的 Star of Semester 排名是天大的事。孩子，那是不对的。

自古以来，诛心最上，要掠夺一个人的财富，抢夺一个人的金钱，最佳的办法并不是拔出你的剑，冲进别人的村庄或城堡，而是给人们“洗脑”，摧毁他们的三观，让他们不知道“什么重要，什么不重要”。

当你斥责爸爸的时候，我无比难过，这说明你受到的教育已经走入了歧途。**你受到的教育让你放弃了你最珍贵的东西，世界上最宝贵的人，你力量的源泉——你的父亲**。而你所追求的，却是一文不值的两三枚勋章。

管控的教育，从来不会教给你真正的知识，你来到这个世界，爸爸无比珍惜你，你是爸爸最爱的小天使。我今天要教育你的，是只有亲爹才会告诉你的知识，只有亲爹才有的真心。

好了，现在爸爸来教你，怎么给老师写解释信。

哪些知识付费可以活下去?

你对信息的态度是什么?

一、盗版

对于一个从20世纪90年代走过来的人来说，“信息”最初的概念，就是停留在“25元一张碟”上。《未来水世界》厉害吧！拍摄用了1.5亿美元，买张碟只要25元。成龙的《警察故事》拍得电影公司快破产了，三张碟打折只要60元。Windows95操作系统，人类最高等级的智慧结晶，抱歉，还是只要25元就行了。

对于当时的中国人来说，“信息”似乎是不要钱的，因为实在是太方便了。不管怎样的美国大片，再宏伟壮观的场面，一张VCD就足以容纳。盗版的价格是如此低廉，以至于长期以来，我们都认为“信息”的价格是零。

进入2000年以后，美国科网股发生泡沫，我们逐渐听到了一个单词“IT”。“信息”竟然成了一门大生意，这让中国人很难理解，这世界既然有Copy/Paste，为什么还要为信息付费？再多的千兆级复杂信息，不也就25元吗?

一直到很久以后，一个软件让我彻底明白了这一切。这个软件你一定用过——高德地图。你要开车，开车要导航，请把高德地图拿出来，然后你就听见林志玲娇滴滴地说：“前方500米请左转”“前方右转入匝道，请走右侧二车道”“前方2千米处拥堵，拥堵路段500米，预计通过时间15分钟”。当你使用高德地图导航的时候，你心里就在赞叹："这真不能盗版呀！"

二、信息

是什么让我对"信息"的看法产生了 180 度的改变？当我使用"高德地图"时，我发现我对于"信息"的理解有很大的误解。在我们常规的"信息"概念中，我们认为信息是大量的、凝固的。在这种情况下，处理信息是廉价的、批量的。就好比我拿一个 80GB 的硬盘到你家，Copy 只需要一个指令，复制视频十几分钟。

但是，这仅仅是一个特例。**在真实的世界中，信息更多的是分散的、短命的，而处理这些信息是昂贵的、复杂的。**最典型的例子就是高德地图，它通过 GPS、十几颗卫星计算、定位出我的位置，进而算出我的速度，再根据我的目的地，在地图里搜索合理路线，然后告诉我该左转、右转，转入哪个车道，前面有没有交通事故，是否已超速，附近有没有停车场、加油站、饭店……这些信息全部都是一次性的，仅限于我本人使用。这些信息也都是短寿命的，在这个红绿灯路口，错过了右转，后面就要等很久很久，但短寿命信息依然很珍贵。

在这样的情况下，这些信息就是不可盗版的，把我手机中的林志玲导航录音转发给你是没有任何作用的，因为它不能给你导航，"大批量 + 专用化 + 短寿命的信息"才构成了信息时代的主要成本。信息处理是昂贵的，既然高德导航对我来说是生活必需品，不可或缺，那么哪天它开始向我收费，我是一点办法都没有，因为没有办法盗版。

很多人嘴炮喊得响，但最后软件公司"服务"来临时，还不是一个个乖乖地掏钱付费？"百度云"你可以取代吗？如果不用，你上哪儿存放好几年的照片、音乐、视频？优酷视频、网易云音乐、App Store……多少人曾为了 Evernote 付费。如果联系 O2O 的话，滴滴打车、美团外卖等这些"信息服务"真的没法盗版。

软件可以盗版，服务却无法盗版，当你卖的是服务，消费者就绕不开你。

根据“天时、地利、人物”而定制的碎片化信息，没有办法盗版。

三、知识付费

对于“知识付费”行业，它始终存在很多个障碍，比如说知乎，这里的聚集人群以在校大学生为主——知识特别多，想法特别多，钱特别少。你如果逛逛知乎社区，里边的首要呼声是“别去买知识付费，全部都是骗人的”。按照知乎们的说法，“有什么不能盗版”的呢。

一份299元的课程，可以几个人凑份子，一起去“众筹”购买。一个账号，可以好几个人登录。一份新的课程，一发表，几分钟内就会有人盗版截图。更有甚者，会有人打包制作“每日精华帖”“每月精华”“每年精华”，然后公开叫卖。

从“经营者”角度来看，“知识付费”哭出了丧歌。假设某大V拥有10万粉丝，可是粉丝往往是抱团的，往往100个人一个“亚团体”，盗版行为的存在使得大V在每个“亚团体”只能卖1份，原本10万份的销量，下跌为1000份。听着是不是很耳熟？是不是20世纪90年代“盗版VCD”故事的再现？在实际操作中，也的确是这样的。

“水库论坛”和“分答”曾合作开展了“分答付费社群”，与我们同期的还有好几个知名大V、N个社群。经过几个月的运作，目前“水库社群”运作非常良好，人数已逼近10000人大关，日活将近25%，高得吓人。而另外几个社区呢？有的已经提早结束，没结束的也冷冷清清。

四、服务

绝大多数的“付费社群”走的是“订阅”路线，最终是死路一条。因为定位于“订阅”的社区，无论圈主是多大的“V”，一般也就是每周过来发两篇文章。题目可能很有趣，文章也写得很好，但是群发给四五千“付费粉丝”后，付费粉丝再群发到“亚团体”中，看上去阅读数很高，却都贡献给盗版了。更糟糕的是，哪怕是“付费”的死忠粉，他们也并不觉得满意，因为他们付了钱，却没有得到特殊的服务，都是千篇一律的泛泛文章。

而“水库社区”则走的是“问答”路线，虽然一开始我们的定位也是“欧神文集”精读讲解，但是不到一周，我们就飞快地更正过来。结果证明我们是对的，一个毫不起眼的“留言区”被群友们发挥到了极致，目前每天都要刷几十页的屏，总发帖数超过20000条，全部看完需要整整一个星期。这说明提供“订阅”的系统活不好，提供“服务”的社区才能在盗版时代活得滋润。

我们的用户黏性非常大，你永远需要记住知识付费的一条基本原理：“**用户知道的越多，想知道的也越多**”。每当你讲完一个新的技能，用户一定会飞快地问：“欧神，你对三四线的商铺长期看淡，那我在老家临沂有一套，需不需要抛掉？”“请问铁岭算不算小城市？”“未来哪些城市可以活下来？”“重庆和武汉，你看好哪一个？贵阳有没有前途？”客户的思路是千奇百怪的，而且也是发散的，他们最大的特点是懒得思考，你哪怕把道理讲得再明白，他还是要再问你一次：“铁岭算不算大城市？”其实客户心里很清楚，他就是等你再“确认”一次。为了这个需求，他就愿意付费。

从分类看，客户最喜欢的问题，还不是这些理论性的，客户最喜欢的问题是：“欧神，你帮我把把脉，我家有资产X，收入X，老公房票X，目标X”“请你帮我策划一下，我家的理财计划”……对于这一类的需求，几乎是无穷无尽

的。我们觉得千篇一律的问题，在客户眼里却无比重要、泾渭分明，因为每个计算都是他自己的事。对于客户来说，最珍贵的并不是千人一律的、大V写的文章，而是根据他本人财务状况得出的个性化分析报告，这是一种高频、小批量、个性化的需求，不可盗版。这就能确保我们基业长青。

五、中型消耗

我们把世界上的产业按人力消耗分为三类：

第一类是“轻度”消耗型的，最典型的如网游、网络小说。《王者荣耀》只要程序编好了，再涌进来几千万用户，也仅仅是加一台服务器，对人力资源的消耗、边际成本为零。

第二类是“重度”消耗型的，最典型的如医生、厨师、传统咨询业。咨询业都是一对一，耐心听着客户说出他们的诉求。多1000个客户，就需要多1000个工作人员，人力消耗极大，几乎不可能迅速扩延服务线。

“知识付费”属于第三类，它是“中度消耗”。当我们开始为客户提供个性化、量身定做的专属服务时，软件可以机械化，但服务还是要靠人力完成。随着用户数增加，增加嘉宾不可避免。另外，“知识付费”作为一种新型事物，在生产力和效率方面，还是远远超过传统咨询业的，这都彰示着“知识付费”前途无量。

知识付费 2.0

为什么你听过很多道理，仍过不好一生？

一、知识付费 1.0

上篇文章我们讲了知识付费如何才能存活，这篇我们讲一讲知识付费正确打开的方式。曾有一篇名叫《罗振宇的骗局！》的文章在朋友圈刷屏，作者写了一段很有趣的话：

丁零零——早晨闹钟响起。

刘刚眼一睁，立马抓过手机，打开“得到”，倾听 60 秒罗胖教导。刷牙与吃早饭时，打开“喜马拉雅”，完成了 30 分钟的音频学习。然后，他出门上班。地铁上，再点开“知乎 Live”，听了三个知名答主的经验分享。中午吃饭与午休时间，他又点开了“在行”，抓紧学习了《如何成为写作高手》。下班路上，他又打开“得到”，他在上面订阅了五个专栏。吃完饭，上床，打开“直播”，听了李笑来的《普通人如何实现财富自由》。

然后刘刚带着满满的充实感，终于无比欣慰地进入了梦乡。

你拼命地学习，购买了十七八款“知识付费”产品，然而你发财了没有？没有。你成功了没有？没有。你变聪明了没有？还是没有。请问，哪里出了问题？和刘刚不同的是，我并不看淡“知识付费”产业的前景，我想说的是，并

不是“知识付费”不对，而是你们打开的方式不对，你们打开的是“知识付费”Ver1.0。

二、国产凌凌漆

在周星驰导演兼主演的电影《国产凌凌漆》里，周星驰委托罗家英帮他设计一款“终极武器”，以对抗邪恶的文物贩子，战斗进行到最激烈的时候，罗家英匆匆赶到，掏出武器。

这款简称“辣椒水石灰粉电击棒蒙汗药硝镪水敌敌畏”的武器，请问反派怕不怕？反派哈哈大笑，那显然是不怕了。反派当时穿了一套刀枪不入的铠甲，他最怕的是什么？是周星驰手里那把无坚不摧的“屠龙刀”。

对周星驰来说，他唯一可以对反派产生杀伤力的，只有手里这把“屠龙刀”，这把刀就是核心，所有的战术都应该围绕它展开。周星驰还会“凌波微步”，他闪闪闪，在枪林弹雨中硬是没有被打到，最后一击必中。这个“凌波微步”是配合的身法，但靠轻功打不死反派，轻功是辅助“屠龙刀”的。而辣椒水、胡椒粉之类的，只能起到非常轻微的作用，对于整个体系来说，可有可无，属于彻底的边缘外围。

三、创业

说回到职场和创业。你需要怎样创业？想创业，你首先要找到一个“痛点”，某件事必须是极其不合理的，千万人在吐槽，而你想要改变世界。比如说，你认为每次吃饭都要找地方停车是非常不合理的行为，经常会因为找停车位耽误半小时，因此催生了共享单车。

当你决定了做“共享单车”，你接着还需要考虑以下功能：

自行车设计和制造

物联网 USIM 定位

IT 界面的前台和后台

财务 VC 融资

企业内部管理

对于上面的这些功能，有一些是你知道的，有一些是你还不擅长的。那不擅长的怎么办？外购啊。知识是一种商品，和京东没什么区别，都是根据你的需求，然后再去采购的。

战略优先于战术，商场上的成功者一定是先有“战略”，然后根据战略细化拆解：你需要哪些战术，哪些功能还不足，哪些知识需要外购……有了“屠龙刀”，那用它砍人是战略，但是你无法近身，所以你需要盾牌或者轻功，这就叫战术。

我们再去看知识付费 1.0 的生态，它就像罗家英手里的“辣椒水大联盟”，对于前文提到的“刘刚”们来说，他们是不假思索地“乱买东西”。“刘刚”们买了 40 堂 Live 课，其实这些课程之间，有什么前后递进顺序，是平行还是分叉关系，“刘刚”们是一点都不明白的。

知识付费 1.0 的消费者们怀着忐忑而激动的心情，把市面上所有能买的课程全部买下来，这种行为严格地说不是学习，他们伪装勤奋好学，其实是懒惰和粗疏。就好比一个“三好学生”跑到书店里，买下几十本名家书籍，结果却是“买书如山倒，看书如抽丝”，每本书只有能力看完前面 8 页，这和作秀有什么区别？

以前有一种说法，作为一个普通人，你一辈子能接触到“干货”最多的一本书就是初中物理书，其次是初中数学和初中化学，因为这都是人类经历无数次摸索而总结出的精华和文明。

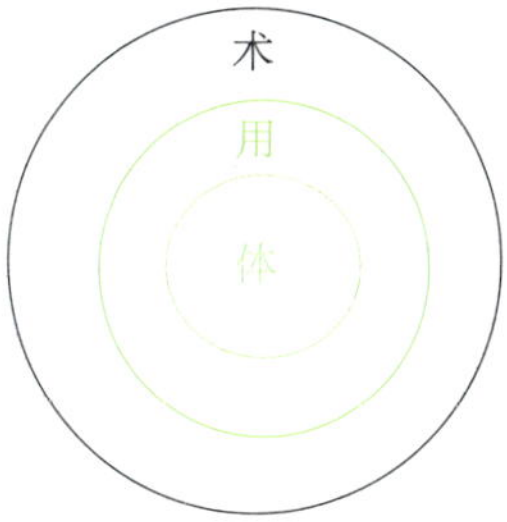

学问之道，分为“体、用、术”。对于真正的知识，它一定是有完整“体系”的，需要几十堂课、上百篇的篇幅才可以说清，而且需要老师不断考试，以确保你学会和跟上进度。那些诸如“三分钟学会八大技巧”之类的 Live，都是边缘化的小“术”。单独的每一篇或许都很精彩，为了销售，也憋足了噱头。可是珠玉不能成串，它们是连不起来的，只有皮毛，自然搭不出骨骼，更搭不出巨兽。如果碎片化学习有用的话，还要大学干什么？

四、知识付费 2.0

那么，什么才是真正的知识？真正的知识一定是有“框架”的。漫无目的的知识不是学习，而是玩。真正的知识，首先你需要一个“咨询”，需要有一个人，根据你的情况，根据你的性格，根据你手里的牌，结合你的升学、求职、创业、结婚等，设计出一个“战略”。

假设你想去澳大利亚留学，那么英语考试是要考 IELTS 还是 STIC？学分需要多少？如果不足，从哪一课补足入手？怎么写课外活动？要不要去做义工，或者练习篮球？学费需要多少？需要打工吗？海外有没有亲戚可以照顾？根据这个“战略”，然后确定你的短板，有意识地去购买，而不要胡乱地买。胡乱地买除了浪费你的时间、精力，没有任何裨益，而时间是很宝贵、稀缺的。

所以，你必须对自己购买的每一项知识都心知肚明。人生就像一幅拼图，或者一座钟表，技能是一块块拼上去的，而我们并不需要赘肉。

五、战略

战略值多少钱？我的回答是51%，战略不对，终生努力无效。很多人都有这样的经验：你的工薪族父母省吃俭用，几年不买羊毛衫，却让你去学每小时400元的钢琴课程，也不问你喜不喜欢学钢琴，你就这样忍受重重枯燥无聊，耗费了大半个童年，才考出专业九级。这就是“无用功”。

我可以很明确地告诉你，“弹钢琴”和上流社会是没有半点联系的，弹钢琴和陶冶情操也是没有半点联系的。从你母亲决定让你去学钢琴的那一刻起，你家所有的省吃俭用，你的所有童年、青春，都已经注定了“出错”。而这件事是不会随你弹得更刻苦、学得更认真有任何改变的。**战略上的疏忽，是不可能靠战术上的勤奋来弥补的。**

战略有多值钱？能达到51%，战略的价值比“战术”的总和49%还要高。关于“战略”的知识才是真正的知识，或者说，全人类有一半以上的知识，你全然无知、懵懂无知。

从小到大，你们家的“战略家”是你妈妈，她以她中年家庭妇女的眼光，为你制定了一生的“战略”及总体规划，包括但不限于以下几点：

首先，高价买个学区房。

学钢琴，学芭蕾，学上流社会的一切作风。

重点小学，重点中学，考大学。

可能的话，出国是最高荣誉。

学成归国，做个白领。

体会“轻奢”，过有品位的生活。

信奉女权、独立，坚持择偶规格。

上知乎回答问题，做大V。

如果你成功做到以上一切的话，恭喜你，你就是一个24K纯loser。你的人生从此惨淡无光，一辈子没有任何成就和出息；而对于你的家族来说，你就是个巨大的悲剧。你父母在你身上倾注了无数的成本，“回报率”却极低，一个中产阶级烧光毕生积蓄，只得到了一个“白骨精剩女”。

战略才是真正的知识，对战略的学习才是知识付费 2.0，然后再依次补充血肉，缺哪项技能就补哪项。

赚多少钱，才能带给你安全感？

一、财富自由

有读者朋友问我："40 岁时，要攒下多少钱，才能有安全感？"我感到奇怪："你连 30 岁都不到，问这么遥远的事干吗？"她说，她要买一个回形针[①]。

在分答上也有用户提问："欧大，我在二线城市，30 岁，单身，百万身家，今年中了 800 万彩票，我是该把这个钱投资到房产，还是稳定一下心情，等一段时间再说？"

我回答他："存定期，六个月之内，什么钱也不要花，包括不要分给父母。"

坦白地说，我一直很羡慕知乎上那帮人，过着神仙般幸福的日子。知乎上有一个很热的帖子，讨论"多少钱才可以实现财务自由"。讨论的最终结果是 100 万元人民币。支持的一方振振有词地说，找一个"诚实可靠"的投资理财，每年获得 5% 回报，一年就是 5 万利息。然后有人列出了巨长的报告，证明一个月 4000 元，在中国的"人均排名"已经到了 ××× 位；证明北京、上海平均工资只有 6378 元；证明自己买块猪肉回家煮，比饭店里吃得更好、更健康、更卫生。省一点花，每月 4000 元就可以过小日子了。

我得出的结论是，这就是个草根社区，几百个跟帖的人，连 100 万元都没见过，实在惨不忍睹。你别说 100 万元了，就算是"一个月赚 100 万元"，难

① 一枚带着 Prada 印记的回形针，售价为 185 美元（约人民币 1250 元）。

道能收获幸福吗？传说《王者荣耀》团队年终奖发了120个月工资，后来辟谣了，码农含蓄而矜持地笑道："没那回事，纯属谣言。这120个月奖金明明是'季度奖'。"

请问，买彩票中了800万元是什么感觉？一个月"奖金"100万元是什么感觉？快乐吗？豪富吗？幸福吗？好像也不见得嘛。因为800万元买套豪宅都不够啊！

前段时间，南京（还不是上海）河西区"十盘齐开"，由于政府限价，开发商太过于热销，竟然财大气粗地规定不许贷款，并且想要进售楼处，先开100万元的本票"存款证明"。亲，您有100万元，只能去门口挪共享单车。全款买房的往里走，按揭的不要堵门口，公积金贷款的请把共享单车挪一挪。

开发商说好了9点开盘，半夜里就有人前来排队，1000万元一套的房子全款，能买下的一定是千万富翁。他们就带着牙刷牙膏、脸盆毛巾、被套睡袍，大冬天就睡在马路上，如果我不和您说，别人还以为是乞丐呢。

曾经，你的愿望是吃饱，你的"财务自由"标准是有猪肉白菜，你计算每月4000元就够了，能买三斤猪肉就够了。可是等你一个月赚两三万，一年赚50万，甚至一次性单笔赚100万元以上，你又突然发现，人生中还有很多比"猪肉饭"更重要的事，例如买套房子。草根时代是想也不敢想房子的，现在敢想了，只不过买得很吃力。

二、A8.5

好了，我们继续升阶。房子的事不谈了，买房再也不是你投胎中的一道坎，比A8更高一阶的，是A8.5（拥有5000万元净资产），也就是很多意义上的京沪"财务自由"。

当你刚到A8（拥有1000万元净资产）时，你是尴尬而犹豫的沮丧。你站在富人的门口，能透过门缝看见一条线，但本身又不属于其中一员。人生的辛酸莫过于此。待富者还不如王大锤的心态平和。

“中产阶级”几乎费尽了一切心机来模拟上流社会，在所有的社会阶层之中，“贫民上层”是最注重道德的，而“中产中上”是最注重格调的。有个段子这么讲：以前买同一款车的一个群里，有个人怕车被误认为低端配置，于是网友给了他一个建议——在车屁股上喷一行字：“此车高配，没有优惠。”

但是 A8 和 A8.5 之间，区别也是巨大的。一个人净资产达到了 5000 万元，他就可以完全脱离生产，再也不用上班，每天去古北水镇喝冰镇红酒，夜观司马台长城，纵情笙歌，享受不尽。而一个 1000 万元身家的人呢？他只能选择“长假期”的时候去一次。黄金周七天，待得正舒服，眼看假期快结束了，你在那里心急火燎地打包行李回北京，人家悠闲地继续“放假”，这种心情就像是 8 月 31 日“暑期开学”，别提多难受了。

三、M2

等你终于赚到了 5000 万元，靠吃利息也能在京、沪等城市过上每天花 5000 元的日子，这时钱够不够让你过上安心的日子？答案是还不够。

对于 A8.5 来说，他焦虑的是“M2 增长”，没钱的时候想吃肉；有了钱以后，想买房子；买好了房子，想富贵；拥有了富贵，想长久。2004 年，一碗普通肉酱面，大约 5 元即可。到了 2017 年，康师傅牛肉面、味千拉面，随便一碗面，就是 38 元，加碟醋熘木耳，就是 44 元。穷人的弱是全方位的弱，富人的强是全方位的强。知乎那群人在讨论着“100 万元放银行，每年利息 5%”，我对此嗤之以鼻，等你爬到更高的社会阶层，放眼望去，你会知道，远方还有更多不可知的危险。

那些山坳里兴高采烈地烤浆果的愚夫，在我们眼里就和猴子、野人没什么区别。雪峰将倾，天地洪荒压迫过来时，没有什么力量可以抗拒。M2 增长的速度大概是“每十年三倍”。水库论坛曾经说过，财富每差三倍，社会差一个阶层。你付首付都有压力，别人可能直接全款。当 M2 增长存在时，每过十年，你就下降一个阶层。20 年时间，A8.5 将会退化成 A7.5。

2002 年，有几位朋友攒下 2000 万元，当时觉得高不可攀。放到 2017 年，已经彻底泯然众人。当你真正到 A8.5 的阶段，拥有 5000 万元，到了“社会精英”的层次，你心里就会明白，富贵不能持久。你眼前的富贵享受，如过眼云烟一般，20 世纪 80 年代的万元户，坟头都不知道换了几茬草了。一不留神，一个风口没赶上，例如没投资房地产，或者没看好互联网，分分钟被淘汰为二流富豪。

那怎么办呢？你有两个办法：第一是继续工作，努力跟上时代的步伐，但是在这种情况下，你并没有“退休”；第二是赚足够多的钱，足够你这一辈子也败不完。比如说，我们想多活 30 年的话，则 M2 增长应该是 30 倍，“体面退休”的阈值是人民币 15 亿元。

四、首富

假设有一类更强的富人，他的钱已经多到无论怎么败都不会败完，这类雄踞人类财富顶端的稀有人群，他们的钱够了吗？能获得充足的安全感吗？

2017 年 11 月，几乎所有外媒都被一颗叫 Oumuamua 的小行星刷屏了。这颗小行星刚刚擦过了水星轨道，会以一条极其诡异的轨道，经过地球、火星、土星、木星，距离非常近，几乎贴身而过，但又完美地没有和任何一颗大行星发生碰撞。更神奇的是，这颗小行星有着前所未有的形状，长宽比大概是 10 : 1，而不是球形。

这颗小行星不是彗星，本身是石块表面，这已经十分罕见，而它的密度又和岩石不相符，其内部很可能是中空的。这么细长的雪茄形，还绕着自身飞速旋转，学物理的人立刻就知道：人造重力！

这样一颗小行星一飞入太阳系，天文界顿时炸锅了。全世界的长枪短炮对着 Oumuamua 一顿狂拍，这是什么？外星人摄像艇啊！可惜的是，由于人类科技实在太过于落后，仅仅过了一个月，Oumuamua 就脱离了人类的跟踪视线范围。但是我想对于比尔 · 盖茨、唐纳德 · 特朗普这样的人来说，应该也会睡不好觉吧。

曾经有人问美国前总统小布什："美国的国家目标是什么？"布什回答是"Security"，中文翻译为"安全"。**对于一个国家、一个财团来说，当它已经足够富有，一切物质财富不再缺乏时，它要追求的依然是"安全"——永恒的富贵，永恒的享受。**

美国部分军舰的用途是针对外星人的，而事实结果呢？美国能享受安全吗？不能。无论你多么强大，始终都不会有100%的安全。

五、结语

赚钱这种事，就像升级打怪，你充了200点人生值进去，以为升了装备，正科提副处，从此过上幸福的生活。而事实的结果呢？你升完副处级，你就会认识"副处级"的朋友。在和他们的交往中，你的灵识会打开，见识会扩展，你突然明白："哦，还有这样的天地。"

这就像网游打Boss，Boss是打不完的，曾经《魔兽》最高等级40级，40级升完又有60级,60级后面还有80级，**随着你越爬越高，你的眼界越来越高。而越高的眼界，则会带来更多的不安全感。**

因此我教你一个秘诀，要不你把钱给我吧，你的烦恼我来承担。让贫穷限制你的想象力，少知少恼。(此处为玩笑)

即将到来的中产阶级社会

一、维密

这篇文章要讲的是一个重要话题：不可阻挡的中产阶级兴起。前不久，奚梦瑶在“维多利亚的秘密”走秀时摔了一跤。奚梦瑶花了太多时间在综艺上，腰上长了赘肉。“维密”想讨好中国，因此放松了对中国模特的要求。关于奚梦瑶摔跤的分析，写得最好的一篇文章是《为什么奚梦瑶不值得同情？》。我们对模特的唯一要求是，你必须专业。你可以耍大牌，可以坏脾气，但你必须专业。把本职工作做好，才可以交换更多的东西。

然而，奚梦瑶短短 15 秒的视频，在中文互联网上的播放数量是 3 亿次。这是什么概念？是“英国 + 法国 + 德国 + 意大利”的人口数量，或者说是整个美国的总人口数。这样的播放量让“维密”的老板笑不动了，为什么摔跤的不是一个拉脱维亚的小模特，这样连 30 万次阅读量都不会有，偏偏摔的是中国模特，结果整个中文互联网轰动，“维密”一举从一个一张门票 30 万元的小众社圈，扩展到亿万人口关注。

在中国，目前就是这样的情况，“影帝”没有小鲜肉重要，“歌神”没有偶像派重要。专业的模特没有娱乐新闻重要。奚梦瑶只要说一句话，就可以让“维密”的老板继续雇用她，并且支付好几倍的工资——“3 亿中国人都想看看明年我会不会再摔跤”。

二、力量

自从有了自媒体以后，中文互联网上就出现了一个从来没有过的奇观，那就是每当有热点事件出现，你就会看到非常多的大V各显神通，从各个角度切入，各种取材，相互煽情，掀起一篇篇阅读量超过10万的文章。但你要问我对这些“10万+”文章的看法，我完全不关心。

有人会问，那您关心的是什么呢？我关心的是“力量”，那种排山倒海、无可抵挡的力量。还有多少人记得，TFBOYS是哪一年成为中国销售排名第一歌手的？SNH48的鞠婧祎上次送出2000杯星巴克，进入主流媒体视线了吗？不了解相关资讯，可以搜索一下《SNH48的吸金手段真是可怕，鞠婧祎的粉丝今年砸了1000万》这篇文章，小女孩们排名次，粉丝们是实打实地砸卡券下去的。

“水库论坛”考虑问题的方式终究和平常人是不一样的。当“中产阶级”还对热点事件关注的时候，我们关心的是另一件事。这么多的迹象难道您还看不出来吗？**一个3亿人规模的“统一市场”正在逐步形成。这个才是惊天动地的大事。**其他任何事，与此相比，都小得不足一提。

三、统一市场

中国在1949年之前一直都是传统的农业社会，农田的本质特性是地理上的分散性。因此在中国大地上，星罗棋布着几十万个村庄，比如牛家村、李家庄，种植业土地的分散性决定了人口的分散性。

2017年，天猫的“双十一”促销，销售额达到了1682亿元人民币。相比之下，是随后几天11月26日美国一年一次的Black Friday超级大促销，美国人骄傲地宣布，营业额涨了18%，达到79亿美元。简单计算一下，还不到天猫的30%。

有人问：为什么美、日、欧不搞个“双十一”，而让马云独领风骚？问这个问题简直就像问“1937年中国为什么不造坦克”一样。**电商是需要无数基础设施的，具体大致如下：庞大的轻工业、制造业，交通和高速公路，电信网络，智能手机的普及，识字的民众，廉价的快递人力，良好的治安，大一统和法制。**

全世界绝大多数国家连其中一项都没有，即使是美、日及欧洲的发达国家，也未必有完善的物流和轻工业（此处引用马督工的回答《如何看待中国“双十一”线上销售额远超美国“黑色星期五”》)。

但是，如果你把以上八点精简成一句话，那就是“单一市场”。网络有多大，生意就有多大。中国人从分散居住、组织度松散的农业社会，依靠现代通信、现代物流，在庞大的国土之上，逐渐凝聚成“统一市场”。从此以后，市场不再是30万个分散的村庄，而是3亿人口的大市场。

这两年的社会热点的一个最大特点是“共振”越来越强，以前能获得100万个关注就已经算是大事情；现在，同一个话题能有几百篇“10万+”的文章出现，数千万人同仇敌忾。

四、共振

上海排名第一的报纸《新民晚报》发行量也不过110万份，买回去真正打开的还没这么多。而我们关注网剧后会发现，《三生三世十里桃花》播放超过300亿次，《楚乔传》播放超过462亿次。

电视剧网络播放排行榜半年版

名次	电视剧	播放量（单位：万次）	趋势
1	楚乔传	4628593	
2	我的前半生	1587929	
3	那年花开月正圆	1284781	
4	欢乐颂 2	1120335	
5	醉玲珑	1115961	
6	人间至味是清欢	942809	
7	夏至未至	908356	
8	猎场	854343	
9	美味奇缘	668866	
10	军师联盟	668316	

这么多的位数，数得我头晕，“网剧”的播放量是《新民晚报》的 4 万倍。一个上神“白浅”就能让数十万人同时讨论，而这样的“关注度”数字也不是一朝一夕上去的。大家都知道网剧“财大气粗”，但视频网站也不是第一年就有钱的。就算是天猫“双十一”，也经历了五年大发展。

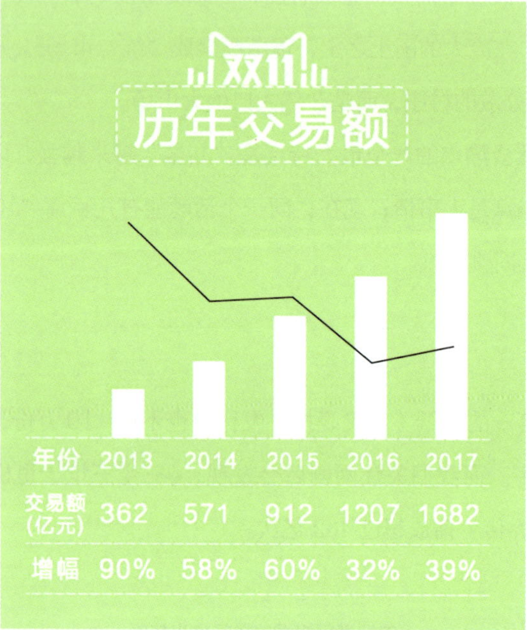

如果我们稍微关注一下历史数据就会发现，无论是天猫、网剧播放量、SNH48 吸金、网络热点“10 万 +”数量，甚至微信用户，都是逐渐变得越来越强。

当你在海里开了一艘木船，一个巨浪打过来，你不要先心疼浪花打碎了你几个木桶、几个碗，这些事并不重要。**身为一个经验丰富的船长，你需要注意的是“浪花越来越强了”，**从 2 米海浪变成 4 米海浪，最后变成 10 米海浪，大海在共振，大海在咆哮，这个才是“船长”应该惧怕的。

五、中产阶级社会

坦白地说，我对这两年的“社会热点”完全不关心，是非对错、正义善恶，我都懒得关心，我重视的是“风浪”。随着3亿人民逐渐凝聚成“单一市场”，连通器开始共振、共鸣，中产阶级不可避免地发出自己的呼声——共振。

今天不过是一个开始，而且今天的话题毫不重要。未来，一定肯定必定还会发生更让“舆论哗然”的事情。届时中产阶级会比现在更激动，爆发出更强烈的能量。**你对于真正的力量一无所知。真正的力量是什么？是数量！**

无论是圣人、贤相，还是英雄，他们都是很容易被遗忘的。沙皇尼古拉二世号称是Czar神的子孙，可是陨落得无声无息。**真正不可击倒的是什么？**是数量！当一个群体有着2000万人口，他们就很难对付，如八岐大蛇般斩杀不尽。而如果有3亿人呢？人类一旦形成“乌合之众”，个人就不需要担责任，批评再严厉，也是法不责众。“中产阶级”大怪兽是立于不败之地的，无法惩罚。

“大怪兽”一旦诞生，它就不可能再消失，今天已经完成“城市化”的3亿人口，几乎不可能让他们再住回到农业社会中去。**以2017年为元年，中产阶级踏上历史舞台，影响深远，至少会永久性地改变中国的生态100年。以2025年为分界线，中国的历史可能会有清晰的痕迹。**

中产阶级的地雷阵

爬阶很难，滑落很容易。

一、前言

前段时间我在人文经济学会做了一次讲座，很快就有编辑找我约稿，并说：“您讲的都太高大上，动辄三四千万的理财配置，贫穷限制了我的想象力，您什么时候也讲讲100万元现金的中产阶级如何投资啊！”

我听了吓得猛一哆嗦，100万元投资，这个话题没法写的，怎么写都是死路一条。因为你能接触的投资全部不灵，都要被M2干掉。而好的投资你又都接触不到。在整个社会中，你就是羊，全社会的羊毛衫都靠羊身上剪来的羊毛织就，所以保护羊是不可能的。

在“赚钱”的道路上，你百转千回、九死一生才能绕出地雷阵。所以，赚钱的门路找一个都很难。不过，我可以给你写写“亏钱”的法子，**因为亏钱的门路我闭着眼睛都能说上一千种，保证让你的100万元全部打了水漂，一颗子弹定向消灭一个中产阶级家庭。**我下面就列举三个例子。这三个例子非常巧，都和子女教育有关。

二、教育投资

知乎上有一个很有名的帖子《有哪些政治正确的东西是错误的》。答案是一位ID名为“温酒”的答主写的——“全部都是错误的”。

一件正确的事我们可以直接称呼它"正确的"，只有不正确的事才需要形容为"政治正确"。同样的道理，在我们的生活周边，也有一些事情"政治正确化"。一旦"政治正确"，人类就只能用惯性和世俗的眼光去看待它，而失去了进一步思考，尤其是进一步控制它的能力。

第一个明显的陷阱：对教育的无限投资。比如说，你在家里大喊要买一套大房子，要四室三厅，并带一个大露台，这类户型极其罕见，房东的报价只有市场价的七成。机会难得，笋盘（低于市场价的房产）一去不复返。然后你会得到怎样的待遇？家里的老人决不会砸锅卖铁支持你的"挖笋"（买低于市价的房产）进程，相反，他们会冷嘲热讽，说"房价马上就要开跌了，现在不宜买房""中央三令五申，挂牌猛增 1.5 万套""控制风险，安全第一，破产就在眼前"。

但是，你换个说辞。你不再买 200 平方米、1000 万元的大笋盘了，你改买 30 平方米，但价钱还是 1000 万元的，你在家里竟然会得到"英雄般"的待遇。因为你买的是"学区房"，亲戚好友不管谁质疑，你只要直接回答："房价是要跌了，但为了孩子，没有办法。"然后你用四只手指捂着眼睛，通过指缝半得意半炫耀地看着亲戚。这时，谁敢跟你说半个不字？

"为了教育"这四个字，在中国目前就是刀枪不入、金钟罩、铁布衫、神勇铁金刚，谁也不敢批评半句。亲戚们永远也不会评说，200 平方米和 30 平方米房子，哪个泡沫更大，他们也不会拉着你死命劝你别买学区房，告诉你危险。可实际情况呢？没有劝阻，没有建议，大家一起轰隆隆地坠落无底深渊。

在中国，本科之后的教育回报率基本上是负数，并不是学历越高越好。而对于内陆省份来说，如果上不了 211，那么上普通大学的学费回报就是负数，还不如考个蓝翔技校。对于京、沪等大城市来说，本科之后的教育回报也是个负数。决定人生的是高考，第一学历才是学历。

"教育"这种事，本质是一种投资学选择。在研究生"录取率"如此高的今天，绝大多数的人并不是因为"考不上"而不读研究生，他们纯粹是因为"不划算”而不读研究生。研究生本身也并不意味着更高的情操，或者更高的审美品位。例如，你每天看着200对果蝇交配，连续看上两年，你觉得这种事很有美感吗？但是，中产阶级并不明白这个道理。在目前的中低阶层中，对教育的投资几乎是不计成本、压倒性的一边倒战略。

我们知道，经济规律这种事，你可以不理睬它，但是它不会不理你。不计成本、不计回报、无限制的教育投资，必将恶果显现。我们看到一些Mid-Low Class的父母，本身可能仅仅是一个营业员，或者是一个卡车司机，但他们会倾注全部的资源，省吃俭用，把全部家财堆积在孩子身上，供他们学习特长（如钢琴、美术、声乐等），并希冀孩子可以成才。

我并不是说学“八国语言”不好，**我指的是“经济学”才是高等科学。**凡事都要讲“费效比”，你大把投资，牺牲掉所有的人生和幸福，孩子能成才吗？不能。孩子能赚钱吗？不能。孩子能快乐吗？不能。

三、移民投资

中产阶级手里有了100万元，不满足于传统的股票、债券投资，还想要高人一等。除了把钱砸在孩子身上，进行硕博教育，还能干什么呢？答案是：出国。

我真的不明白，一些40岁事业有成的单位实权骨干为什么要那么着急出国？**中国有几件“政治正确”的事——教育是一项，出国又是一项，老百姓习以为常，以为天经地义，实则荒谬绝伦。**

为什么要出国？什么人需要出国？出国有什么利益？出国有什么缺点？去哪些国家？用何种方式、什么渠道出国？对于这些问题，中产阶级一无所知。你如果和内陆省份一些家庭聊过，就会发现他们的思想基本是“为出国而出国”，仿佛只要一抵达美洲大陆，白银珠宝就会滚滚而来，直接跳出“游戏通关”的字幕，却看不到美国、欧洲也有大量穷人，生活水准远远不如留在京、沪的事实。

中产阶级是一个很有特色的阶层，严格来说，他们并不是上流阶层，而仅仅是“模仿”上流社会，而这个模仿，还不是实时的，严重滞后。

20 世纪 80 年代，国门刚刚打开，欧美国家、中国的港澳台地区人均收入每月 2 万元，而中国内陆地区人均收入每月 80 元，差异巨大。沿海城市的人们惊讶地发现，去日本打两年黑工，回来就是村里的首富。所以，20 世纪 80 年代形成了巨大的“出国潮”，并因此被内陆省份模仿和牢记。

但是，时过境迁，到了 2017 年，京、沪的上层生活水准早已远远超过欧美中产，“移民”对于真正的富人来说毫无吸引力，这也是中产阶级和上流社会的区别。中产阶级只具备“模仿”能力，而不具备“思考”能力。

当上流社会的人早已不屑欧美人现状时，内陆的中产阶级依然飞蛾扑火般奋勇出国。出国不是手段，出国就是目的，出国人云亦云，不算收益成本。盲从的下场必然是整个家庭的毁灭。从零做起，慢速轨道，回天无力，中产迅速返贫。

四、艺术投资

第三个陷阱就是艺术，尤其是画画，女孩子学美术，一定要坚决拒绝。在韩剧里，有一个非常典型的范例：富家贵女，例如社长的妹妹、嫁不出去的姑妈、刁蛮的大小姐、富商千金……无一例外，她们的专业是“美术系”。这些贵妇、贵小姐并不需要上班打卡，维持生计，可是她们在“专业”的选择上，无一例外选择了绘画，更远远超过排名第二的音乐，为什么？

绘画是一门“不用竞争”的学科，一旦你选定了画家作为终生职业，你就再也不用面临激烈的竞争、残酷的排位赛制考试。当你的女儿在 16 岁时向你提出“想学画画”，此时你一定要坚决拒绝，因为当她说出这句话时，她的潜台词其实是：“我已厌倦了激烈的竞争，我害怕努力和奋斗，我宁愿做一个懦夫躲起来、藏起来。”

贵族小姐可以堂而皇之地找一个画室躲起来，反正可以用父母的钱来保证自己衣食无忧，她可以毫无压力地花几个月时间画一幅画，尽管一幅也卖不出去。真正的绘画大师是极其辛苦的，也是极度清贫的。他们日夜勤勉，那笔锋、刀锋，每一下都是灵魂之作，他们用生命在绘画。而贵妇们不是，她们是如此懒惰，懒到连“音乐”都不愿意选，因为你要当众演奏一段小提琴的话，至少也要刻苦训练、反复练习。琴弦的轻微桎梏和生疏，观众是能轻易听出来的。

无论你是小有身家的企业家，还是自恃清高的知识分子，当你的女儿向你申请“学画画”时，一定要坚决拒绝。家族如此富裕，再多养一个人，本身不算很大的负担，但真正的麻烦是，“躲避竞争”是一个潘多拉魔盒，千万不能打开，否则在她以后的人生中，会有无数后续问题，像连环炸弹一样，不停地爆发出来。

五、结语

前两天我见了温州一个行业会长，问他温州近期经济怎样。他说，老一辈的企业家还都活着，每个都是人精，聪明狡猾，诡计多端。然而并没有用，哪怕你再强，421 法则的规律总是避免不了的。

我再问他：“那么继承人培养得如何？出国留学、投资读书、艺术科目效果如何？”他苦笑着说：“出去了 25 个人，其中 24 个人辛勤读书，学成归国，高科文凭，只有一个学渣，在美国整天跑车把妹，考试参考《天才枪手》，混了一个文凭。然后你猜，二代中有能力继承家业的、成才的有几个？”

没有合同不公平

一、窝轮

经甲乙双方自由平等友好协商，现达成以下协议：

甲方违约，赔偿 100 元。乙方违约，赔偿 100 万元。

甲方有 90 天“犹豫期”，90 天之内可以随时撕毁合约。乙方有 1 天犹豫期。

如果价格上涨，甲方获得全部涨价利润。

如果价格下跌，乙方承担全部跌价损失。

好了，现在“毁三观”的考题来了。请问：以上合同是公平的，还是不公平的？恐怕有很多人已经忍不住要跳起来了，挥舞着小旗帜：“不公平，不公平，太不公平了！”“这是绝对的欺诈和压迫，政府应该出台法律，宣布这种合同无效。”“打倒奸商，让世界充满爱。”好了，我们再加一条，也是至关重要的一条：甲方支付乙方 5 万元。

这时，只要是尚有一丝智商的人都会若有所悟地坐下来，他们似乎想到了什么。因为这个合同格式很熟悉，熟悉到几乎每天都能看到。没错，**这就是标准期权合约文本。**

期权，也称为“认购权”，英文是“option”，港澳地区翻译为“窝轮”，指甲方有权以每吨 500 元的价格向乙方购买 100 吨煤炭，如果煤炭价格上涨，甲方发大财；如果煤炭价格下跌，甲方可以“放弃”购买权。中国上交所在 2005

年进行“股权分置”改革时，也曾经发行过“期权”，当时作为股改附送的“期权”，以“T + 0”的交易特征，风靡大江南北。

“期权”最主要的特征在于它的“输赢”是不对称的。理论上，如果“煤炭”的价格像房价一样飙涨，则“期权”的盈利是可以涨上天的。而另一方面，“期权”输钱的可能性是有下限的，下限就是煤炭价格跌破 500 元，比如每吨 499 元，那你这份合约的价格就为零，因此无论如何都不会倾家荡产。

“赢面无限，输面有限”，认购股权证是不是一种很好的金融产品呢？答案也不是肯定的。因为“认购证”本身是要卖钱的，煤炭厂家又不是傻瓜，他要卖你一个“溢价”，通常是 10%。例如煤炭价格是 500 元时，厂商卖你一个月内“500 元认购权”，这份认购书价格是 50 元，煤价必须超过 550 元，你才有盈利。具体的“窝轮”价值计算十分复杂，有一个拿诺贝尔奖的 Black-Scholes 公式。

总体而言，这是一门生意，买方、卖方都是平等的，买卖“窝轮”绝不存在什么暴利机会。

从香港市场经验看，这是“散户—机构”的博弈，散户还有博彩暴富的心态，容易出高价。因此，从长远统计看，基本上是散户（认购证买方）输得多。

二、“妥协条款”

回到我们开篇列出的那个合同，如果这是一个“房屋买卖合同”，如果违约的话，甲方赔偿 100 元，乙方赔偿 100 万元。价格上涨的话，甲方享受全部利润；价格下跌的话，乙方承受全部亏损。那么请问：以上合约是“公平”的，还是“不公平”的？

答案是公平的。因为无论付款方式、赔偿金额、权利义务等，一切都可以折算成价格。

你正常卖一套房子，譬如 100 万元，但是你愿意承受杂七杂八的“妥协条款”，你就可以卖 105 万元。同样一班飞机，都是把旅客从北京运送到上海，

“运输服务”都是一样的，甚至连餐食都是一样的，但是航空公司把座位等级分为F、A、C、D、Y、S、B、H、K、L、M、N、Q……彼此之间的价格就是不一样。为什么？因为“合同条款”不一样。

有些头等舱机票，是可以改签、可以退票的，而且退票不收任何手续费，这就是F舱。而那些普通群众最喜欢买R舱（3折）和O舱（2.5折），这样的机票，航空公司往往会注明“不接受改签和退票，只退燃油费”。为什么飞行距离都一样，却会产生399元、499元、699元的票价差异，这里面就是“退改签”条款的不同。

当我们谈论房地产买卖合同时，**不讲价格的公平就是耍流氓。**你可以拿出一份合同哭诉，说甲方、乙方的“权利、义务”如何不对等，你可以哭诉乙方提出的条款如何苛刻、如何暴利，这些都没有问题。可是有一点你要承认，**没有这些条款，就不是这个价格**！你付了399元的机票钱，可是你坚持要享受F舱的待遇，随时随地可以免费退票、改签，这种要求就是特权，就是无理，你就是耍无赖。

三、显失公平

美国的堕落是从法律界开始的，因为美国历任总统很多都是律师，因此美国政坛长期被法学院和检察院的学生霸踞。这些人不知民间疾苦，没有一丝一毫织衣耕作的经验，但都怀着“拯救世人”的伟大理想，“政治正确”就是美国法律界搞出来的事情。“法律界”的义务是司法，“立法”不归你管，这个世界应该怎么运转，从属于立法机构，由政治家管。司法界的捞过界，才是美国衰弱的原因。

言归正传，中国的法律有大量向美国学回来的经验，同时因为中国的历史和国情，在法律延续中，也不可避免地掺杂了大量计划经济的基因。在不久前天津滨海新区判决的一例房屋买卖案件中，就有了一个非常值得探讨的先例。天津法官以“存在转卖条款”伤害卖房利益为由，判定合同无效。但如果不是

“不转卖”的合同，他就卖不到这个价格。天津法官以为捍卫了“卖方”的利益，其实他损伤的正是产权人的利益。

同样的道理，当“显失公平”含义被无限扩大时，就会带来严重的后果。欧洲的政治正确，搞到“解雇”都变成了一个“非公平词义”。法国企业迫切需要劳动力市场自由，但在法国，解雇一个员工几乎是不可能的，这一类法官捍卫“正义”的行为，最终伤害到了法国。

有一种“显失公平法案”。什么叫显失公平？甲方赔偿乙方 100 元，乙方赔偿甲方 100 万元，这叫“显失公平”吗？肯定不是。甲方可违约 600 天，乙方仅可违约 1 天，这叫显失公平吗？当然不是。甲方逾期罚息 0.00003%，乙方逾期罚息 3000%，这叫显失公平吗？同样还不是。这些“显失公平”的法案，其实和“期权”的原理是一样的，**任何合同上的特权都会转化为价格的上升**，比如京东提供的延保服务还要另收费呢。

什么叫“公平”？对于奥派经济学家来说，**公平有且仅有一条，即“签约时的自由”**。在你签约时，你是自由人，有没有人用枪指着你？有没有人用拳头压迫你？如果“没有暴力”的话，那么这份合同就是公平的。像法国或者《劳动合同法》一样，签约是不自由的，有各种条条框框不可逾越，那么这份合同才是不公平的。

有时候我们回想历史，真心觉得庆幸。18 世纪的工业革命发生在英国，“大航海时代”发生在荷兰。只有“海商法”以及无比自由的海上马车夫，才能想出“期货”“期权”这种精密至极的契约结构。如果 18 世纪的工业革命发生在中国，照当时那帮封建残余的老头子的意思，“法律”必须伪公平，必须“对等”，甲方、乙方之间的每条违约义务都必须完全对称，那么哪怕再过几百年，也不可能出现“期权”这个万亿级的大市场。

不公平地揍人

一、羞羞的铁拳

电影《羞羞的铁拳》票房过 20 亿时，我曾“二刷”过。因为是第二次看，所以当时绝大部分时间我都在打哈欠，一直看到最后十分钟时，大春和吴良在台上恶斗。大春本来快赢了，吴良却开始掰他的手指，马丽在台下看得心急如焚，大声对裁判说：“掰手指，犯规。”裁判看了一眼，屁股一撅，赶紧跑到对面去了。这时，电影院发出一阵猛烈的嘘声，我的眼角隐隐有些许湿润，为了弱者的不公、规则的无耻，为了充满苦难而艰辛的人生。

我的思绪也不知不觉飞远了，想起我曾看过的一个帖子，叫《为什么中途岛战役中，日本几艘航母一炸就废？美国用什么黑科技了吗》。

1905 年，日本打赢日俄战争，跻身世界强国之列。从那时开始，日本人就野心勃勃谋划下一轮的太平洋扩张，而他们的“假想敌”就是美国。[①] 日本人为此做了 30 年的准备，其中就包括自以为高明的“偷袭珍珠港”。可是等到 1942 年，日本海军和美国海军在太平洋正式开战时，日本人一下子蒙了——这怎么和剧本里写的不一样呢？

---

① 参阅《历史上有哪些精心布局却被对方一下破局的故事》（https://www.zhihu.com/question/39665045/answer/82492210）、《假如把二战时日本和意大利的地理位置互换一下，二战会是什么走势》（https://www.zhihu.com/question/22016773/answer/147101004）、《二战时期的日本军工处于什么水平》（https://www.zhihu.com/question/61758582/answer/193988052）。

日本海军总参谋部排演的叫作“七成”计划。这个战术的核心，日本海军军部的计划是70%日军和100%美军做“换算比”，即有美国海军战列舰队总实力的70%以上，就可以击溃美国军队。可是真到开战的时候，日本人发现现实是很残酷的。

以“航母决战”为例，日美海军差异主要有几个方面：

（1）炸弹：美国人的炸弹900kg，日本人的炸弹250kg。

（2）引信：美国人的炸弹可以使用穿甲弹，钻破甲板，在甲板下方内部爆炸。日本人的炸弹只能在甲板上滑行，像个大爆竹。

（3）损管：美国人有大量的工程师，被炸伤了可以迅速修复，日本人能力远远不够。

（4）装甲：美国开放式机库，通风开窗。日本封闭式机库，内爆一个炸弹就惨了。①

这些因素加在一起导致日本海军实力只能用四个字总结——全面弱小。日本海军不仅攻击力弱、防御力弱，连回血都弱，这就好比网络游戏里一个15级的剑士去挑战25级的剑士，结果当然是全方位被压制着打。

二、竞争

美国海军战胜日本海军是反法西斯战争的伟大胜利，在“昭和”军人心中，他们一定感觉十分憋屈——“你有种拔出剑来，大家面对面地比试一场”。在日本军国主义者看来，武士道的精神，不会惧怕任何危险和牺牲。

可问题在于，美国人抽着雪茄，吃着罐头，远远地扔一个1000磅的炸弹过来，一下子炸毁你半条船。日本人扔100枚炸弹，才能命中10枚，击沉1艘军舰。而被击沉的这艘军舰，美国人下个月又修好了。你说“昭和”军人心里苦不

① 参阅《二战英国、日本和美国的航母在甲板和机库的设计上有哪些区别？》（https://www.zhihu.com/question/40990356/answer/246756271）。

苦？所以，当我看到《羞羞的铁拳》里大春号叫着，被掰开手指，踢断了手臂，在地上滚来滚去地哭，我就在想：这个世界上，有拔出剑面对面的决斗吗？

举个职场上的例子吧，比如现在流行的观点——“寒门再难出贵子”。你十年苦读，拿了一个大学文凭，去应聘高级职位。

HR 问了你一连串的问题：“有没有社会实践经验？有没有暑期工作经验？有没有客户资源？对本公司的企业文化传统了解吗？”

你被问得瞠目结舌，无法应答。隔壁这时推过来一份简历：烫金的校长推荐信，麦肯锡暑期工经验；去英国伦敦实习，在日内瓦发表演讲；自带拉业务属性，三个订单，五个大客户；家里叔叔以前是这公司的执行董事。这就叫“熟知企业文化”。

在我们这个社会，除了少数竞技体育领域[①]，其实是不存在“简单竞争”的。在这个世界上，从来没有干净的竞争，任何竞争都有着无数的附加属性。

很多大学里的佼佼者，在社会上往往混得非常非常差，差到不知所措，标准 loser，长期混迹于最底层，郁郁不得志。

为什么反差会这么大？因为游戏规则变了。从小到大，你的游戏规则就是“考试”。从小被灌输这种理念，“考试”成了唯一的甄别标准——考试考得好，你就是好学生，父母夸奖你，老师也喜欢你；考试考得好，你就可以“升学”，从小学升到中学，从中学升到重点大学。

可是从大学毕业这一天开始，“游戏规则”变了，变得如此突兀、如此复杂。如果没有贵人的指点，很多人一辈子就陷在以前的游戏规则中走不出来。

社会上的竞争，从来都不是“考试”，或者是一维的，而是多头多线程。有些“三好学生”一厢情愿地认为，我只要“认认真真”工作，全公司加班到最晚，编程最用心、最仔细，就可以有光明的未来。

---

① 其实在竞技体育领域，竞争一样不公平。2008 年奥运会，中国游泳队清一色的 Speedo “鲨鱼皮”第四代泳衣，价值 2 万美元，只可以使用四次。小国表示，难以与之竞争。

事实真是这样吗？真相是，如果你这样做的话，你这辈子都不会升职。整个部门里干活儿最好的人，通常都不会升职，因为升职根本就是一个派系问题。就像很多段子说的那样："整个部门30个人，就他一个人干活儿，所以他怎么可以升干部呢？升了干部，谁来干活儿？"

同样的道理，Nokia 卖手机，努力把成本降到更低，结果颠覆它的是 iPhone。康师傅方便面好不容易把统一方便面打垮了，结果一年减少了6亿包的销量，市场大大缩水——用户都被美团外卖抢走了。**这个社会上的竞争，赢家通常用的是"降维攻击"。**

"二战"前日本人准备了30年，天天盘算着跟美国大兵"巨舰大炮"地对决，建造了"大和""武藏"等终极战列舰。可是时代变了，美国人砸死你的是海军航空兵。①

所以，**多维度竞争才是常态。**

三、母性三观

我们小时候都玩过街机，其中有一些著名的游戏，例如《三国志》，你选择一个角色，往往要经过漫长的道路，打败无数的小兵，才能见到最终的 Boss。

最后一关的大 Boss，其实也不是很难打，虽然它的攻击力大得惊人，血条又足，但还是可以克服的。真正令关卡难度大增的，是打最终大 Boss 之前，你往往要经过一段很长很长的树林，打败无数刀斧手和小兵，或许还要打掉几个中等或是小 Boss。这导致你到"最后一关"时，一般不是满血，而是"残血"泛红，身边的药品和特技也消耗得差不多了。

一个像我这样长期"三观不正"、整天胡思乱想的非典型学生，在玩这个游戏时就想：曹操好，我不要当赵云，我要当曹操。做大 Boss 真爽啊！

① 参阅《当然不是被热水器炸飞的》（http://weibo.com/ttarticle/p/show?id=2309404158437968717421）、《为什么汽车工业对一个国家来说很重要》（https://www.zhihu.com/question/55369677/answer/241406100）。

假如我是一个帮派首领，我干吗不带兵、不带部下，傻乎乎地站在村口等你砍？难道就为了证明你武力值比我高？如果我是曹操，我肯定希望垫在前面的小兵越多越好，最好能消耗掉你一半血条。所以，你喜欢站在被削弱的一方，还是被增强的一方？

假如我是一个舰队司令，对方军舰的射速比我快 20%，装甲比我厚 20%，类似于英国人对战西班牙的“无敌舰队”。那么我为什么要正面和你对决？为什么要和你海战？我难道不会断你的粮道，偷袭你的补给基地，炸你的商船？

所以，**在这个世界上，“单一竞争”是不正常现象，“复合竞争”才是社会的常态。**

我们目前的教育有很大的问题，这就导致整个社会越来越“巨婴化”，充斥着大量从小老实读书，长大后质问“为什么我买不起房”“为什么我过得这么惨”“为什么好工作都不来找我”的迂腐分子。

无论是影视文艺，还是课堂课本，或者老师教导，那些有组织、有计划、有胆略、有阴谋，布下重重陷阱，把“胜算”预先布置得十分大的人，往往被污蔑为“恶人”。而那些单纯无脑，“我不听我不听”，行事完全没有伏笔和计划，对投资和未来完全没有“责任感”的小白，却被美誉为英雄。

然而，仔细想一想，这是正确的三观吗？这是正义的英雄吗？你可能正在被教育得蠢如大春。

正义小伙伴与邪恶组织的区别

正义小伙伴	邪恶组织
自己本身没有具体目标	怀着远大的梦想和野心
生存意义就是阻止对手实现梦想	为实现梦想，坚持不懈地研究开发
有事件发生才行动	每天都付出努力，不顾一切地向着梦想进发
受害者的姿态	即使失败，也不气馁
单独或少数人结队行动	有组织地行动
总是怒火燃烧	总是在笑

牛奶为什么要倒到河里？

一、牛奶

昨天有人向我提出这样一个问题：商人通过贸易流通增加了销量，反过来刺激生产，促进生产中的竞争，从而降低了成本。这个理解是否有误？欧大可以简单解释一下吗？

我是这么回答的：你的缺口太大，得从头学习。我先问你一个问题：商人为什么要把牛奶倒到河里？

在教科书中有著名的“四大傻案例”，分别是：资本家为什么要把牛奶倒到河里；为什么煤产量越大，煤矿工人越买不起煤；隐身衣永远不可制造；“超级溶液”不可能被发明。

资本家为什么宁可把牛奶倒到河里也不肯便宜点卖给穷人，或者免费赠送？是不是为了保持“价格联盟”？是不是为了垄断？是不是为了惩罚消费者，逼迫他们下次购买？于是，我们把企业家想象得邪恶不堪。

然而迄今为止，关于“把牛奶倒到河里”的很多分析都是错误的，因为它偷换了一个概念。

例如下面的这些话语——你看，非洲的小朋友多可怜，每年饿死几百万人；你看，我家的小狗小猫多可怜，小动物最喜欢喝牛奶了；你看，我多可怜，还饿着肚子，恨不得从家里变出两罐牛奶。

讲这些话的人，他们偷换了一个概念，牛奶并不存在于你的冰箱中。牛奶存在哪里？在牧场里。

牧场在哪里？很可能在30千米外的无人区，而到最近的集市，开车需要1个小时。

如果你真的跑到“牧民”家里，你会发现他们是非常热情好客的，他们会拿出各种食物和你分享，绝大部分的牛奶、酥油茶随便你喝，都不要钱的。在内蒙古、青海等游牧部落甚至还保留着“暖脚”的习俗。

由此可见，从来没有“牛奶不卖”之类的说法，只要你肯到牧场，肯到草原深处，牛奶是免费喝的。牧民们真正无法负担的，是“距离”；而都市白领们的诉求，是深夜回家，冰箱里有1升脱脂牛奶。从牧场到冰箱，其中的距离是无限远的。

那么，什么时候会倒牛奶呢？聪明人恐怕马上就想到了。那就是当都市里的牛奶售价连“运费”都赚不回来的时候。

在生活中，从来没有人把紫檀木扔到河里，因为紫檀30年长1厘米，千年不腐，木质紧密。但是，生鲜、水果、牛奶、蔬菜属于极易腐烂的食品，在运输条件不好的19世纪，牛奶从美国中部的农场运到大西洋边的纽约，耗时可能要一周，甚至更长，这时候部分牛奶就会腐烂变质，当售价赶不上运费时，就会被倒到河里。而且你还要面临一些“控诉”费用：如果小朋友喝了你的牛奶，拉肚子怎么办？老奶奶吃坏了住院，索赔怎么办？……欧美“吸血律师”动不动罚你赔偿几百亿美元，这些“法律”成本，远远超过了牛奶本身的售价。

二、要素

经济学有几大要素，价格＝f（时间、地点、人物、事情），f（x）只要任何一个要素变了，价格都会变。比如冬天的西瓜、夏天的草莓、都市里的牛奶、农场里的快递，要素的任何变化，都会导致价格剧烈波动。

有些人却混淆了“时间和空间”，他们偷换概念，一边说家里面的小孩饿得哇哇哭，营养不足，没有牛奶喝；一边又说农场黑心的商人把牛奶倒在河里，也不提供给小孩子。**但是，“冰箱里的牛奶”和“农场里的牛奶”并不是同一件商品。**牧场里的牛奶可以免费送给你喝，可是让冰箱里随时有牛奶，商人真的做不到。

所以，“冰箱里的牛奶”要考虑运输成本，把“农场里的牛奶”运到大都市来，是一个专门的行业，英语叫作 logistic，我们叫作“物流业”。物流行业目前在 GDP 中的份额大约占 9%。有些人认为“物流业”是第三产业，以为它不创造价值，这是不正确的。

三、信息成本

随着经济的发展，中国逐渐由一个农业国转型成为工业国，运输业日渐庞大。据统计，中国机动车保有量超过了 3 亿辆大关，按数量级换算，全国至少有几千万人从事“司机”物流行业。

当人们开始习惯工业化生活，觉得物流和炼钢一样也算劳动时，物流司机也被视为“工人”，成为劳动人民的一部分。可是，另有一块成本，人们无论如何都不肯承认，那就是“冰箱里的牛奶”中的信息成本。

信息成本指的是什么呢？将货物由甲地运输到乙地，低买高卖等功能是由商人提供的。上面已经讲过，其中的“运输”功能逐渐被社会认可，成为制造业不可或缺的一个环节，“卡车司机”也渐渐被认为是一种正当职业，归类为“工人”。

但是，“低买高卖”依然不能被人理解，甚至连“交易平台”也不能被人理解。在一些人眼中，“集市”就是一个点，只要你把牛奶拉到了某地，就自然能卖得出去。这样“朴素”的观点，在前工业化时代是可行的。

“重工业”绝大多数是大宗交易，例如煤炭、木材、焦炭、铁矿石等。你如果去过东北的林场，就会发现那里真的是“堆积如山”。脸盆粗的滚木，堆在一起，就像一座小山，垛垛延伸到视线的尽头。对于“大宗交易”的重工业，你的确只要把货运到码头，闭着眼睛卖就行了。可是，在现代“工商业”社会，这种办法是行不通的，最典型的就是京东。

京东号称有超过 30 万个供应商，2500 万活跃个人客户，每分钟都有无数人在京东上东逛西逛，买产品，买服务。**客户的信息是海量的、随机的、短生命周期的。**谁也不知道，他们扔在购物车里的衣服，到底是想买，还是不想买。你好心帮他们把“购物车”清空了，他又说尺码不对了，现在不想要了。

对于现代电子化的商业，买卖都已经到了“千万人”的数量级，而且消费者的需求变化极快，买不买你家的牛奶，只需心念电转的几秒钟就会做出决定。因此，要撮合“买卖之间”的供求，就需要一个超大型的平台。而这个平台是如此重要、如此庞大、如此高科技复杂，以至于它的市值超过了中国石油、中国移动、中国神华等一系列的传统巨型企业。我们一般称呼它为“阿里爸爸”（阿里巴巴）。

传统的计划经济者想当然地认为，你是一个司机，你载着一卡车牛奶，只要开到上海，你就可以把这一车厢牛奶卖掉。但是，上海那么大，你知道卖给谁吗？你知道怎么收款吗？你知道怎么刷好评吗？要不，我给你一箱牛奶，你卖卖看。空想的书生，靠拍脑门做决策，真是行不通。

冰箱里的牛奶成本，是牛奶成本、加工成本、运输成本、信息成本、流量成本和风险成本的总和。商业，一共可以拆成四块成本——运输，从甲地到乙地；信息，淘宝、京东平台撮合；流量；风险。这四块成本可以优化，但哪块都不能缺少。

中年油腻大叔，可以压制逆袭草根吗？

2017 年的舆论热点有一个是“中年油腻男子”。从嘲笑你捧了一个枸杞保温杯，到嘲笑你顶着地中海、油腻腻地盘手串，但有钱的才能叫大叔，没钱的只能叫师傅。

一、逆袭

这篇文章的主题是“中年男子可以压制逆袭草根吗”，毕竟逆袭需要实力。你有实力，才可以嘲笑前辈们是油腻男子；没有实力，包你洗三星期的试管。

我要告诉各位读者的是，纵观全球，25 岁的年轻人可以鄙视“中年科长”的机会非常少见，绝大部分情况是反过来的。比如在法国，口号是“爷爷抢你的女朋友”。25% 的年轻人找不到工作，450 万法国年轻人住在父母的房子里。所以，法国的辣妹，那些 25 岁金发女郎，几乎全都跟了 60 岁老头子，只是因为法国的权力、财富、社会资源完全被“60 岁”一代人垄断。

另一个例子是日本。日本实行的是年功序列工资制，每年的最终收入基本等同于“年龄 ×10 万日元”。30 岁年薪就 300 万日元，60 岁年薪就 600 万日元。在日本，无论你多么优秀、多么勤奋，只要你今年 25 岁，你在公司里就没有任何地位，你做的所有成绩都属于全体组员。随随便便来一个 40 岁的“中年油腻干部”，就能劈头盖脸对你狠骂一顿，而你只能乖乖听着，老老实实服从。

然后我们纵向地看中国。在中国过去的 3000 年历史里面，“社会”也是没法挑战的。在中国传统社会，有一种说法叫作“管钥匙”，意思就是有一个辈分最高的老祖母，家族里面所有的地契、房屋钥匙、金银珠宝都被她锁在一个首饰箱里面，钥匙走到哪儿带到哪儿，全家最尊贵的是钥匙权。而家里的长子、次子、侄子、孙子等，无论多厉害，开祠堂的时候，在老祖母面前都得低下头乖乖地听着，一切都是她说了算，否则老祖母去世后，地契就不分给你们这房。

真正能做到让 25 岁青年人蔑视 40 岁干部的，古往今来，横着数，地球上的国家没有几个，竖着数，能做到的朝代也没几个，但是在 2017 年的中国却做到了。那么，其中的原理何在呢？

二、地契

生产力决定生产关系，能让年轻人这么嚣张地嘲讽油腻中年人，他们的底气只有一个：即使经历了改革开放后 40 年的超高速增长，中国的 GDP 增长速度也没有随着时间大幅下降，仍然保持在 6.5% 的高位。这样恐怖的经济增长速度，后面有没有来者不知道，但绝对是前无古人的。

很多人对这样一个增速没什么概念。举个例子，投资学上有一个“72 法则”，年增长 6.5%，意味着约 11 年翻一倍。在人生的经历中，11 年仅仅是短短一瞬，看这篇文章的人，恐怕很多人大学毕业已经超过了 11 年。而 11 年在文明的长河中，更是连眨眼都来不及。

但是每过 11 年，中国的 GDP 就翻一倍，你想想这是什么概念。在你小的时候，北京才有多大？过了三环万达广场那块地皮，就能闻到稻花香，听到青蛙叫。而今天呢？北京城已经跨过了六环，正在向七环进发，发展得多么迅猛。GDP 增长一倍，相当于再造一个北京城，让北京的规模再大一倍，你仔细思考一下，这是什么概念。

GDP 飞速增长的另一面，是“增量”财富和“存量”财富不分伯仲，这对国民性的影响也是巨大的。只需要 11 年，我创造的财富就等同于你的全部财富，那我为什么还要对“存量”财富心存敬畏呢？

在古代，“封建家长制”为什么可以维持，得以长久运行？因为古代的主要财富是农田，而农田的拓荒开垦是非常缓慢的，导致全社会的生产力增长很可能不到 0.5%。所以，在当时你看一个村庄是这样，过了 30 年你再看这个村庄，几乎没有变化。在这种情况下，“存量”占据了财富的 99%，就显得极其重要。整个村里，最好的地契都在老祖母手里，小辈们在祖辈面前，只好夹着尾巴做人。乖巧子孙恭顺听话，哄老祖母开心，只为在以后争取家产的时候多分一点。

我们看清末民初题材的电视剧，经常会看到里边的进步青年不顾封建家庭的桎梏，甘愿抛弃祠堂，投奔大城市的革命事业。为什么一直到 1920 年左右，“新青年”才有觉悟呢？因为直到那时候，城市里的工商资本业才初见萌芽，进步青年可以在报社、大学、文艺社找到一份工作，养家糊口，这才给了他们脱离封建关系的实力。

目前全世界是什么状态呢？看看邻国日本，经济已经停滞了二十多年，很多年没见过任何增长，再没有任何创新独角兽出现，只因为日本实行的“年功序列工资制”，导致日本全部都是旧的企业。既然是旧的企业，“中年油腻男子”早早把课长、部长职位全部把持占尽，年轻人没有半分活路。你让日本的 25 岁青年人给课长起外号试试看，他们不会轻蔑地说“油腻”，他们会吓得尿裤子。

下表是前段时间网络上疯传的信息，一个初出茅庐的大学生，可以拿 40 万元—50 万元年薪，比一个有 20 年工作经验的高级工程师、比一个爬到设计院副院长职务的高干赚得还要多，这是以前从来没有过的事。

2018 互联网校招高薪清单

公司	岗位	年薪（人民币）
谷歌中国	人工智能（ssp）	56 万
微软	算法工程师	51 万
Google	算法工程师	50 万
腾讯	基础应用研究（ssp）	45 万—50 万
腾讯	腾讯云后台研发工程师	32.4 万
大疆	算法工程师	30 万—40 万

续表

公司	岗位	年薪（人民币）
海康	算法工程师	30 万
华为	研发工程师（硕士 ssp）	30 万 +
Works Applications	软件工程师	36 万 +
网易游戏	游戏研发工程师	32.8 万
网易游戏	算法工程师（sp）	36 万 +
阿里巴巴	算法工程师	38.4 万
美团	研发工程师（sp）	30 万
大疆	后台开发工程师	30 万—40 万
OPPO	AI 视觉（sp）	31 万—32 万
滴滴	算法工程师（新锐）	30.4 万—37.5 万
51 信用卡	Java 工程师（sp）	30 万
好未来	数据挖掘工程师	35 万
百度	算法工程师	32 万
今日头条	算法工程师（博士 sp）	33 万
28 所	论证设计师	32 万 + 11 万安家费
京东	算法工程师（ssp）	31 万
亚马逊	软件工程师 SDE	31 万 + 股票
深信服	软件研发（ssp）	30 万

（数据来源于校招薪水公众号）

想要让这种现象出现，做到“蔑视中年油腻男”，需要很多前提条件，最重要的有两条：一是这个公司要不停地有新职位冒出来；二是这个行业要能够对传统行业进行颠覆，生产力爆发式增长。只有这样，初出茅庐的毕业生薪水才可以超过旧公司高层。

但是，这两个要求都极为苛刻，甚至可以说，在非常稀缺的历史年代才会出现，可谓百年一遇。因此，好好珍惜当下，好好珍惜今天这个特例般的“逆袭”吧，因为这的确是中国的“黄金年代”。

对不起，我不会

为什么你每次都赢，然后却一败涂地？

一、我不会

据不完全统计，中年人平均每个月焦虑三次，每次诞生一批爆款微信文章，挽救一群自媒体人的 KPI。有一天，我睡到 11：00 起床时，整个朋友圈又被这篇《人到中年，职场半坡》刷屏了。我那还没有返魂的大脑死机了半天，翻身继续睡，迷迷糊糊间，想起了多年前的一些事。

在我有限的职场生涯中，一共只对老板说过一次“不”，那是青葱岁月，我还很弱小的时候，那时我在南方一个燥热的城市，这个城市以凉茶和煲汤出名。

那一年，公司要上 SAP 系统。为了这个大型企业管理系统，技术部门迅速扩充，一下子增加到了 9 个人。可是等 SAP 弄好了，正式上线的时候，部门就不再需要那么多的人。按照大领导的意思，最后只能留下 3 个人。

有一天下午，我们部门经理神秘兮兮地拉我去二楼后楼，他掏出一大串钥匙，打开了一道小门，然后掸去了里面的重重灰尘，如挖掘武林宝藏一般，在穿过重重陷阱和网线后，他郑重其事地对我说：“你看好了，这就是全公司的程控交换机。”

“What？你这是在逗我吗？你刚才和我说什么？程控交换机？”

“对的，全公司的电话系统，全部都在这里了，离开了电话，公司一天都运作不了。这些是经线，那一堆是纬线，如果你想重新布线的话，例如把总经理的电话转接到内务部——”经理费劲地操作了一会儿，然后抬起头来看着我问，“我刚才的跳线操作，你学会了没有？”

我昂起头，目光凝视，眼神清澈：“没有！经理。”

经理吃了一惊，但还是压制下去了，说：“没学会不要紧，看我再操作一遍。”

“三路出，四路进，根据口诀，找到连接点的位置。学会了没有？”

“完全不懂，经理。”

再看经理的目光，火球术在眼眶中蔓延，渐渐增加到八级魔法的强度：“我再教你一遍，你认真跟我学。”

“我学不会，经理。”

从二楼楼梯走下来时，我们俩心照不宣。经理是一个好人，我也知道他是好人，经理今天所有的举动其实是在“保护我”。只要我学会了这门“中央程控机”的手艺，我就永远不会被炒鱿鱼。因为公司永远需要养这样一个人，经理心目中的第一候选人是我，我很感激。

面对着数千股电话线、网络线，还有至少三重网络协议，对于普通人确实有点难，但我可是智商 170 的人，我如果真的狠下心，搬半箱可口可乐进机房，狠狠泡上三五天，还有什么解决不了的？但是我知道，如果接了这个“中央程控机”的单子，我这一辈子就完了。

不是暂时完蛋，而是彻底完蛋。

在公司里，你永远能见到穿着劳动服、戴着鸭舌帽和一副黑框眼镜的人。这些令人尊敬的“师傅”蜗居在机房里，盘踞在车库里，修电脑修汽车，做着我们看不见的维护工作。可是他们有地位吗？没有。有高收入吗？没有。有前途吗？没有。能转行吗？你猜呢？

我只要沾过一天“程控交换机”，我的人生就完了。因为只要碰过一根网线，从今以后，你的人生再也抹不去技术人员的“污点”。我是 Top 4 的名校管培生，不是来给你管电话的。

我知道，在我说出“我学不会，经理”那一刻，我和经理的关系就爆炸了。他回去后必然会给我一个大大的差评。下一次的考核我肯定是垫底的。可是我不在乎。我宁可得罪经理，也不要这样的进步。相比之下，我宁愿你给我一个“这个人专业知识一塌糊涂，却擅长人际关系和管理”这样的评价。

专业知识越差越好，只有明显没有专业技能的人才能走上管理岗位，这就是游戏规则。

二、进退

今天突然联想起这段往事，是因为我想讲一个关于“进退”的道理，很多人并不知道“进与退”，包括《人到中年，职场半坡》这篇文章中的四个中年人。

举个例子，比如读书这件事，小学学历，农民工，基本文化不高。初中比小学好，高中比中专好。“扩招”之前，家里面能出一个大学生，那就算枝头飞上凤凰了。而进一步呢，大学后面，还有硕士、博士、博士后。

现在问题来了：要不要读博士？

对于很多市民家庭，许多有“学区房情结”的妈妈，很多想靠高考翻身的人，他们会毫不犹豫地回答“Yes”。

硕士多光荣啊，那可是当年的举人。博士呢，当然就等同于进士啦。但是，读了博士，你会不会有一个光明的未来？

答案显然不是。社会上无数例子，无数读博的学姐的斑斑血泪告诉你——博士，就是一个无底深坑。

“读硕博”是一个回报率非常低的行为。许多人博士毕业已经30岁了，半生贫苦，在实验室洗试管。毕业之后，薪酬也并没有明显增长，或许还在大学同学的手下做实习生。这就是一个不知“进退”的例子。只知进，不知退，好像学历越高，就越能光宗耀祖。一直等到博士毕业买不起房，才恍然大悟。原来你努力争取的，只是别人抛弃的。

尤其是我读了开头那篇网文后，感受更加强烈。里面的职场人，血泪控诉，一地悲剧。人到中年，职场、财场、家庭全面滑坡，两手空空，一无所有。

丢职，老板恶狠狠地把你炒掉。

失业，八个月找不到工作。

贫穷，拿不出每个月 2 万元房贷。

失独，没有时间陪伴家人，小孩子缺乏教育。

对于文中那几位“蜜汁自信”的高德地图总监，我只想问他们一句：“你们这一辈子，有没有想过进退？”

小孩子才把幼儿园老师的指示奉为圣旨，巨婴们才认为，圆满完成领导安排的任务就会有光明的未来。都多大了？还在吸“安抚奶嘴”！

“地图导航”市场早已饱和，创新放缓。在一个饱和孤立的市场，让你带一个团队，其实就是在坑你。看见你的同事了吗？他们举杯向你庆祝。当年我们离开大学时，有一群同学“硕博连读”光荣直升，我们也举杯向他们祝福。我们是真心羡慕他们吗？不知道别人，我是在心里骂的。

你的同事们为什么向你庆祝？因为“地图总监”这个职位根本不值钱。夕阳行业，落日冰山。就像庄子说的，飞鹰看过腐肉，根本就不会停留。

你拿到了“明星经理人”“年度最佳团队奖”，开年会时，老板公开向你庆祝，你扬扬得意，觉得自己牛得要命，觉得全公司你最强。当年我们写博士论文那帮老兄，也是这样想的。

真正厉害的是你的那群同事，是没有拿到“年度最佳团队”的那群人。因为人家心底早在暗暗盘算，“地图导航”的大船要沉了，他们各自逃难，各自进修。动作快的，甚至连救生艇都准备好了。

所以，转行啊，大哥，尽早转，永远都要踩在“上风口”。

我们再来回顾一下之前提到的“大学生起薪”表，随随便便，年薪就可以拿三四十万元。你一个 40 岁男人，薪酬和专业知识还比不过刚刚毕业的大学生，不感到羞愧吗？

框架永远比努力重要。战略永远比战术重要，你不可以以战术上的优秀来掩盖你战略上的懒惰。

按我的看法，《人到中年，职场半坡》这篇文章里的几个中年老男人根本就没思考过战略。人生该如何规划？职场该如何规划？业界会如何演化？下一个风口在哪里？这些问题不仅仅是 CEO 该思考的问题，作为一个职业经理人，也该思考这些问题，否则当你老板跳槽时，他不随身带着你，你岂不是完蛋了？

三、结语

我从来没有后悔过当年对经理说了句“我学不会，经理”，因为从那一天起，我才明白，我可以离开这个公司，甚至离开这个行业。新地图打开，从此以后，我的天地一片开阔，都是坦途。

不知“退”者，终生碌碌无为。学校里的“三好学生”，今天或许还在留校助教，被称为青年教师。

十万年前，我们在非洲打架，有一群虎背熊腰的人，他们总是赢，总是赢，抢走了最多的香蕉，霸占了最肥美的森林，把失败者全部都赶出了非洲大草原。可是万年以后，远亲们又回来了，还带来了机关枪和大炮，这群虎背熊腰的人惊呼：“天哪，还有这种玩法！”

什么才是真正的财富?

学问之道，分为“体、用、术”，这篇文章讲的内容更多地偏向“用”，讲一些更外围的东西，比如如何把经济学的原理转化为赚钱的机会和商机。

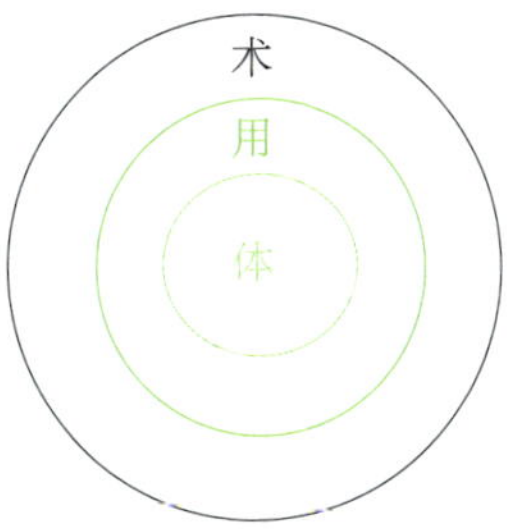

一、财富是多维的

首先，要明白什么是财富。

“你有多少钱？”这句话你问一个 loser，他是很容易回答的。因为 loser 把上衣口袋、裤子口袋、屁股上的口袋全部掏空，把纸币、硬币、交通卡统统计算在内，全部的总财产是 1234.56 元，所以 loser 毫不犹豫地回答：“我有 1200。”

但还有更复杂的情况，我们找一个研究生，研究生的身上除了纸币、硬币、交通卡，哗的一下，他还掏出了一张沙县小吃的储值卡，“充 1000 送 200”，现在卡里还有 600 元。请问，研究生的净资产该如何计算?

充值	实得
1000	1200
?	600

这个时候就会有歧义，产生两种说法。一种说法认为饭卡值 500 元，理由是充 1000 元，花了一半。但是研究生不同意，他认为值 600 元，而且这张卡的确可以在“沙县小吃”买 60 碗酸辣粉，别人吃粉也都是实打实地付 600 元。

在生活中，恐怕认为第一种说法正确的会占大多数，那我继续提问题，假设“充 1000 送 200”这种活动不是天天搞，一年只有一次，错过了就要等很久，或者像京东购物那样，你要先积分，积分积到白金会员级别，才会给你打折，更有可能你突然反胃呕吐，看见沙县小吃就想吐，再也不想吃了，那么这卡还值多少钱？转让能卖多少钱？

上面这一连串的问题是不是把你问糊涂了？里面的积分、白金会员制度、coupon（优惠券）返利制度，很多都是没有精确的数学解的。所以这个问题的正确答案，应该是“不知道”。

充值	实得
1000	1200
500 <不知道< 600	600

不管你回答 500 元，还是 600 元，你都在试图用一个尽量精确的估值把这张卡数字化，但这是不对的，因为财富在各种视角下，数额不同，**所以财富不是“一维”的，而是“二维”的。**

前段时间我去看了一场电影，2017 年泰国最火的电影——《天才枪手》。网上对这部电影最多的讨论是关于电影中四个年轻人的家庭净资产。比如女主角小琳，一开场她就说，自己跟着爸爸的校车去上学，不用付交通费，吃爸爸学校里的食堂，餐费很便宜。她爸爸是老师，学费也便宜。这个状态，就有点类似于我们包吃包住的国营企业，看似工资低，生活水平其实不低。

小琳成绩很好，省了很多补课费；因为是优等生，未来工资也会很高；她家里人都很健康，省了很多医药费。你要是生一个笨小孩，天天需要补课，身体还不健康，那么补课费、药费完全都可以折算成金钱的。所以，生个“天才宝宝”比一般的中产阶级过得还要滋润，还要快乐。

我举上面的例子，同样是想说明一件事：**财富是多维的。**传统意义上，人们总以为财富是一维的，可以用一个数字衡量。比如丈母娘总喜欢打听，这个人有多少钱啊，从而判断张三好，还是李四好。

其实，**财富就像一块水晶，在不同的灯光下，会有不同的反光，需要通盘考虑。**举一个最简单的例子，有两个年轻人，A 有 500 万元存款，B 有三套房子，价值 1500 万元，但是有 1000 万元贷款。这两个年轻人的真实实力，未来的命运走向，就会差别很大。

奥地利学派认为，**“效用”是一件很主观的事，除了现金之外，其他任何东西都不能做加法。**

二、财富的估算

有些人很无聊，他们总喜欢打破砂锅问到底，比如问“马云和王健林谁更有钱”。前面已经说过，除了现金，财富并不能简单地比大小。资金流动性越好的可能越是贫穷的人，在 loser 手里，几乎全是现金或类现金，因为他要随时准备着付下个月的生活费。而越是有钱的人，他的资产中现金部分就越少，也就越难以比较真实的财力大小。例如马云的主要财产是阿里巴巴，王健林的主要财产是万达集团，Google 的主要财产是搜索引擎、未来科技。所以你要问 Google 的“未来科技”值多少钱，这是没法估算的。有些黑科技是为了下一个时代研发的，很可能还处在烧钱阶段，根本没有产出。可你说这些钱花得值得吗？当然值得。

这时候，有一个聪明绝顶的人站了出来，想出了一个绝妙的好办法——**证**

券化。通过证券化，把阿里巴巴集团切碎，每股 180 美元，卖 25 亿股，那么它的总市值在 4500 亿美元左右（2017 年数据）。

证券化是一个天才的发明，从学术上讲，相当于“降维”。财富的本质是多维的，难以估算的，所以顶级大富豪之间，并没有一个明确的排名。但是证券化之后，就把复杂的公司估值简化成了一个维度：股价。

现在，财富又变成“一维”的了，富豪的公司值多少钱，今天又赚了多少钱，只需要简单地用“股价 × 股数”算一算就清晰明了，所以人们兴奋地认为证券化算出了财富数值，但其实这套理论是错误的。

三、偷换概念

证券化是对的，市场的有效性也是对的，但偷换了一个概念。市面上流行的“马云身家 3000 亿元，马化腾身家 2000 亿元”之类的说法，其实都是偷换概念，我们来看下面的例子——著名的中国前首富李河君。

李河君是“汉能薄膜发电”的主席，集团港股编号 00566。在几年前，李河君是绝对的风云人物,“汉能薄膜发电”在香港上市后，经过四年的不懈拉升，每股股价从 0.15 元拉升到 9 元，涨了 60 多倍，纳入恒指成分股。在此期间，公司的市值暴涨到 3500 多亿元，李君河个人财富超过 3000 亿元，几乎逼近李嘉诚。

这时如果按照“股价 × 股数”的公式来推算李河君的财富，他绝对是重量级富豪，可是在 2015 年 5 月 20 日，“汉能薄膜发电”发生了雪崩似的股灾，短短 20 分钟之内，股价下跌了 47%，市值蒸发 1300 亿元，李河君本人财富损失 1000 亿元。而造成这一切的罪魁祸首，竟然是区区的 10 亿元港币进行了抛盘。

有些人刚刚接触财经，刚刚接触财富的本质，对这件事还没法理解。为什么区区的 10 亿元港币，竟然能造成 1000 亿元财富的损失？你一个千亿富翁，把这 10 亿元抛盘接下来不就得了？如果你经济学学得好，这件事就很容易理解了。

其实，“财富”并没有损失掉，是你理解财富的方法有问题。我们取“汉能薄膜发电”腾飞前的股价每股 0.15 元，而在这几年里面，公司的营业额与净利润也没有革命性的增长。因此“汉能薄膜发电”合理的估值，翻 60 倍之前的，应该是 40 亿—50 亿港元。所以，这就是一家几十亿市值的公司，李河君就是一个几十亿身家的商人，而使用“股价 × 股数”的方法来计算李河君身家是错误的，所以才会有人看不懂。

真实的情况是，李河君的企业是一只老庄股，随着庄家的出货，股票的价格下跌是非常快的，等他把 80% 的股权卖光，净到手也就几十亿。所以，凡事不要看“面子”，要看“里子”，从根本上看，李河君就是一个几十亿级别的富豪而已。

四、有钱人为什么有钱

在知乎上有一个非常热的帖子，叫《富人依靠什么可以挣那么多钱？》[①]，下面跟了差不多 1500 个回帖，可全部都没有讲到点子上。富人靠什么赚那么多钱？我的答案是，靠的是经济学上的一个 bug。

中国人从农耕时代走来，这导致中国人还有非常浓的“农耕民族”习气，身体进城了，脑子还停留在农耕时代。这和现在的商业化、信息化时代是格格不入的。农民信息匮乏，特别容易听风就是雨，也缺乏“信息大爆炸”时代的信息辨别能力，非常容易上当。

前阵子微博上有个段子，麦当劳（金拱门）的汉堡加了许多防腐剂，甚至有放了七年还没有腐烂的汉堡。别人来问我对这件事的看法，我直接哭晕在地板上。金拱门是做快餐的，七秒钟就吃掉，快餐的配方里面加防腐剂干什么？而且防腐剂很贵的，哪个产品经理会浪费不必要的成本？这种事也只有信息闭

① 参阅《富人依靠什么可以挣那么多钱？》（https://www.zhihu.com/question/35540121）。

塞的农民才会相信，因为他们完全没有分辨信息的能力。回到金融市场，什么钱最好赚？当然是智商税。

在上面提到的“汉能薄膜发电”例子里，李河君的实际财富非常难估算。因为新能源前途未卜，谁也不知道科技的未来发展方向是什么样的。

证券化之后，证券市场给出了一个值，买 1 股，是 9 港币。这时想一想，买 100 股、1000 股、1 万股、1 亿股呢？很多农村出来的人没见过高度商业化的社会，也没有见过商业中的骗局。他们过来一看，9 元一股，有价有市，而且每天成交六七千万港币，于是他们就相信 1 亿股卖 9 亿。然而，他们不知道蚂蚁是不能简单扩大为大象的，不知道 1 股、2 股的交易是可以造假的，不知道一项交易的价格是可以虚高几十倍的。

于是又回到前面的问题：有钱人为什么有钱？**有钱人真正暴富的办法是赚股东的钱，而不是消费者的钱。靠的是高市盈率卖股票，而不是卖商品。**信息是二维的，**随着股票出货，股价会迅速下跌，而下跌的速度表示为一条曲线。**

你天真地以为信息是“一维”，用一维数字描述公司，于是你就中计了。“汉能薄膜发电”最多的一年也只赚了 2 亿元，而且其中还有很大水分。但是李河君只要抛掉股票，就可以赚 1000 亿元，相当于他 500 年的收入。所以，请大家记住一句话：“赚钱靠 bug，无 bug，不暴富。”

五、面子和里子

给大家讲一个段子，20 世纪 80 年代末，正是索尼（SONY）如日中天的时候，索尼的创始人盛田昭夫被誉为日本四大“经营之王”之一。有一天，某好事之徒去问盛田昭夫：“在福布斯 500 强排行榜上，索尼排名 ×××，按照营业额排名，索尼排在第 × 位，还需要努力。按照市值排名，索尼排在第几位，今年上升几位，下降几位……”

盛田昭夫面无表情地听他唠叨完，最后说：“福布斯是什么东西？不就是一本杂志吗？你这么介意杂志的看法，去把杂志社买下来好了。”

我们常常讲"富人思维"和"穷人思维"，在我看来，这两种思维有一条非常明显的分水岭，那就是"面子和里子"。"名义价格"是很容易刷的，但是真正的大佬不屑于此。譬如说，李姓富豪中，李嘉诚实力比李河君强得多吧。李嘉诚手下那么多上市公司，随便拉一个出来，投几十亿炒作，股票就能拼命地翻跟斗，最后翻出几千亿元市值。这时从账面上看，李超人确实又可以吹嘘"电讯盈科"，又可以吹嘘自己是投资之神。但这种事，李嘉诚很少做，人家甚至故意低调点，恨不得在富豪榜上的排名多降几位。

为什么？因为"炒作"这种事，面子上很好看，里子却是虚的。对于散户有意义，对于大佬却是无意义的。因为你布一个局、拉一个老庄股，也就赚几个亿，反而把名气搞臭了，有些得不偿失。

中国最快的计算机应该是"神威·太湖之光"，它的运算速度能够达到万亿亿级别。曾经有人问："这么快的计算机，为什么不去'挖'比特币？"因为没有意义，比特币只不过是一只老庄股，有一些游资在里面炒作。你去挖矿，连续抽钱，过几个月，整个市场就崩溃了。

所以，等你能注重"里子"了，也就是注重实际利益，而不是注重"面子"，在那里傻乎乎地计算账面市值，这时，你就跨过了"穷人"与"富人"之间的分水岭。

六、资产质量

上面我们提到了"有钱人为什么暴富"，与之相对应的，是"穷人如何保护自己的财产"。

你老婆"双十一"买东西，不会让你迅速变穷，应该予以支持。"双十一"当天，你老婆是谨慎的，为了用上 25 元优惠券，可以考虑半小时。而买股票时，你是不谨慎的，25 万元投进去眼睛眨也不眨，花几十倍价钱接别人的老庄股。所以，买卖资产才是变穷的最快办法。

在这里我要讲一个"资产质量"的问题，举个例子，如果你想拥有 1 亿元，最快的方法是门口的小吃店老板娘塞给你一张储值卡，卡里面有 1 亿元余额，每天你都可以来店里买螺蛳粉。但是只能堂食，不能打包，不许浪费。那么，这种“资产”就是没价值的。

我们手里有各种各样的资产：纸币、硬币、交通卡、家乐福购物卡、网上商城储值卡、存款、外币、垃圾股、蓝筹股、基金、理财产品、P2P、私人债款、原始股、滴滴的股份、美团的股份、ofo 的股份、房产、红玉石、古董，甚至还有比特币、ICO 等。这些资产都有它们的“面值”，部分还有交易所，可以随时交易。

在你的各项资产之间，“含金量”是有很大区别的，同样的 100 万元，如果你买的是 GE 的股票，它是蓝筹股，那么价值会很稳定；如果你买“汉能薄膜发电”，你心里就要打个问号，因为它分分钟会被腰斩；如果买的是 20 枚比特币，那恐怕问题就更大了。

所以，**透过现象看本质，追逐真正有质量的财富，而不要用金子换沙子，把优质资产兑换成劣质资产。**我曾写过三篇文章，我把它们称作“价格三篇”，可以在“水库论坛”上找到，在我的上一本书《中产阶级如何保护自己的财富》里也有收录。

在“价格三篇”里，我提出了一个赚钱的手法：

优质资产→3 倍的劣质资产

3 倍劣质资产→3 倍优质资产

循环往复

比如说，现金是一种非常好的“优质资产”，风险几乎为零，流动性为无穷大。你让我用现金购买比特币，就是用黄金换黄沙。这么吃亏的生意，我是无论如何都不肯做的。但是你要是和我说：“比特币目前大约 1 枚 5 万元，我给你打折，1 枚 5000 元。作为交换条件，你一次性买 ×× 亿，或者是买入后锁定

6 个月，在这 6 个月内不许抛。”那我肯定会根据风险权衡一下，这笔“1 优换 N 劣”的生意值不值得做。**所以，用优质资产换劣质资产一定要求加倍。**

你看比尔·盖茨的股票，全部都是 1 美元的时候买回来的，现在市价 100 美元，他就不会去购买自家股票。**所以，穷人和富人的区别是穷人用优质现金换劣质资产，比如买 A 股，买比特币，买珠宝玉石。而富人买劣质资产时，一定要求加倍，1∶1 是不肯换的。**

七、纸币

我们来看这样一个不等式：

币圈＜垃圾股＜珠宝＜蓝筹股＜现金＜矿产＜劳动＝物价＜房产＜？

刚才说到了“资产质量”，就是要尽量左换右，如果是右换左，没有人会同意。在这个不等式里面，值得单独拿出来谈一谈的，是这个不等式：现金＜劳动。

“回避垃圾资产，不要投机。”这个道理绝大多数人都懂的。可是他们不知道，**普通人的生命中，接触的最大型的“高危资产”是什么。那就是现金，现金大概被高估了 4 倍。**

中国目前的居民本外币存款余额大约是 60 万亿人民币，M2 的总量是 160 万亿，金融业总资产 250 万亿（2016 年 GDP 75 万亿）。单单看存款数据，大概全体中国人一起躺着，什么事也不做，物资可以吃一年；如果算 M2，可以吃两年；算“金融业总资产”，可以吃三年。而事实情况呢？我们社会上的物资够不够吃三年呢？答案是不够，连一年都不够。这就是东亚国家的“货币”之谜，最典型的是日本。

M2/GDP ＝ 200%

金融业总资产 /GDP ＝ 330%

M2/GDP 这个比率，在美国大约是 70%。也就是说，中国多了 3 倍的货币。

这个现象怎么理解？举个例子，你在街边看到一个戴狗皮帽子卖红薯的，于是上去和他搭讪。

“大叔啊，您在这儿卖红薯，一天可以赚多少钱啊？”

“不挣钱。这不在家里闲不住，出来开滴滴吗？”

“您还开滴滴啊！”

“对啊，弄堂后面就是我的宾利，家里拆迁，分了七套公寓、八套学区房。”

“那您这么有钱了，为什么不好好享福，还要出来卖红薯呢？”

“在家里挨老婆骂啊，别人都说我游手好闲，不是劳动人民。”

在全世界任何一个地方，除了东亚文化圈，这种事情都是不可想象的。非洲人的规矩是星期一从来不上班，因为他们星期六发工资，发了工资就全部拿去买酒喝，直到把一个星期的工资都花光，没钱以后再出来打几天工。

你换到中东或者东欧这种地方，问那里的人：“你们有了多少钱就不愿意工作了？拥有多少现金，就会痛痛快快出去玩两年，等钱花光了再回来？”在这些国家，这个金额都不高，撑死了也不会超过 5 万欧元。

只有在中国，才会出现一个人拆迁分了八套房子，5000 万净资产，却在第二天发现他仍然为了拿 6000 元的工资，老老实实地坐在那里工作。有些老年人，家里存了两三百万定期存款，却仍然舍不得吃，舍不得穿，一件衣服缝缝补补好几年，一个月生活费 2000 元都不到。你永远都在劳动，永远都在储蓄，你有了 100 万，还在劳动，还在储蓄，一点都不懂得享受生活。你有了 1000 万，仍然在劳动，在储蓄，还是一点都不懂得享受生活。**因为不劳动是可耻的，吃利息是可耻的，是被人看不起的。**所以，无论你有多少钱，你永远都在劳动。**这样的国民性导致的结果就是：中央银行可以大规模地增加货币，而不会引发**

通胀。

于是，在“劳动—消费”的价格之间，就会产生一个错配。劳动的价格被压低，你的工资被压低[①]，“消费”的利益被拉高，你可以享受到廉价的商品。这时，“完全不工作，拼命地花钱”才是对你人生最有利的博弈方法。

举个例子，在目前北京、上海这样的城市，找一个钟点工阿姨上门帮你打扫卫生，大概是 1 小时 35 元，其中许多阿姨生活并不窘迫，她们很可能家里有几套房子，几百万的身家。她们之所以出来工作，纯粹是不劳动就不舒服的“基因”驱动。在这种情况下，“请阿姨”是极明智的举动，而出门去当清洁工阿姨才是愚不可及的行为。现金购买力是不可持续的，假如我们现在每个家庭都有 600 万元，但是老阿姨们舍不得吃，舍不得穿，拿着微薄的利息，导致物价被锁死在低廉的价格上，请个人打扫卫生，1 小时才只要 35 元。

但是人口趋势的变迁是会摧毁这一切的。

就拿 2017 年做对比，“80 后”最大的 37 岁，“90 后”最大的 27 岁，而“00 后”最大的也已经 17 岁。再过不到十年，“21CN”世代一定会踏上主流社会，未来的世界是“00 后”“10 后”的世界。而“21CN”世代在出生的时候，家里就已经很富裕，他们是泡在蜜糖里长大的，对于他们来说，“家里面放着 600 万不用，还要弯下身去赚 35 元每小时的工资”这种事是不可想象的。“00 后”“10 后”会做什么事，用大腿想也知道，拿钱出来花啊！

最多再过一代人的时间，劳动与消费的价格就会发生巨变。中国目前的 M2/GDP 是 220%，是正常水平的 3 倍。中国的物价能维持这么低，人工成本能降到 1 小时 35 元，是因为有老一辈在任劳任怨、辛勤地工作。如果中国降到“世界平均”水准，哪怕只要不是这么变态的水准，如果中国人变得像中东人、法国人、印度人一样，中国的物价马上就会飞涨。但存在于我们骨子里、流淌在我们血液里的“勤劳勇敢”的传统美德，看不起“好逸恶劳”的国民属性，

---

① 利好资产价格，利空通胀。

还能支撑我们走得更远。

八、杠杆式交易

我们再回到这篇文章的主旨：怎样才能赚很多很多钱？前面提到两种方式：**一种方式是资产差换好，把垃圾股卖给散户，换成现金；一种方式是翻倍交易，打三折买入大量翡翠，慢慢卖。但是，其实还有第三种方式：借贷交易。**

你“个人财务”优化，终究是有限制的，而在过去的十几年间，涨得最快的资产市场，主要是房地产市场，它创造几千几万亿元财富。但问题是，就算你把所有的钱全部转成“房子”，从 2000 年开始，静默持有十几年，你的收益是多少呢？大概 18 倍。如果你想获得更多的收益，就一定要使用“杠杆交易”。最典型的就是“贷款买房”，100 万元的房子首付三成，贷款七成，然后房子涨到 1800 万元，你首付的 30 万元大概获得 6000% 的收益。

但是，关于“贷款买房”这件事，很多人的理解是错误的，买“房”并不是必需的，买别的东西也是可以的。

在美国华尔街，有一种非常流行的“对冲”交易，索罗斯超级有名的“对冲基金”也是由此来的。对冲基金的原理，是找两样东西，不一定要现金，比如：

白银 / 铜

英国股市 / 法国股市

中国移动 / 中国联通

Intel/AMD

7 月原油 /9 月原油

在上面列举的例子中，中国移动和中国联通是竞争对手，中国移动主攻 TD-LTE，中国联通主攻 FDD-LTE，两家公司在中国市场打得你死我活。华尔街上的金融家很聪明，通过“对冲基金”一方面买进中国移动的股票，另一方面抛出同等金额的中国联通股票。“中国移动 / 中国联通”的股票价格比和大盘指数、中国经济、美联储缩表等的干扰，全都没有关系。赚钱还是亏钱，只看一个指标——移动赢，还是联通赢。

有很多人认为贷款买房是向银行背债，是做房奴，这些人的三观是非常歪的。“贷款买房”这件事是赚是亏，关键只看一件事——现金和房子，哪个涨得更快。①

我们再看前面提到的不等式：

币圈 < 垃圾股 < 珠宝 < 蓝筹股 < 现金 < 矿产 < 劳动 = 物价 < 房产 < ?

在这个不等式里，“做空”左边任何一项资产，“做多”右边任何一项资产。例如，“股票 / 现金”“现金 / 黄金”“现金 / 物价”“股票 / 烧鹅”，其实都是赚钱的。在所有的资产里，“数字货币”是最弱的。在一个比较长的跨度里，譬如十年八年，绝大多数的 ICO 会跌掉 99% 以上的价值，跌得“一文不值”，甚至包括比特币。在富人眼里，比特币就是一只老庄股，根本不入流。

这时你肯定会说，那你“做空”数字货币，譬如“比特币 / 房产”，可不可以做空比特币？答案是不可以，因为**流动性太低的东西，不可以做空，老庄股只能卖，不能做空。**

你看李哭哭、薛温柔搞的“××× 币”，根本就是一个笑料，过了几年，根本没有人维护，价值归零。但是这时你去做空，借 300 万元的“××× 币”去买房子，行不行？答案是不行。期货学告诉我们，“××× 币”总市值 2500 万元人民币，你借 300 万元，已经占有 12% 了，这么大的仓位，庄家可以“逼空”，把市面上的货扫光，使得你没法补仓，只能高位任人宰割。

中国几乎没有做空市场，人们唯一可以借的，只有“现金”。所以，你只能选“现金 / 物价”“现金 / 房产”“现金 /？”。

---

① 利率可以视为现金的涨速。

九、投资的选择

在未来的时代，“纸币”大概率是贬值的，如果有可能，我希望囤积大规模的“劳动券”。譬如说，家里打扫卫生的阿姨时薪 35 元，我花 35 万元买她 1 万张券，以后你每次来擦桌子抹灰，我给你一张券。把 35 万存到银行所得的利息，你谈也不用和我谈，因为这些都是错误的财商教育。①

我们很小的时候，馒头 0.05 元一个，那时我很想在 1980 年的时候囤积几万个馒头，以后每顿早餐吃一个。可惜的是，馒头要过期、腐坏，所以不能囤积。

我们仔细想一想，在 1980 年，哪怕你知道“货币”购买力保不住，知道纸币被高估，知道资产质量有差别，可是你能选的对策不多，因为你真的没有什么项目可以“保值增值”。在过去的十几年里，我们选择了“买房保值”，房地产也的确给了我们不错的回报。但是，房地产作为一种保值工具，还是存在很多缺陷的，主要是以下四点：

（1）房子本身仍有折旧，再好的小区也在不断老旧中。

（2）新城的建造，地段优势稀释得越来越快。

（3）房子只是生活的一部分，除了衣食住行，还有诗和远方。

（4）财富越多，越会造成政治上的弱势，越会被要求再分配和加税。

长期以来，我们一直寄希望能找到一种更好的资产，就好比玄幻小说中写的通用货币“蓝晶”一样，它必须做到以下四点；

（1）稀缺。不因工业革命和技术进步而贬值。

（2）通用。具有广泛、必需、大规模、深入的用途。

（3）易于移动，能小规模出售和变现。

（4）不受“均贫富”的迫害，最好能加强你在政治上的话语力。

以上四条中，最难的是第一条。在大工业时代，你想拥有一项“稀缺”资

① “辛勤工作每小时赚 35 元，攒起来靠复利致富”，这是一个巨大的笑话。

产，这是非常困难的，就如同张维迎教授说的，“经济学的真谛，并不是竞争，而是替代”。就好比你垄断了全世界的石油，而石油是世界工业必不可少的命脉，于是你得意扬扬，心想，OPEC 可以涨价了吧。但经济界真正给出的对策是多元化能源，比如风能、太阳能、核能。另外，“节约能源”的行动盛行，汽车发动机的效率越来越高。竞争从来不是在正面击败你，它是选择一个替代品替代你，就好比击败柯达的从来不是富士胶卷，而是数码相机。

大工业时代，没有任何一样商品可以靠稀缺和垄断活下去。那么什么东西可以在“未来时代”跑得比生产力还要快？什么资产可以比“科技”发展的速度还要快，在未来人类的财富大饼中，占据更大的份额？答案就是：孩子、人类、人口。

只有人类才是唯一可以跑赢“科技”的，科技发展得快，孩子的收入增长更快。所以这篇文章的结论是：贷款生娃。家族迅速致富的方法是，想尽一切办法贷款生娃，然后介入全社会的财富分配，继承低生育民族的财产。

真正的财富，是娃本位。

要构建以孩子为核心的资产组合包，这才是未来的唯一出路。

大城市的生生死死

地产这一行，究竟有多少个城市可以活下来?

一、农田

我们有三种最基础的资源：农田、矿藏、人力。农田有其天然的特性，即空间的分散性。改革开放前，中国还是一个农业国，13 亿人口如果以密度来说，那是非常“均匀”地分布在神州大地的，因为当时中国最主要的人口是“农民”，最主要的职业是农业、种植业。而农业是一种和“农田”紧密联系的职业。可以说，农田在哪里，农业就在哪里，仅仅以人的双脚，活动区域是非常有限的，往往也就一两个村庄，十几千米就到极限了。

1937 年，日本侵略中国，日本人兵精粮足，正面战场的火力十足，日本重炮数量是中国重炮数量的十倍。按照《李宗仁回忆录》，当时日本“可以打下他们想打下的任何一个中国城市，包括重庆，可以守住他们想守住的任何一个中国城市”。但结果是日军陷入了深深的绝望，因为他们所面对的不是“任意一个城市”，而是 1000 多个中国城市，1 万多个中国县城。

当时的中国是一个彻底的农业国家，虽然有 4 亿人口，但极其平均地分散在广袤的华夏大地之上，其“毛细血管”之深，甚至深入到了每块梯田、每座山丘。中国的农业化特色，使得国民政府无力发挥 4 亿人的国力来抵抗侵略者，持续了 14 年的抗日战争，中国的人力动员率只有 3%，位列七大国最后一位。此外，日本人也找不到“中国力量”决战，他们泥足深陷，宛如踏入了沼泽流沙。

二、赶集

和农田、农民、农业国相联系的第二步是“集市”。所谓“赶集”，这是一个无比重要却又逐渐被淡忘的词。每个农民都需要赶集，通常是每周一次或者每月一两次庙会。小农经济虽然自给自足，但毕竟还是有商贸需求的。例如，平原地带粮食多而柴火少，山丘地带柴火多而粮食少。即使在最原始贫穷的地区，“柴米交易”也是广泛存在的，如果再算上一些土家织布，贸易就很丰富了。

如果我们仔细观察“赶集”的特征，会发现每场赶集，步行最多 15 千米，脚程是两至三小时，这是因为赶集需要考虑“经济性”，早上出发，晚上回来，单程两三个小时已经是极限。赶集的需求、商业的刺激，诞生了一批村镇，比如上海南汇，下辖宣桥镇、六灶镇、大团镇、万祥镇……平均每个镇 50 平方千米，每个镇都有自己的人口聚集，还有一定的商业，比如饭店、供销社、大卖场。

这些“镇”的兴起，就是因为附近农民有赶集、交易和逛市集的需求，将这个思路继续外延，我们一步步向前推算，交通工具的发展会不会使得中小村镇消失？答案是肯定的。

2000 年后，中国进入工业化时代，其中的标志之一，就是汽车产量的突飞猛进，连续突破了 100 万辆、200 万辆、1000 万辆的大关。随着汽车的遍地飞驰，路面急剧硬化，四通八达的高等级公路连接四方。这时，居住在北京、上海等大城市，熟悉地产的人敏锐地感觉到：**地段不值钱了。**

以前上海郊区是真不值钱，你给员工分房，分一套张江或者莘庄的房子，人家宁可和领导闹翻，也死活不要这套房，因为真心没法要。20 世纪 90 年代，上海平均上班通勤时间是 1.8 小时，在这么巨大的牺牲之下，城区边界仅到内环线，因为一种以 bus 为核心的城市交通，它就是那么慢。起早贪黑，住到 10 千米边缘已是极限了，要是住到莘庄、张江，每天上下班 2.5 小时，那简直是没法活了。

交通工具的技术发展彻底颠覆了这一切，首先是轨道交通，其次是城市高架桥，最后则是汽车的普及。汽车普及以后，人们普遍发现，二三十千米根本不算事嘛。如果我们对“合理通勤”的定义是每天 1.5 小时单程，汽车 1.5 小时往往可以开出去三四十千米，“城市”的概念因此极大延伸。仅仅十几年的时间，中国十大城市纷纷长到了 30 千米的边界。

在“汽车文明”颠覆了城市内部地段之后，也有有识之士想到，高速公路的便利会不会颠覆“省会—地级市—县镇”格局，造成三四线城市的空心化呢?

三、进城

我们看隔壁的邻居韩国，它的面积是 10 万平方千米，和浙江省差不多。人口 5100 万，其中“首尔 + 仁川 + 京畿道”人口 2600 万。也就是说，全国 50.2% 的人口生活在“首尔都市圈”。

韩国的第二大城市釜山，人口 400 万。第四大城市大邱，因为举办世界杯足球赛而出名，但市区只有 150 万人，已经完全没有存在感了。因此，有人开玩笑说，所谓“韩国”，就是一个城市——首尔。拿下了首尔，就获得了韩国 50% 的人口和 60% 的 GDP，剩下的也不用比了。

如果单举一个韩国，有点“孤证”的感觉，那我们再看看日本。日本 1.1 亿人口，大部分生活在东京，也就是说，其实“日本 = 东京”。英国 6500 万人口，“英国 = 伦敦”。法国 6700 万人口，“法国 = 巴黎”。俄罗斯 1.4 亿人口，“俄罗斯 = 莫斯科 + 圣彼得堡”。这些世界第一流强国，发展到最后，往往退化成一座城市，这并不是特例，反而是世界普遍现象。

因此我们要问：中国发展到最后，还能剩下几座城市?

高速公路已经是工业化国家标配，高速公路的数据和一般人想的不同，不是“油门一脚踩到底”的奔速，扣除各种损耗，目前中国小客车移动速度大概每小时 70 千米，货运重卡经过多次升级，目前移动速度约每小时 50 千米，这个速度意味着，如果省会位于地理中心的话，平均 3 小时就可以把货物送到，那我们干吗还需要小城市呢？全省只需要一个城市，所有的资源统统送到“省会”进行集中处置，岂不是更好？

四、服务业

农田具有其天然的地域分散性。在古代，农民以“种植业”为主，天然就决定了人口的均匀分布和分散性。但是，**服务业和农业不同，服务业是非常渴望“人口集聚”的。**

服务业分为高端服务业和低端服务业。对于高端服务业，主要是信息的处理。例如金融、广告、展会、律师等。要不要给客户贷款，客户是否诚实可信，要不要推销债券和理财产品，PPT 如何演示（如锤子手机的发布会），律师和客户如何通过反反复复的会议、酒会来取得彼此的信任……这些“高级服务业”都严重依赖“肢体语言”，也就是你只能待在大城市，只能“交朋友”，离开了圈子，你什么都干不了。

而对于低端服务业，例如电商、快递外卖、滴滴打车、美容按摩、家政宠物、餐厅日料……

你如果生活在北京“边缘”，哪怕五环、六环、七环，京东和美团也很容易把你“包进去”。他们只需要多骑几千米，你便享受到北京便捷的电商服务。对这样便捷的服务，你若生活在吕梁、长治等山西乡镇，你是无论如何都享受不到的。“大城市化”以及聚集化，极大地提高了服务业的效率，使得每个人都可以享受高质量的生活。

“服务业”天生就是集聚的，既然同一个省内，任何城市的物资运送到省会都只要 3—5 个小时，那为什么我们还需要地级市、小城市、三四线城市呢？发展到最后，每个省剩一个市，便能完成所有的人类功能。

五、矿藏

我们具备三种最基本的资源：农田、矿藏、人力。就矿藏而言，它具备“密集”“不可移动”的要素，一个省内会有几个资源型城市，它们是不可移动的。比如说著名的“煤炭城市”——大同、朔州、榆林等，随随便便一个煤矿，至少就是40万煤矿工人，加上家属，人口更是翻倍。有了基础煤矿业，再加上衍生的餐饮、运输、卫生、教育等辅助建设，立刻就可以撑起一个两三百万人口的地级市。也就是说，只要“矿藏”存在，地级市和人口集聚是不会向省会移动的，而“资源型”城市不适合投资不动产，也是人尽皆知的，因为它们终有资源枯竭的那一天。

更进一步讲，有了“矿藏”，还会进行“粗加工”。例如有些品种的水果根本就没法往外运，因此诞生了罐头、果脯、干果，食品加工业在当地留下了工人和人口。河南省是养猪大省，当地政府长期烦恼“第一产业”的链条太短，增值太少，钱都被培根、汉堡赚去了，因此诞生了“双汇”火腿肠，500克猪肉的价格翻了好几倍。网上有一个段子说，真正的环保企业其实是康×傅，一年卖出一亿多包红烧牛肉面，但只需要杀死一头牛，业界良心。

山西大约每年生产10亿吨煤炭，如此可怕的天文数字，铁路系统根本无法承受，因此山西长期受困于“煤运不出去”。为此，山西提出了“煤从天上走”，直接在山西建设高压电厂，先把煤烧成火电，然后通过超高压线路输送到北京和河北。表面上是提供了双渠道，确保战略安全性，其实则是增加了山西的GDP，增加了本土的工业发展和就业。

值得注意的是，对于大型的江河湖海，水电站也是一种“矿藏”。例如三峡大坝，廉价的水电周边，集合了一大群“电解铝”企业，它们先把电力短距离烧掉，烧成高价值低体积的物质，再往外运输，因此也形成了一个个巨大的城镇。另外，两河交汇、两条铁路线交会等“交通枢纽”，也是某种有存在价值的“矿藏”，拥有一定的集聚效应。

六、结语

总结一下，在农业时代，960 万平方千米，人口是均匀分布的，按照农田可耕种面积分配。但是工业时代，尤其是汽车、火车等交通工具的发展，使得“集市”的概念从方圆十里变成方圆几百里。

在未来的时代，整个省可能只有一个城市能活下来。大概率是省会，除了省会，其他所有城市都可能被“废弃”，人们完全可以把一切货物统统运到省会去交易、去生产，以提高效率，所有的“复杂加工”企业都可以放在省会周边，这一点我们下一节具体展开讲。

人力是可以移动的，唯一不能移动的是“矿藏”，以及矿藏衍生的周边再加工企业。但是，**我们不能被“矿藏”晃花了眼，不能因为矿藏型城市而否认“人口集中”的大趋势和威力。未来，除了不能移动的，所有能移的都将移入中心城市。**

未来的大城市

没有农村的未来。

一、资源

上一节我们讲过，我们有三种最基本的资源：农田、矿藏、人力。其中农田几乎是平均分布的，矿藏有几处，人力则是可以移动的。我们设想一种极端情况，假设完全没有“历史包袱”，7000 万人要从头建设一个省，按照今时今日的生产力，他们最有效率的模式，应该是下面这样的：

每块土地一个农庄，粮食集中输送到省会。

矿藏挖出来，集中输送到省会。

所有人住在省会。

在上面这个模式中，是不存在“地级市”的，县、乡、镇之类的更不会存在，因为不需要。整个生产模式就像一片巨大无比的“树叶”，一个个农庄把农作物集中起来，输送到支线，再输送到干线，最后全部集中到省会，再进行“进一步”处理。

以前有句老话，“货到汉口活”。在当时，武汉作为九省通衢，是最大的交通枢纽，任何一种冷门的货物到了武汉，总能找到买家，总能找到用途，永远不用担心滞销，积压在手里。这其实说的是“商贸”的好处。

猪鬃最有价值的用途是刷枪管。“二战”时，中国凭借地大物博，大量出口猪鬃，换取了大笔外汇，猪鬃成为重要的战略物资。而如果在农村，猪鬃就是废物。钾长石基本属于伴生矿，没有直接开采价值，可是拿到城里来，就可以广泛地用于陶瓷、玻璃行业。哪怕不值钱的水晶，还能做成 SWAROVSKI（施华洛世奇）呢。这些事情告诉我们，**如果“交通”允许，则把所有的原材料统统集中到一个“市集”，然后再进行加工和分配，要远远比分成 N 个地级市，小范围内流通，直接低用途地用掉更有效率得多。**

在古代，交通效率十分糟糕，例如关羽“千里走单骑”，就是从许昌到新野，按目前的航空距离也就是 250 千米。可关羽走来，就是一千里路，花费好几个月的时间，如果让关羽带猪肉脯，恐怕早就坏了，因此才有了镇、村、城，每间隔百里的城市群。

但是，今天的交通工具完全改变了一切，如果从省内任何一个地方到达省会都可以控制在 5 个小时内，那么在原地进行原料初加工，把所有的初级产品统统运输到省会，再进行深加工，才是效率最高的办法，而且不需要中转站。

这时我们展望未来，一块土地可能仅剩下一个农庄、几个食品加工厂，把所有的“产出”统统送到省会，在省会再进行复杂的、大规模的制造和交易。

放眼全球，秘鲁这样的国家，事实上只剩下一个首都利马，首都圈之外，就是矿山，无人居住。如文章《梦想与现实：3 年前这对夫妻卖掉北京房产到澳洲当农场主，如今却苦不堪言！》，讲的是一对北京夫妇，买了澳大利亚 300 多公顷的农场，欢欣雀跃，以为可以像中国一样玩房地产。结果，最近的人类在 30 千米外，他们唯一要做的事，是每周一次把农产品送到集市，带几瓶啤酒回家。

人类集中居住，已成定局。

二、威胁

经济学第一定律是：dT>0，交易产生财富。经济学第二定律是：市场产生一切，除了市场本身。今天的大城市，可能处于人类一个非常奇特的转型关口，也是“特大城市”最脆弱的婴儿期。几乎所有的经济学著作，也包括所有的务实实践，都无比清晰地表明一个事实：**城市化有利于GDP。**于是开始减少户籍管制，放农民进城，增加人口流动。

想拉升GDP吗？只需要简单地“赶人进城”。把越来越多的人口堆积到省会城市，这本身就会促进GDP增长，拉动生产力和需求的双增长。假设城市的人均GDP和农村差5倍，每年城市化1%的人口，换算成GDP，就有4%的增长。但现实情况却是“超大城市”都在尽力地削减人口，所以京沪连续三年GDP增速全国垫底。

这是为什么呢？

因为我们今天所获得的一切，都是基于“和平”红利，而在战争时期，“超大城市”是高度脆弱的。

在地图上，“超大城市”会显示为一个圆，随着直径的增加，整个城市的人口是呈“平方”增加的。直径每增加1倍，人口增加4倍。但另一方面，例如上海，城市和外界的通道，无论是沪宁、沪杭、沪渝高速公路，交通线都是呈一次方增长的。

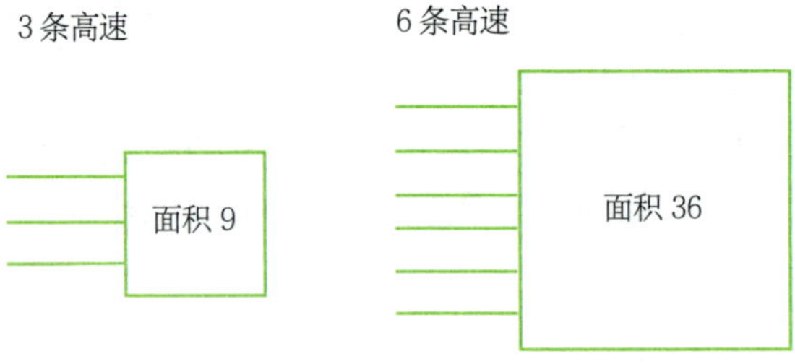

一个3000万人口的城市，所需要的生存资源是惊人的数字。上海本身粮田已经不多，目前仅仅3000万人，每天所消耗的粮食都是问题。上海需要12根专用铁轨，日夜不停，专职为上海市输送粮食，这还不包括上海所需要的其他各种大宗要素，如煤炭、木材、蔬菜、钢铁、日用品、纺织品、垃圾处理……

在刘慈欣的作品《超新星纪元》中，他曾经举了一个食盐的例子：三个孩子走了一个下午，走过了200节车皮，漫长得永远也看不到尽头，那么多的食盐却只够全国人民1天的消耗量。

目前的军事对抗，基本呈现一种“易—难—易”的格局，在所有的交战地形中，巷战是最难对付的，几乎是所有大国的噩梦。一座30万人口的中等规模城市，基本就可以认为是“不可征服”的。哪怕强盛如当年的俄罗斯，面对车臣武装的格罗兹尼巷战也是连打两次，损失惨重。因为城市地形高度复杂，射手视野高度受限，冷枪防不胜防，而且有“反坦克炮”这种奇葩武器存在。

“反坦克炮”其实就是一辆坦克，使用坦克一样的火炮和弹药，区别在于它完全没有装甲，也没有移动力，防御力为0，一旦被发现，马上完蛋，连普通的机枪手都打不过。不过也因为这样，造价便宜到你想哭。

“反坦克炮”的优点是在野外作战时，它经常躲在草丛、灌木里，以及交通必经之路。

你没发现它的话，它一炮就能摧毁一辆坦克，如果身处最侧翼，N炮N辆坦克。我们看战争片时，经常看到一辆坦克跟着四五个步兵，往往会有一个步兵探头探脑地走在最前面。这样的“弃卒”，并不是长官不爱惜他的性命，而是前去探查有没有“反坦克炮”。

在城市“巷战”中，“反坦克炮”的威力非常巨大，高层住宅中的任何一个废弃窗口，都有可能探出一管炮管，装甲部队轻易都不敢进城。因为钢筋混凝土的建筑不是这么好摧毁的，炸几个洞容易，彻底打到没高楼可费弹药。

俄军连续经历两次车臣战争，在格罗兹尼门口流尽了鲜血。到后来，各国军团都学乖了，目前业内的共识是：城市战只能“平推”。找几百辆威力巨大的战车，遥遥地一字排开几千米，然后一起开炮，把第一排建筑全部夷为平地，前进 50 米再继续开火。如此反复，就把整座城市炸成零海拔。虽然这种作战方法缓慢耗时，但也是迫不得已，因为再让指挥官们用陆军打“巷战”，他们是万万不肯的了。

接着问，一座 30 万人的城市就这么难打，堪比斯大林格勒会战，那么 300 万人口的城市呢？难度是不是要大 10 倍？甚至 100 倍？答案是一点都不难。因为 300 万人口的大城市，其“维系本身”的开支已经大得吓死人。

30 万人口的城市，东南西北四条公路，小分队都可以潜进去，一周通一天，补给就够了；而 300 万人口的城市，需要至少 50% 的畅通率，并且要日夜不停地补给。如果敌军围困 300 万人口的城市，他们只要切断这座城市的补给线，用不了几天，城里就会闹饥荒，药品短缺，继而引发暴乱，秩序失控，**城市本身就可以把自己饿死**。

更进一步，如果是 3000 万人口的城市呢？答案是简直不需要“围困”，只需要“微扰”，整个大城市运输已到极限，只需要轻微地卡住任何一条“血管”，比如粮食、煤炭、水电、电信……任何一项维系生存的管道被切断，整个城市立即崩溃。所以，超大型城市根本不可守、不能守。一般认为，人口超过 150 万，在军事上就没法防守。

三、未来城市

我们有三种最基本的资源：农田、矿藏、人力。如果我们把事情想到极致，“未来的大城市”一旦对外交通被切断，它真正缺乏的、导致防御崩溃的是什么？答案很简单：外界补充的粮食、矿藏。

那我们继续脑洞大开一下，人类可不可以脱离粮食、煤炭，而让大城市的生存能力更强？答案是可以的。

城市的容量是呈“平方”增加的，城市与外界的联系是按“一次方”增加的，如何克服其中的矛盾？最好的方法是釜底抽薪，“一切都在城市内部生产”。

“农业工厂”是早已有之、非常成熟的事情。人类一万年历史的“种植业”，在现代物理、化学的分析下，如同庖丁解牛，渐渐卸去了外衣。“农业”是什么？说到底，是一种细胞生产，经过特殊的DNA，利用了光能、土壤，最终合成出“蔬菜”。但同样的流程能不能在实验室里完成呢？答案是可以的。

传统的无土栽培，纯靠营养液，种出来的蔬菜又新鲜又好吃，而复杂一点的有土栽培，如果你参观过加拿大的农业机械展，就会发现几乎所有的辣椒、黄瓜、卷心菜、球生菜、小白菜，任何品种都可以在工厂大厦中生产出来。

“都市农场”是一种早已有之的技术，操作起来也没有太大的技术难题。那么，为什么没有大规模推广，没有淘汰农民呢？其中主要的瓶颈还在于“成本”。太阳能是免费的！你有一块农田，每年享受360度的阳光和辐射。而“都市农场”，你可以造一座30层高的大楼，大楼中每一层都密密麻麻排布着“农场”“蔬菜基地”“养鸡场”。可是成本呢？谁来给你的电费买单？

农业的真正突破，可能要等到21世纪中叶后，大约在2060—2070年，或者以后，因为在人类的科技树中，有一项已经是囊中之物，只待岁月和成熟了，它就是“可控核聚变”。目前以核裂变为主的第三代、第四代核电站，依然不是人类能源问题的最佳出路。核聚变产生的能量，是裂变的1万倍，而且只有氢和氦气，没有任何污染。核聚变需要巨大的精度、巨大的点燃温度，但在科技飞速发展、高歌猛进的今天，“精度”已经越来越难以阻挡人类的步伐。目前，法国的核试验场已经可以实现64个氢原子的0功率输出。核聚变技术的真正成熟，恐怕就在50年之内。

当“可控核聚变”实现之后，人类的能源力量会比现在增加100倍以上，能源价格跌到几乎为零的位置，这意味着中东的石油土豪统统完蛋。当拥有几乎“无穷无尽”的能量之后，“都市农场”就会成为现实。那时随便找一幢30层的大楼，从上到下，可以生产供应数万人口的粮食作物。而且这样的“粮食基地”，在一座5000万人口的大城市中，可以拥有数万座，要摧毁这些粮食工厂，空军的成本将会非常高昂。

“都市农场”还有很多好处，可以更快地拉近它们和传统农业之间的距离。

全球大约有一半的农产品损耗于运输途中，即使发达国家也有近 20%。至少 10% 的农产品，因为滞销而损毁于农田之中。减少运输成本、减少长途电力成本、完美的用水、温度控制、微滴灌……“工业化农业”能更好地控制品质，可以对粮种进行改良，使之更适合吸收频段光谱，可以说潜力巨大。

未来人类经营的就是一排排灰暗如豆的小灯，在大厦里密密麻麻塞进去几百层农作物的滴灌农业，随着植物的生长周期，小灯会不停地调整亮度、光频，保证每份能量都不会浪费。温度、湿度、病虫害控制……永远保持在最完美的状态，结果是粮食产量大到不可计数。

如果未来农产品能自给，则除了能提供“特殊矿藏”的矿区，整个城市之外的土地有可能完全被放弃。类似于青海茫茫戈壁滩一样，我们知道那里有山川，但就是没人去。

四、水

和粮食相对应的，另一项重要资源是：水。摧毁一座城市最好的办法，就是摧毁它的自来水厂。水其实不是太大的技术问题，只不过整座城市必须完全改造。因为水基本上属于一种循环物资，水资源是永远不会消失的，只不过自来水变成了污水。

如果要实现“分散化”水资源自给自足的话，整个污水排放和水获取的管道必须重新设计。设施并不大，每个街道只需要一个中型的污水处理厂就可以把排放水重新净化成可饮用的状态。但是管道和进水口必须全部重新设计，以达到尽可能大的冗余度。

脑洞开得再大一点，超大城市自带的能源电厂，自带的都市农场，对外界的需求越发削弱。

这样的城市设定其实为未来的“结界”留下了空间。有兴趣可以搜索《一个猫片都加载不出来的城市，却能把导弹拦在外面 · 刘洋专栏》这篇文章看一看。

人类一直在设想“结界”，弄一个大罩子，把城市包起来。在没有击溃“防护罩”之前，任何物理攻击都不可能伤害到肉体。关于“结界”，科学家也有很多设想。如上面提到的那篇文章中所说的晶体晶格中的“布里渊区”现象，任何物体进入“结界”，速度都会被削弱到每小时 75 千米以下，这就为激光、导弹防御留下余地。

以人类今天的科技，对“结界”依然一无所知，但我们唯一可以确定的是，如果“结界”真的被发明出来，那一定会只笼罩城市。

五、大城市的未来

如果一切按照生产力的需求，则中国有可能“澳大利亚农场化”，整个过程，需要上百年的时间。最早的时候，是乡、镇、村完全消失，方圆 30 千米内，除了农场主和一些简单的肉禽加工厂，不再有任何人类。而后则是原有的小城镇、地级市逐渐消失，原有的工厂、道路、不动产虽然是巨大的固定投资，也舍不得炸掉，但是“新增人口”全部往省会挤了。地级市只剩下老人，不会新添任何机器了。

大约经过三代人的时间，留守的老人去世后，原有固定资产自然折旧为零，地级市完全荒废。具体可以搜索《慢慢朽烂——俄罗斯西伯利亚、远东，在废弃！》这篇文章看看。

省一级的行政机构、省会城市很难被废弃，因为“行政”总是存在的。但随着“大城市化”，全国最终只剩下几十个“省会城市”。百年之后，“省际划分”必然提上议题。如果“省”的单元被撤销，则“省会”也保不住，全国可能就剩下五六个“大城市团”。我们脑洞再大开一下，数百年、上千年之后，中国会不会只剩下一个城市呢？

以前写科幻小说，“蓝星系”成为人类的殖民地，总是写人类宛如蝗虫一样，布满了星球表面，从事种植业，例如 20 世纪 60 年代著名科幻小说《消失的殖民星球》。到 21 世纪再写科幻小说的话，应该是人类在星球上就建立一个殖民点，然后派出无数的甲壳机器人，把星系的每一寸都覆盖上，将一切产出矿藏以极快的效率搬回总部，再进行进一步生产才对。如果交通工具极其具有效率，一颗行星只需要一个城市。

六、大城市的瘟疫

限制大城市生长的有几股力量。第一股是我们之前所说的现有科技范围下火药武器的威胁。第二股威胁是疫病，尤其是不可控的、大规模的传染病，足以吓得人民逃离大都市生活，但是他们又能逃到哪里去呢？无非住得更稀疏一点罢了。第三股威胁，也是最大的威胁，是“精神疫病”。对保存种族最可贵的是多元竞争化，对种族生存最有害的是“一致化发疯”。一个城市往往只会有一个思潮，集中意味着风险，意味着一旦发生不测，整个文明灭种，国家消亡。唯一解决的办法或许是“封国”，在那些荒无人烟的戈壁滩、废弃的土地，放一些人过去，允许他们自治，划地为国，可以让他们按照自己的方式生活。通过帝国屏障，保护文明最后的火种。

上海的明天是什么样？

首尔就是上海的明天。

这句话怎么讲？你是讲地铁、房子还是 GDP？都不是，我说的其实是社会。

财富有可能一夜之间积累，但是整个社会的文化氛围、消费习惯、价值形态，却不会在一夜之间改变。**整个社会的变迁，是沉滞而又缓慢的。**俗话说，“三代出一个贵族”，相对于我们的财富在最近 30 年天翻地覆，我们的社会人文则是以一个缓慢得多的速度在变迁。有时候我想，再过 20 年，上海会变成什么样？提前布局，可造胜局。

从某种意义上说，韩国是一个极好的样本。韩国和中国同处中华文化圈，历经数千年熏陶。传统和社会秩序得以延续，整个国家承平日久。如果从 1953 年朝鲜战争结束算起，韩国有 60 多年的经济发展期。而相对来说，中国以 1978 年改革开放为起点的话，则只有近 40 年。之间相差 20 多年，这是一个巨大的差距，它意味着韩国的企业家已经进入了第三代。而与此同时，中国的企业则是富二代，甚至富一代。

看过韩剧的人都知道，韩剧的特产是什么，是“欧巴”呀。这些富二代小开，往往相貌英俊、冷酷有才、多金痴情，天下的好事都占全了。而同样的情况，中国连续剧就拍不出来。因为中国没有这个氛围，中国的“欧巴”们，作为一个阶层，还不存在。

一、上流社会

从城市的形态来看，我们基本可以说，首尔就是上海的明天。韩剧中反映的现代韩国，勾画了一个儒家文化圈和平发展了 60 年之后的社会。它大致具备以下几个特征：

（1）企业家——会长、社长、理事长，“小开”作为一个阶层已经存在。2015 年的上海，中国人是赤脚上岸。虽然金钱很多，但是家族的传承和底蕴几乎为零。而在首尔，在韩剧里，阶层已经稳定。这些富二代的小开从小含金汤匙而生，接受良好的教育，拥有英俊的外表和虽冷酷但敲开后却火热异常的内心。

（2）企业家开始拥有家臣。中国的企业无论做到多大，都是孤胆英雄。企业中的高级干部和董事长的关系是疏远的，是打工和拿钱的关系，随时可以走人。而在韩剧中，随着和平达到 60 多年的尺度，企业长青达到 40 年的尺度，逐渐演化出了一群一辈子都在你公司打工、几代人都在你公司打工的“老臣子”。此时此刻，企业家不再是一个人了，而是一个老板，他的周围簇拥着一群忠心耿耿的手足。有一整批的老部长、老课长和整个家族都保持着良好的关系。当少爷继承一个家族，他并不是简简单单地继承一个企业，而是继承一整套班子。

（3）企业家开始联盟。看过韩剧、美剧的人，一定印象深刻，就是在这些国家有诸多的酒会。哪怕你社会阶层不高，譬如企业里的一个中层，也有机会被邀请参加酒会。在富丽堂皇的宫殿式建筑内，拿着一杯鸡尾酒，和宾客们言欢。而在上海，基本没有这种氛围，我指的是没有这种定期的、轮流举办的、交游广阔的、参加人数在 300 人左右的、可以认识陌生跨界大亨的、无议事主题的、纯鸡尾酒不提供晚餐的、绝对不提供圆桌吃饭的、上流社会之间发散性的社交聚会。为什么？因为这意味着联合。在上海，亿万富豪是孤独的。亿万富豪在某个领域可能是绝对的权威，也可能拥有巨大的权力。可是从整个社会的角度来看，他们是分散的、孤立无援的。欧美上流社会定期举办酒会，其实是一种联合。上流社会的定期见面，一方面是互相沟通、认识新朋友，并交换情报；另一方面则是大家交朋友，至少混个脸熟，朋友越来越多。随着这种“定期酒会”举办10年、20年、30年，最终整个上流社会所有人都互相认识，所有人都可以互相联系。于是他们不再是原子化的几千个孤零零的个体，而是凝聚成铁板一块，成为同一个整体。

我们看韩剧，看那些领先我们20年的社会文化氛围，“酒会”已经开始普及，联盟已经开始。

（4）尊卑开始强化。有一个笑话说，所有的马来西亚电影都不会出现“逃犯”。为什么呢？因为马来西亚警察自诩为精英，在如此精英的管理下，怎么可能出现越狱呢？所以，逃犯是逃不过马来西亚的文化审查的。同样道理，在任何一部韩剧中，老人都得到尊重。在任何韩剧中，老年人都作为一个健康的、正面的角色出现。而且在99.99%韩剧中，老年人都不会受到虐待和侮辱。这意味着什么？意味着整个国家骨子里对老年人的尊重。更深一层的含义，则是这个国家骨子里是有尊卑分野的。你既然可以尊重老年人，为何不能尊重别的？譬如医生、教师、海军、政府、神……这张单子只要写出第一步，后面就没底了。

在韩剧中，我们看到尊卑重新被培养起来。换言之，阶级的分化与固化不可逆转。对老年人的尊敬，对监狱警察的尊敬，这是政府培养的品质，是国家意志。在韩剧中，我们可以看到另一种尊敬，就是对企业主、对上流社会、对掌握资源的人的尊敬。这几乎是许多员工发自内心表露出来的。“少东家”不是远景，而是现实。韩流之中，新的贵族正在形成。员工的子女对东家的子女鞠躬行礼，这不是为了工资，而是因为本能。社会产生贵族，并凝固下来成为习惯。

二、中产阶级的变化

上面写了上流社会，接着我们来讲讲中产阶级。中国目前正处于一个波澜壮阔的大时代，中国目前的历史大格局是有 8 亿农民正在转型升级。韩国首尔是市民社会。按照目前的速度，上海 20 年后可以发展得像首尔一样，全面进入市民社会。这里的居民，从生下来第一天就适应了城里生活，而且一辈子都住在大城市。

市民社会具有哪些特点呢？市民社会的白领们具有很大的自由，具有财务和身体支配权。当城市化踏入市民社会第四级时，上层建筑逐渐贵族化，分离出一个迥异可辨的阶层。而中流社会则在那里没心没肺地玩着，醉生梦死地玩着。反正他们既积累不起财富，也不可能饿死，那就玩个爽快。

中产阶级的第二个特征，是服务业极大发展。如果我们掰着指头遍数韩剧中出现的题材，就会发现，剧中男男女女绝大多数从事的都是服务业。

譬如，《浪漫满屋》中的 Rain 是演员，宋慧乔是小说家；《夏日香气》中的孙艺珍是花卉设计师，宋承宪是灯光设计师；《来自星星的你》中的金秀贤是大学教授。此外，还有漫画家、旅行社社长、高利贷者、开滑雪场的、舞台灯光师……形形色色的人都可以成为男、女主角，可见生活过得多姿多彩。不仅仅是社会顶层的亿万富翁，挖掘下去，每一个小人物也都可以发光发热，有他们动人感人的一面。当生活进一步发展，当“吃喝”不再成为困难，当老一辈人从贫穷苦难的记忆中爬出来，当 60 年和平之后换上一批人口……整个社会，将极大地向服务业倾斜。到时候，“吃喝玩乐”将成为主流，也成为整个社会最重要的部分。

承平日久，我们的社会不可避免地会发生变化。哪怕财富不再增长，和平本身也会使社会发生变化。预测未来是一件很困难的事，尤其是一个大型的复杂的有机体，更难以推算其发展方向。但首尔是一个非常好的例子。20 年后，跟上海最类似的城市应该是首尔，而不会是香港，也不会是纽约。

附录

他家之言

省会的截留作用

文 /@ 朱红之泪

城市建设已没有代差。

2017 年我去了一趟宁波，住在宁波东部新城的核心区，周围高楼环绕的宾馆、剧院、博物馆、银泰城、崭新的地铁、新建的柏油路……城市十分整洁。过了几天我特地去了一趟宁波的老城，发现天一广场、鼓楼、城隍庙也经过了改造，银泰百货、威斯汀酒店、老外滩建设得也很美，虽然老房子众多，但是道路等市容市貌都经过了整修。跟江苏的一些大城市，如苏州、无锡、南通，甚至包括常熟、江阴、嘉兴等长三角三四线城市一样，它们的特征都是环境优美、道路整洁、地铁开通，拥有高大上的 Shopping Mall 和写字楼，城市面貌十分整洁，看起来与上海没有什么差别。

2010 年以前，一线城市与二线城市在城市建设上是有“代差”的。也就是说，在城市建设上，一线城市的城市环境可以碾轧其他城市。那时一线城市有专属的三大神器：高楼、地铁、Shopping Mall。可是大约从 2012 年起，二三线城市与一线城市在城建方面的差距一直在不断地缩小，不是一线城市不想保持领先的地位，而是“地铁上盖 Shopping Mall 综合体”的科技已经玩烂了。

一、Shopping Mall

我们不分析特别久远的事，从新世纪说起。2005 年以前的上海商业区域构成，主要是由太平洋百货、东方商厦、苏宁、国美电器、第一百货、新世界百货、永安百货、时装商厦、百联友谊南方商城、第一八佰伴等大商场组队搭建的。2004 年开业的久光算是开了 Shopping Mall 先河，但是久光的餐饮和影院的设施很缺乏，走的依旧是传统百货大楼的路子。2002 年开业的陆家嘴正大广场也是传统百货，一直到 2006 年，正大广场才从百货转向 Shopping Mall 模式。大约 2006 年以后，消费娱乐 Shopping Mall 综合体开始在上海出现，人民广场的来福士、中山公园龙之梦、五角场万达广场、百联又一城、大宁国际、莘庄仲盛世界商城陆续开业。

随着这些一站式综合消费 Shopping Mall 的出现，上海的老牌百货商店和商业街开始衰落。最开始是四川北路繁华不再，虹口区政府被骂得狗血喷头，随后淮海路也陷入了关店潮，官方说法叫业态更新，结果更新到现在还没有活过来。南京路是外地游客的天堂，永远都是人山人海，这种商业业态和本地商业发展关系不大。

2010 年前后，上海再度爆发了一波商业综合体浪潮，虹口、莘庄龙之梦、打浦桥日月光、宝山、江桥、周浦、松江万达、大悦城一期、IFC 国金中心、百联中环、金桥商业广场、环球港、陕西南路 iapm、越洋广场……综合体进入了全盛时代，餐饮比例上升，吃货们开始横行。而从 2015 年起，上海新开业的 Shopping Mall 越发体现出土豪的一面，七宝万科城市广场、虹桥龙湖天街、怡丰城、带着摩天轮的大悦城二期，五角场的最后一只角合生汇，2017 年 9 月 23 日刚刚开业的龙柏紫藤路万象城，12 月开业的龙湖宝山天街……空间体量越来越大，店铺装修与动线设计越发华丽，整个 Shopping Mall 基本都是面积 20 万平方米起的庞然大物，远处看像一个个哥斯拉。

我们回顾了从 2005 年左右起上海商圈 Shopping Mall 的发展，读到这里，你一定觉得在商业上，上海走在全国前列了吧?

实际并不是这样的。当下二三线城市的商圈发展，和上海处于同一阶段。

Shopping Mall 不过是建筑和装修而已，对于我们这样一个建筑大国，复制拷贝非常容易。修房子谁不会？动线设计不好没关系，我可以修得更大。中国香港地皮贵，内地地市县城有的是廉价地皮，可以修得更夸张！凯德、太古、新鸿基的商业地产模式，短短一两年内就被内地地产商万达、龙湖、华润复制到了各地，遍布地市县城。

2010 年，二线城市还鲜有 Shopping Mall，例如西安和成都，钟楼旁边最好的商场还是开元商城和银泰百货，成都春熙路还是王府井百货的天下。可是从 2012 年开始，二三线甚至四线城市的 Shopping Mall 如雨后春笋般拔地而起，奥特莱斯与万达广场交相辉映，新光天地与来福士比翼双飞。

当万达广场、龙湖天街、华润万象城与凯德来福士、太古里、新鸿基 IFC、九龙仓 IFS 一家一家地推进到省城的时候，它们已经和上海持平了，上海 10 年商业地产的转变，省城 5 年就追了上来。

二、地铁

2010 年是个分水岭。2010 年以前，全国很少有城市开通地铁，而 2010 年到 2017 年，全国大部分省会城市和计划单列市都开通了地铁。如今，“强二线”城市中的南京、重庆、武汉、成都、天津等的地铁里程接近或突破了 150 千米，成了真正意义上的成网运行城市。一般二线城市如苏州、无锡、宁波、郑州、大连、沈阳、杭州、长沙、昆明、合肥、福州、南宁、南昌都已经有地铁线路在运营中。

随着开通地铁的城市越来越多，地铁已经从原来高成本烧钱的一线城市专利，变成了一种烂大街的科技。五年后我国开通地铁的城市将超过 35 个，成网运营（里程超过 150 千米）的城市将超过 15 个。

晚开通地铁的城市还主动规避了一些一线城市建设地铁时出现的不足之处，例如上海的 3 号线、4 号线并线，换乘需要出站甚至来回爬楼梯等。地铁正从一个高格调的新鲜事物变成寻常的交通工具。如果哪一天地铁如公交车一样普及，那么城市格调该如何安放？城建代差要如何拉开？这是交给城市规划者和市长们着重思考的问题。

三、高楼大厦

在 21 世纪初，北京还是一个基本没有超高层（200 米以上）的城市，最高的楼是京广中心。没有超高层的原因是要保护老城文化，全城限高。那时，上海的金茂大厦（420 米）、深圳的地王大厦（381 米）和广州的中信广场（391 米）是国内最高的三幢建筑。

在 2005 年以前，北京一直都是灰头土脸的。相比之下，上海格外光鲜亮丽。谁都知道这是不正常的，以帝都之气势，借着 2008 年奥运的东风，无论是城建还是文化，都开始了对上海的追赶。随后就是央视“大裤衩”、330 米的国际贸易中心、金融街、新光天地开始了第一轮摩登攻势。2007 年的《奋斗》、2009 年《我的青春谁做主》、2011 年《北京爱情故事》在文化上也开始宣传北京的“摩登”形象。与北京一路向上的形象相对比的是 2002 年《男才女貌》的“摩登”上海居然退化成了 2009 年的电视剧《蜗居》。那些年，国贸三期和金融街的镜头出现的次数远远超过了陆家嘴。而马上封顶的中信大厦（中国尊，528 米）则更是在宣告北京的“王者归来”。

与此同时，全国各地城市都不甘寂寞，深圳的京基 100 大厦建成（京基金融中心 441 米）之后，平安国际金融中心（592.5 米）也已经建成，而华润总部大楼（392 米）也已经封顶。在广州，珠江新城的两座楼（周大福中心 530 米、国际金融中心 440 米）也拔地而起。天津更是一鸣惊人，高银 117 大厦（597 米）已经封顶，周大福滨海中心（530 米）也在修建中。武汉的绿地中心（606 米）正在建设，武汉中心（438 米）已经封顶。与此同时，长沙也在修建数个 300 米以上的摩天大楼，连贵阳这座内陆四线城市都已经封顶了花果园的两座 330 米的大楼。苏南城市南京、无锡、常州、苏州的 300 米以上高楼都已经建成开业。当下的我国城市，摩天大楼完全不稀奇，甚至很可能有些内陆城市，如武汉等，摩天大楼的数量会在 20 年内超过上海。

四、省会的截留作用

21 世纪初的 10 年，一线城市的人接待来自“家乡”的亲朋好友，很可能仅仅是坐着地铁去越陆家嘴，在正大广场吃个饭，就可以让“家乡”民众双眼发光，羡慕不已。因为地铁、Shopping Mall、超高楼，他们都未曾见过。可是到了 21 世纪的第二个 10 年，“家乡”的亲朋越发“眼界大开”，而一线城市越发“暮气沉沉”。万达广场已经开到了县城，地铁开进了省城，高楼更是司空见惯。成都、杭州的万象城已开业五六年，上海 2017 年才开；重庆、成都的龙湖天街也已经开业数年，上海近年来才刚刚开业。太古里、IFC 在成都开业 3 年，而老牌的上海奢侈品商场恒隆、梅龙镇、中信泰富已经过于老旧，上海的南京西路太古汇还未开业、前滩太古里还在规划中。

20 世纪 90 年代看香港 TVB、电影或者美国大片，几乎所有人都向往着“发达国家”的生活。来华的外国人，哪怕是流氓地痞，都可以把国内最漂亮的女孩带走。当时国内以嫁老外荣。可现在已经没有多少人热衷于嫁老外了。因为他们与我们没有了“代差”，国外没什么东西能够刺激到我们的神经，当然也就不值得我们追求。出国越多的人越明白，国外许多城市就像一个迟暮的老人，没什么生机，好比整个英国只有伦敦是国际化大都市，其余的地方很荒凉。出国仅仅是一种不同的体验和经历，与生活质量、财富、事业的成功关联不大。

纸醉金迷、五光十色、摩登时尚的大城市，能够激起男人的财富欲望和女人的消费欲望，这些东西原来离广大民众十分遥远。但是就在二三线城市最近这几年的大发展过程中，摩登与时尚的大城市开始了平民化。最刺激三观的城市建设三大法宝（地铁、高楼、Shopping Mall）已经全部下沉到二线甚至三线城市，随之而来的是二三线城市对三四线城市的人口截留。

就如同当台湾人了解到本地区硬件被大陆一二线城市全面赶超后，只能无奈地批评大陆应该加强“软件”建设，最美的应该是人一样，现在的一线城市更多的是宣传自身的公平竞争与良好的生活、商业环境，至于硬件方面，二线城市并不比一线城市差。除了少数人会被迷惑外，没人会理睬“软件”条件，而是多注重眼见为实。强大的城市一定有相应的物质基础，抛开物质基础的强大，终归会被戳穿。

随着京沪的部分政策落实，从一线城市回流二线城市的人会越来越多。现在上海二本的外地学生毕业后留在上海的比例很低，毕业后基本都是回家乡或者去深圳。而一本学生留沪的比例也在下降，甚至出现了能够落户上海却选择回家乡的毕业生。2016 年发力的二三线城市房价，以及充斥网络的“强省会时代”“省城浪潮”等字眼无不昭示着接下来的城市化方向。

随着一线城市与二线城市硬件差距的缩小，人口会更多地被二线城市截留。接下来的“城市战争”，哪里是投资最有希望的战场呢？

一定是二线城市，这里的战场更宽广。

扫一扫，关注
“朱红之泪”

最强大的城市

文 / 水原十口

决定一个城市繁荣的因素是什么？从经济学家的角度来看，答案是毫无疑问的——人口数量。人口奠定了生产和消费的基础，更多的人口为更多的交易提供了基础，伴随着交易，财富才会诞生。而市场经济，尤其是中国特色社会主义市场经济，为交易的便利性创造了条件。交易受到的限制越少，就会有更多的产业诞生，财富的渠道更加多元，城市日渐繁荣。

从经济学上来看，奥地利学派逻辑严密，所言接近真理，但是唯一不足的是自由市场无法包含暴力手段，而暴力手段是自人类诞生的那一天起便始终存在的，无法回避。

当我们引入政治因素后，城市繁荣的逻辑便产生了变化。

一、政治因素

没有意外的话，十年后，中国最强大的三个城市依次会是：北京、深圳、上海。

中国绝对是世界民族史上的一个特殊案例。与欧洲诸多王室间的通婚导致的民族交替不同，自春秋战国以后，中华民族始终围绕着一个中央集权式的政府。

历史结果显示，在文明程度上落后的统治者，如果不能与汉民族融合，政权始终面临被推翻的危险。强大如蒙古人的铁骑，从 1271 年立国号大元，到 1368 年灭亡，整个元朝没有战争记录的年份仅 22 年，还未来得及完全汉化便被推翻。能在武力上征服，却无法在文明上征服。文明与中央权力之间相互影响形成的纽带，既让文明保存悠久，又让中央权力根深蒂固。两千年后的今天，我们依然继承了这一点。中华人民共和国成立初期，我们一穷二白，但伴随着改革开放，社会主义市场经济体制逐步确定，中国展现出强大的能力。到今天，改革开放已经进行了40年之久，统一的政权让我国快速崛起，并且仍在高歌猛进。

那么，为什么北京会成为最强大的城市？

二、强干弱枝

在房地产与城市研究领域，始终存在着城市之间的争议。目前争议比较大的是，北京和上海哪个才是中国最强的城市。

过去在许多人眼里，尤其是江浙富庶地区的人民看来，虽然贵为国家中心，但除去首都功能的北京，只是一个方圆30千米的北方大县城。而上海自开埠以来，从民国起及至改革开放的前20年里，都是中国经济的中心。所以，上海比北京繁荣，这是很多人的看法。

但自从中国经济独立，经济由依靠外销转为内生后，这变成了一场没有悬念的战斗。在最近20年里，上海逐渐失去了北方人口，外资份额降低，失去了金融业老大地位，错过了互联网的时代浪潮，又得不到政策的扶持。反观北京，在最近20年里成了北方人口首选的迁入地，强大的经济内增长导致了金融业发达，核心外溢的热钱铸就了互联网和诸多新兴产业的繁荣，由于中央政府的存在，财政上极度富余。

强干弱枝是我们国家的特征。北京的产业也许不是最先进的，但是政策的一点点倾斜，就可以导致新兴产业的迁移，财富是从北京进行分配的。

在政策的倾斜下，北京获得了更多的城市建设和产业投入资源。同时，由于一定时间内的资源总量有限，当这些资源被投入北京后，其他城市的资源就被动稀释，导致强者更强，弱者更弱。

北京和上海已经不是势均力敌的状态了，更加准确的描述是，北京是超一线城市，上海是一线城市。而当100多岁的老二上海面对30岁的老三深圳对其的挑战时，排位还将继续改写。

三、毛细血管

当结果已经融入每根毛细血管时，蝴蝶效应就开始显现。北京和上海的强弱已经体现出可以观察的细节。除却西面和北面的山地，北京坐落在一片平原之上，相比南方的山地丘陵及诸多湖泊城市，北京在地理上拥有先天的优势，16410平方千米的面积即使刨去一半，相比上海的6340平方千米，仍然具备更大的发展空间。面积大是城市发展的优势，却是地价的劣势，如果北京的大部分土地都能用于房地产开发，北京的房价至少会降到今天价格的三分之一。

是政策因素抹平了地价的劣势。北京的土地开发和城市规模被严格限制，目前的情况是：北京的建筑密度远低于上海，人口和上海持平，建成面积接近，住宅套数接近。同样的范围、同样的人口，两者在土地上的牌面并没有差距，但两者手中的牌已经能看出优劣区别。

1. 外来人口年龄结构

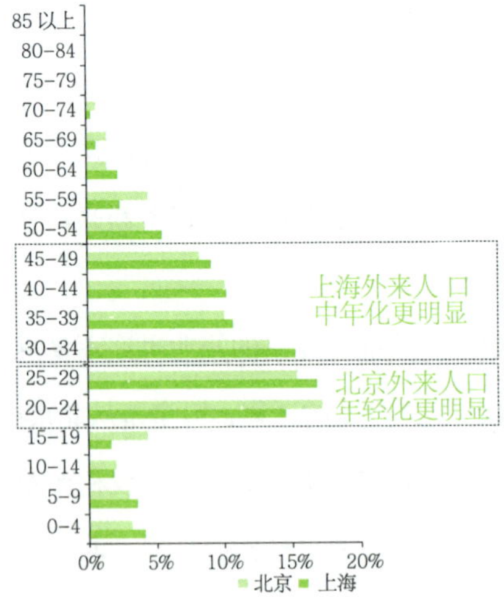

北京、上海外来人口年龄结构

相比上海，北京的外来人口更加年轻，年轻意味着更多的劳动人口和劳动时间，更高的消费欲望，更少的基建支出。

2. 第三产业

通常我们会用第三产业来参考一个城市的现代化程度。

与直觉相违背的是，印象中“大老粗”的北京不仅第三产业的数量比上海更多，在比重上也远远超过上海。IT 互联网、金融业、文化及传媒行业的加持与第三产业有着紧密的联系。

3. 建设速度

	面积（平方千米）	建成面积（2014）	建成率	住宅密度	常住人口（单位：万）	住宅数（单位：万套）
上海	6340	1563	24.65%	高	2400	760
北京	16410	1268	7.73%	低	2200	740

北京的建设速度要比上海更快，虽然上海官方还未公布，但从建成面积的历年增长速度来看，近期北京的建成面积应该距离上海越来越近了。无论是开发新地块，还是地铁建设，抑或是引进产业，北京都拥有天然的优势。

当中国的经济进入现代化的中后期，一二线城市都开始拉近发展距离的时候，政策的一点点倾斜，足以影响两个一线城市的输赢，而这个结果在经济上升时期没有翻盘的机会。

四、结语

自亚当・斯密开始，人们便明白：交易创造财富，即 yevon_ou 先生所言，$dT > 0$。

有了人口才能有交易，人口奠定了财富的基础；更多的自由为交易创造了条件，产生了新兴的产业，创造了更多的交易、更多的财富。越是繁荣的城市，人口必然越多，市场必然更加繁荣。但是，对于统一的大市场，无论是人口，还是产业，乃至直接的交易，甚至是财富，都会被政策等各种因素影响。

在中国的经济增长维持世界第一的日子里，北京始终是中国最强大的城市。

曹操为什么会崛起？——系统的力量

文 / 朱业胜

为什么是曹操率先统一了北方？

东汉末年，天下大乱，黄巾起义，流民四起。董卓入长安，导致军阀混战。据《三国志》记载，董卓死时，每郡人口仍在几十万户。十年军阀相互征战中，90% 以上的人口在这片土地上彻底消失了，都城长安甚至成了无人居住的“鬼城”。流民人数再次达到百万的量级，人们带着耕牛、农具举家流亡，且耕且战，经常以野谷、野菜、树皮充饥，没有人知道到底有多少人倒在了流亡路上……

天下大乱、战争纷起，人民没法安心生产。随着人民离开了土地，粮食便出现短缺，于是各方势力加入资源争夺，战争便不可避免地一再发生。什么叫天下大乱？就是进入这种恶性循环。

面对这样的情况，曹操和他的谋士们想出了一个办法。《三国志》中没有记载刘备和诸葛亮的“隆中对”，只为我们记载了曹操与谋士毛玠的“隆中对”。兴平二年（公元 195 年），曹操和谋士毛玠会谈，深刻剖析国内形势，精确判断敌我优劣，也确定了曹操此后的立国方针。当时，最强大的军阀首推北方的袁绍和南方的刘表。毛玠认为，袁绍为人多疑而少断，根本没有紧抓经济建设，他的军队甚至要靠野果充饥；刘表为人小富即安，只要不冒犯他的利益，他就不会主动进攻别人。于是他得出结论——袁绍、刘表都不可怕，曹操要想成就“霸王之业”，只需“守位以财”。这句话也是国富民强永恒的真谛：要想成为霸主，必须有最强势的经济！

曹操“守位以财”的方法，在历史上叫作“屯田”。如何“守位以财”？当务之急的财不是金银珠宝，而是粮食。在当时，一方面大量无主土地无人耕种，一方面大量流民要吃饭，如果让这些流民在无主土地上安心耕种，不就有财（粮食）了吗？这就是“屯田”，就是招募流民开垦无主荒地，是典型的空手套白狼。曹操之所以能招募流民，是因为流民相信他能保护自己安心生产；而曹操之所以有强大的保护力，是因为他身后有武装起来的众多流民来对抗其他军阀。“鸡生蛋，蛋生鸡”的道理大家都知道，关键是第一只蛋，也就是第一笔招募流民的钱（种粮、耕具、必要的生产资料等）究竟要从哪里来。

答案是抢劫。

定都许都之后，曹操收编的第一批黄巾军是青州流民，大约有一百万人。为了安抚这批流民，曹操挑选了其中的精壮者组成军队，也就是后来的“青州兵”。然后，曹操亲自带着青州兵劫掠了从汝南、颍川来的黄巾军，夺得了自己的“第一桶金”。靠着这些资财，建安元年（公元 196 年），曹操颁布了《置屯田令》：流民每五十人为一屯，春夏耕种、冬秋操练。屯民如果使用官家耕牛（也是抢来的），收成与官家四六分成；屯民如果自备耕牛，则收成与官家五五分成。实践证明，这是一个好方法。仅仅一年，曹操就分到了一百万斛粮食。成绩的背后是悲惨的屯民，他们要向曹操缴纳 50% 甚至 60% 的收成。但这样的税率高吗？高不高，要看跟谁比。跟“文景之治”的三十税一（3% 的税率）比，50% 当然很高；但跟其他军阀比，已经相当低了。

聪明人不止曹操一个，所有军阀都想空手套白狼，都在招募流民。只不过，店大欺客，多数军阀并不在乎流民的生命，甚至不在乎生产多少粮食，他们只在乎自己占有多少土地。在他们眼里，流民是任人蹂躏的奴隶，不要说分成，流民经常连自己都养不活。

既然有这样的好方法，其他各地军阀为什么不纷纷起而效仿呢？

要想彻底解决流民问题，必须由国家来制止各军阀的过火行为。东汉末年，但凡有点规模的军阀都要靠手下众多小军阀（坞堡）支持，谁也不敢禁止军阀圈禁流民，包括实力最强的袁绍和刘表。大军阀要靠小军阀（坞堡）支撑台面，无法禁止坞堡抢占流民和土地。而曹操是唯一禁止圈禁流民的大军阀。曹操本出身寒门，跟坞堡没有多少利益瓜葛，所以他能下得去手。50% 的开价确实黑了点，但比起要钱又要命的其他军阀还是宽松了很多。

何况，50%—60% 的税率是非常时期的非常之举，只执行了一年。官渡之战后，立即改为“每亩每年四升谷，每户每年两匹绢、两斤丝绵”；遇灾年，官府赈济灾民；遇丰年，税率不再提高；屯民可以自由选择，留下屯田或者离开。四升谷、两匹绢、两斤丝绵已经是屯民的所有负担。此外，任何人不得向屯民摊派杂税、徭役、兵役。

官渡之战当年（建安五年），曹操宣布缓征屯田户所有份粮，颁《抑兼并令》。

明确禁止各地坞堡收容流民、抢占无主土地，坞堡不能再奴役流民，举凡收容流民，都要直接成为曹操（国家）的屯民。无论是天朝贵胄的皇亲国戚，还是位极人臣的宰相大官，都必须遵守这道《抑兼并令》。曹操禁止其他军阀圈禁流民和土地，在很大程度上解决了当时的流民问题。而历史书上对曹操评价不高，也正是因为他解决了这个问题，损害了坞堡集团的利益。曹操的《置屯田令》《抑兼并令》的实质是国家对小农发放土地，小农直接向国家缴纳地租。推行“耕者有其田”当然会得罪其他的封建官僚，而书写史书的笔杆子掌握在这个群体手里，他们愤怒无比，但又打不过曹操（最厉害的军阀袁绍都在官渡被干掉了），只能在历史上把曹操画成了大白脸。

曹操当政时天下无主、土地数不胜数，把这些土地分给流民，在全社会绝大多数人都获益的情况下，个把军阀只能保留意见，社会由大乱转向大治。

按照中国历史的逻辑，一代枭雄如果获得了经济实力，马上就会征讨四方，最后统一中国。而在三国历史中，事实正好相反。有能力统一中国的曹操始终隐忍不发，更加笃定地坚信毛玠提出的信条——“守位以财”，坚信只有再现

“文景之治”才可能真正统一中国。与之相反的是，没有经济实力的蜀汉却搞了一个“六出祁山”，搞得蜀地民不聊生，国力衰退。

赤壁之战后十年，面对刘备、诸葛亮的不停骚扰，曹操甚至放弃了汉中，专心经营中国北方。至此，中国北方终于建立了较为安定的社会秩序，流民也终于为自己找到了一片栖息之地。这十年，曹操最主要的工作不是征战，而是带着流民修运河——反正流民流窜的目标是吃饱饭活下去，有了这份公差自然也就结束了流窜。从建安七年（公元 202 年）到建安十八年（公元 213 年），曹操共主持修成淮阳渠、白沟、平虏渠、泉州渠、新河和利漕渠六条运河。曹操主持修建的运河是京杭大运河的雏形，也是中国古代历史上规模最大的水利工程。此后，中原大地形成了以洛阳为中心，贯穿黄河、淮河的扇形运河网，对后世政治、经济乃至华北平原水系的变迁，产生了决定性的影响。

人家想象一下，隋炀帝只是把这些运河贯穿成一条京杭大运河，就搞得全国鸡飞狗跳，隋朝在当时还是个大一统的强大帝国。而在乱糟糟的三国时代，曹操启动了这么大的治水工程，史籍中对曹操修运河却无腹诽之词，这需要多么强盛的经济！建安十三年（公元 208 年），曹操罢黜汉代三公，自称“丞相”。此时，距离许都屯田已经整整十二年。《晋书》这样记载当时的社会场景：曹操称丞相之时，各州郡府库粮食已经充盈，有的州郡粮食寄存甚至达到了数千万斛；黎民百姓可以安心务农，不用再四处流浪，运河中再次出现贩运粮食、布匹的船只，造船业再次开始兴盛。赵翼在《廿二史劄记校证》中给出了这样的评价：人才莫盛于三国！

那么，曹操为什么会崛起？从上面对史实的分析中，可以看到一条清晰的轨迹：要想成就“霸王之业”，只需“守位以财”，经济强盛；要“守位以财”，首要是多生产粮食；要多生产粮食，就要屯田；屯田，就是“无主土地 + 流民 + 启动资金”，先抢劫获得启动资金；屯民安居乐业，就会给曹操缴纳钱粮、提供兵源；有了钱粮、兵马、人才，就可以打败更多军阀、占据更多土地、吸纳更多无主土地和流民，让他们继续屯田……如此往复。至此，整个社会进入了正向循环，扭转了董卓之乱后的恶性循环。

正是建立了这样一个正向循环，曹操由弱而强，打败了袁绍、刘表、吕布，统一了北方。

个人成长、团队建设、企业发展，都需要系统的力量。

扫一扫，关注
“朱业胜”

图书在版编目（CIP）数据

如何获得真正的财富 / yevon_ou 著 . —北京：中国友谊出版公司，2018.4

ISBN 978-7-5057-4330-4

Ⅰ . ①如… Ⅱ . ① y… Ⅲ . ①经济学 Ⅳ . ① F0

中国版本图书馆 CIP 数据核字（2018）第 048052 号

书名 如何获得真正的财富
作者 yevon_ou
出版 中国友谊出版公司
发行 中国友谊出版公司
经销 新华书店
印刷 河北鹏润印刷有限公司
规格 710 × 1000 毫米 16 开
24 印张 329 千字
版次 2018 年 4 月第 1 版
印次 2018 年 4 月第 1 次印刷
书号 ISBN 978-7-5057-4330-4
定价 58.00 元
地址 北京市朝阳区西坝河南里 17 号楼
邮编 100028
电话 （010）64668676

如发现图书质量问题，可联系调换。质量投诉电话：010-82069336